Das Endspiel

AF307459

Wahre Freunde zeigen sich immer in der schwersten Not.
Lieber Stefan und Michael, danke für euere Freundschaft!

Euer Alexander

Das Endspiel

von Alexander Fischer

Bibliografische Information der Deutschen Nationalbibliothek
Die Deutsche Nationalbibliothek verzeichnet diese Publikation in der Deutschen Nationalbibliografie; detaillierte bibliografische Daten sind im Internet über http://dnb.d-nb.de abrufbar.

ISBN	978-3-7392-0451-2
Herstellung und Verlag	BoD – Books on Demand, Norderstedt
Copyright	©2022 Alexander Fischer, 3. Auflage
Herstellung	Alexander Fischer
Homepage	www.schach-lernen.de forum.schach-lernen.de blog.schach-lernen.de wiki.schach-lernen.de shop.schach-lernen.de

Inhaltsverzeichnis

Das Endspiel

Nachdem Sie sich mit dem Mittelspiel auseinander gesetzt haben, werde ich Sie jetzt mit dem sogenannten Endspiel vertraut machen. Das Mittelspiel endet durch den Abtausch zahlreicher Schachfiguren und geht dann über zum letzten Teilbereich der Schachpartie, dem Endspiel.

Das Endspiel ist der dritte Teilbereich einer Schachpartie (es wird in drei Bereiche unterteilt: die Eröffnung, dass Mittelspiel und das Endspiel).

Ich möchte mit diesem Buch den Schachanfänger in die Materie der Endspiele einführen. Die wichtigsten Endspiele werden mit zahlreichen Diagrammen dargestellt. Der Schachanfänger soll somit einen Überblick über die Vielzahl der Endspiele erhalten.

Ziele des Endspiels

In diesem Teilbereich des Schachspiels sind nur noch wenige Schachfiguren auf dem Brett. Der König, bisher passiv, übernimmt jetzt eine aktivere Rolle. Der König unterstützt seine eigenen Figuren und greift generische Figuren an, besonders die Bauern.

Normalerweise hat jetzt ein Spieler einen Material- oder Stellungsvorteil erreicht. Dieser versucht nun den Gegner mattzusetzen. Dieser wiederum versucht ein Unentschieden (Remis, Patt) zu erreichen. Hat man noch Bauern, versucht man einen Bauern auf die Grundlinie des Gegners zu bringen und in eine Dame umzuwandeln. Deshalb haben auch Bauern im Endspiel eine große Bedeutung.

Tipp:

Um mit den Beispielen zum Endspiel leichter zurechtzukommen, sollte man ein Schachbrett aufstellen. Damit die Beispiele mit den zahlreichen leicht verständlichen Diagrammen noch verständlicher werden.

Deshalb gibt es einige Richtlinien:

1. Mattsetzen ist mit folgenden Figuren möglich:
    - Eine Dame
    - Ein Turm
    - Zwei Türme
    - Zwei (ungleichfarbige) Läufer
    - Läufer und Springer

2. Das Patt ist eine wichtige Verteidigungsmöglichkeit des unterlegenen Spielers. Achte deswegen immer auf Pattmöglichkeiten!

3. Die Regel vom Quadrat.

4. Wenn der Bauer die vorletzte Reihe mit Schach betritt, ist es Remis!

5. Der König ist nun eine starke Figur. Bringe ihn im Endspiel so schnell wie möglich ins Spiel.

6. Doppelbauern, isolierte und blockierte Bauern sind schwach! Vermeide sie.

7. Pass auf, dass dein Gegner keinen Bauern umwandeln kann.

8. Gegnerische Freibauern sollten daher entweder durch den König oder einen Springer blockiert werden.

9. Türme gehören hinter die Freibauern.

10. Musst Du einen eigenen Freibauern mit dem König unterstützen, so gehört der König vor den Bauern.

König gegen König und Dame

Dieses Endspiel ist für König und Dame immer gewonnen. Denn die Dame beherrscht ja die Senkrechten, Waagrechten und Diagonalen. Die Mattführung mit der Dame ist sehr leicht. Allerdings muss der eigene König die Dame dabei unterstützen.

Man muss den gegnerischen König in seinen verfügbaren Zügen einschränken. In der Mitte des Schachbrettes ist der gegnerische König nicht mattzusetzen, man muss ihn an den Brettrand oder in die Brettecke drängen. Dies kann die Dame alleine, aber der eigene König ist zum Matt nötig.

Folgende Grundsätze sollte man sich merken:

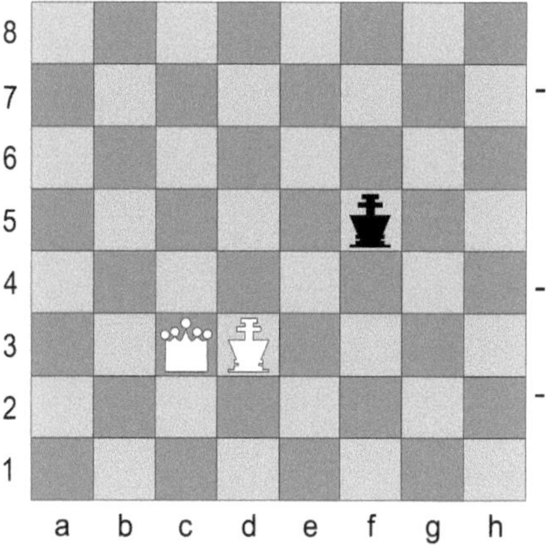

- Der gegnerische König wird zum Brettrand oder in die Brettecke gedrängt, der eigene König unterstützt die Dame.

- Die eigene Dame zum gegnerischen König bleibt im Springerabstand.

- Der eigene König wird zum gegnerischen König gebracht.

1.	Dc3 - d4	Kf5 - e6

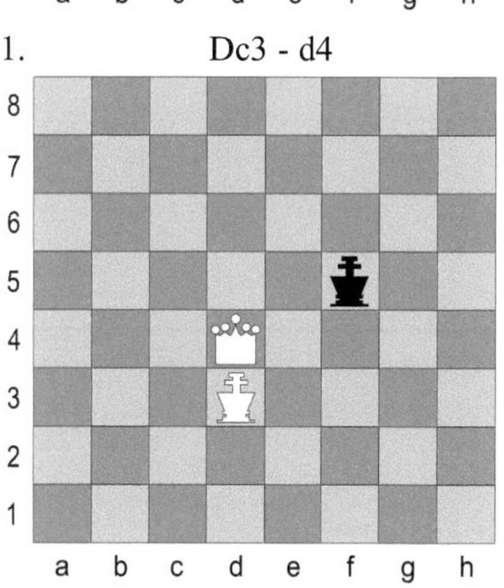

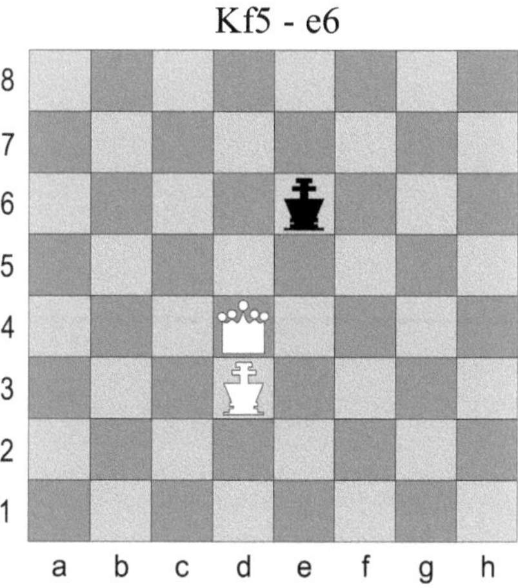

2. **Kd3 - e4**

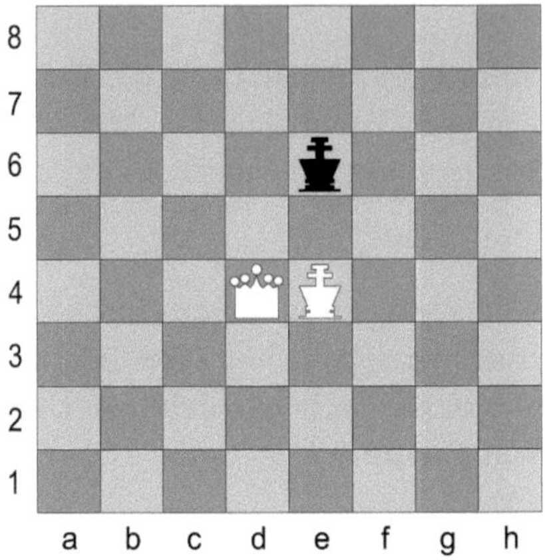

Ke6 -f7

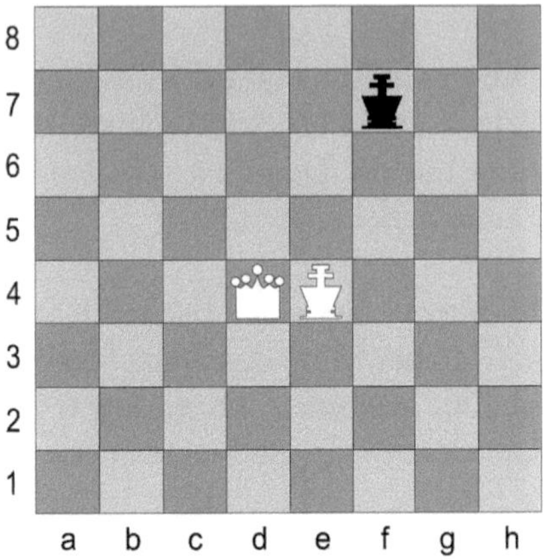

3. **Dd4 - d6**

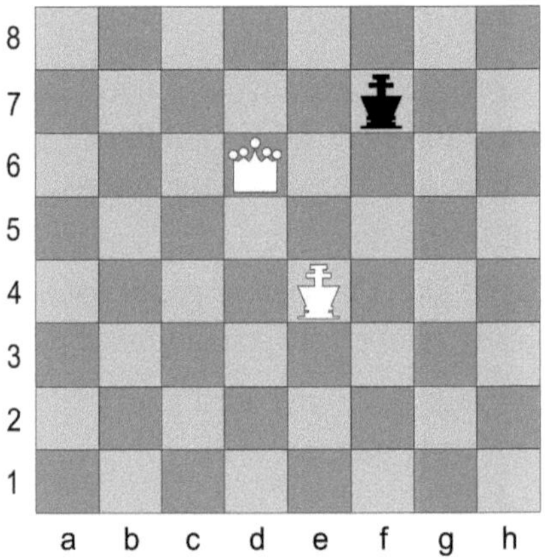

Kf7 - g7

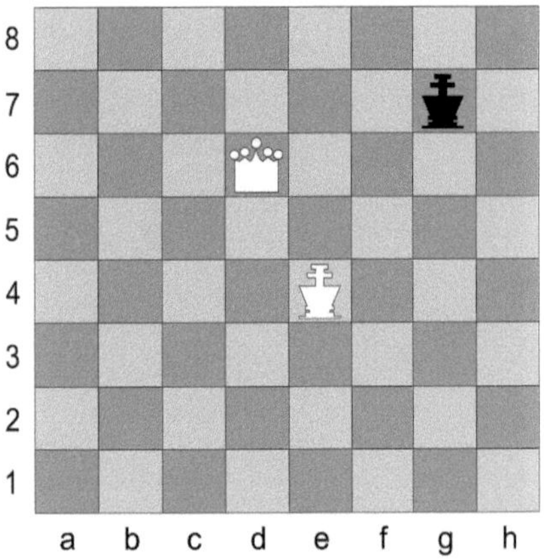

4. **Ke4 - f5**

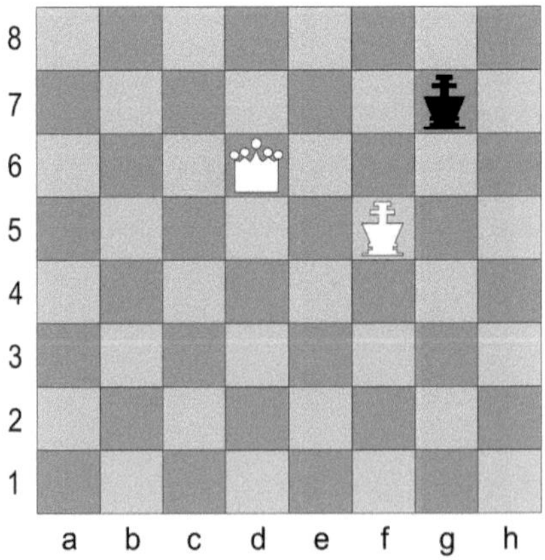

Kg7 - f7

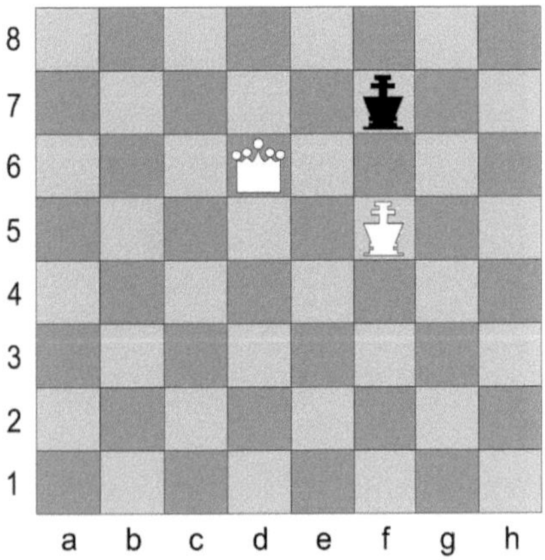

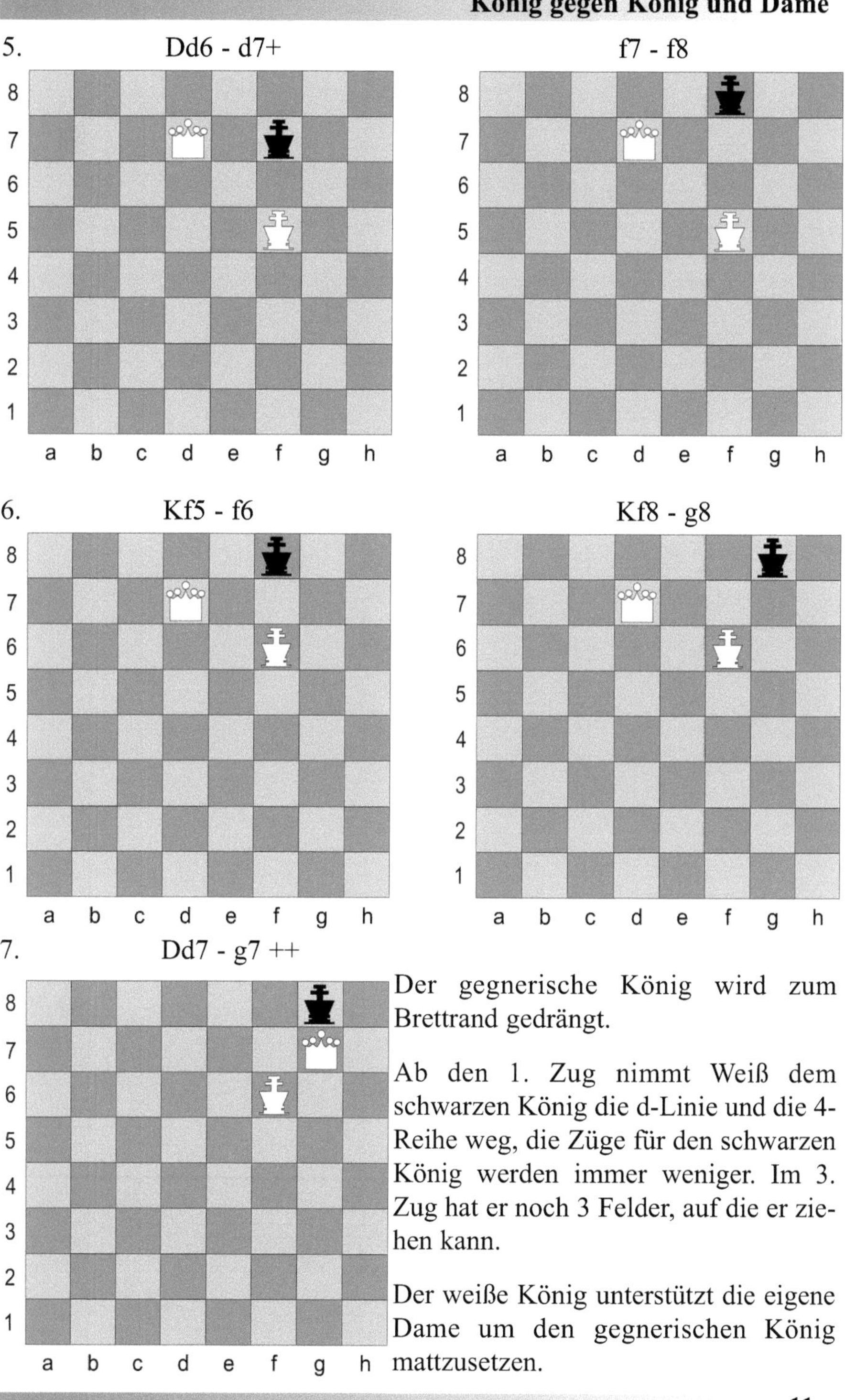

5. Dd6 - d7+   f7 - f8

6. Kf5 - f6   Kf8 - g8

7. Dd7 - g7 ++

Der gegnerische König wird zum Brettrand gedrängt.

Ab den 1. Zug nimmt Weiß dem schwarzen König die d-Linie und die 4-Reihe weg, die Züge für den schwarzen König werden immer weniger. Im 3. Zug hat er noch 3 Felder, auf die er ziehen kann.

Der weiße König unterstützt die eigene Dame um den gegnerischen König mattzusetzen.

Springerabstand: 1. De5 - f5

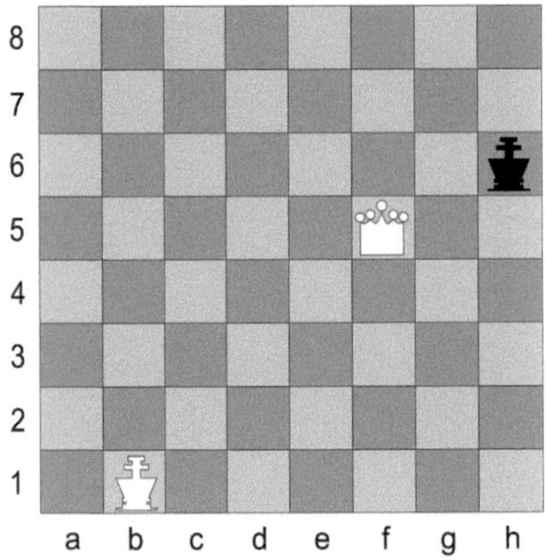

Kh6 - g7

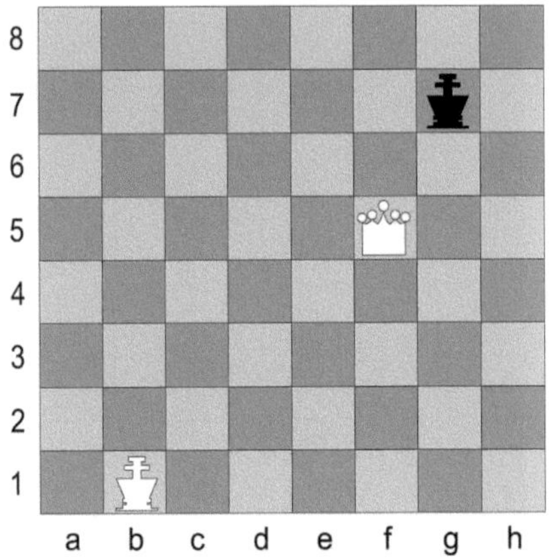

2.   Df5 - e6

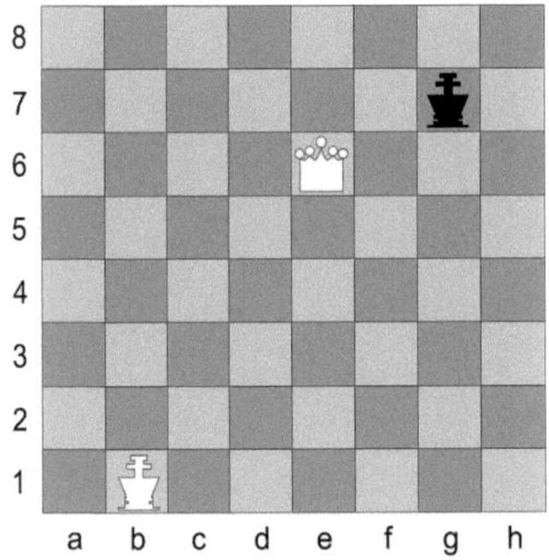

Kg7 - h7

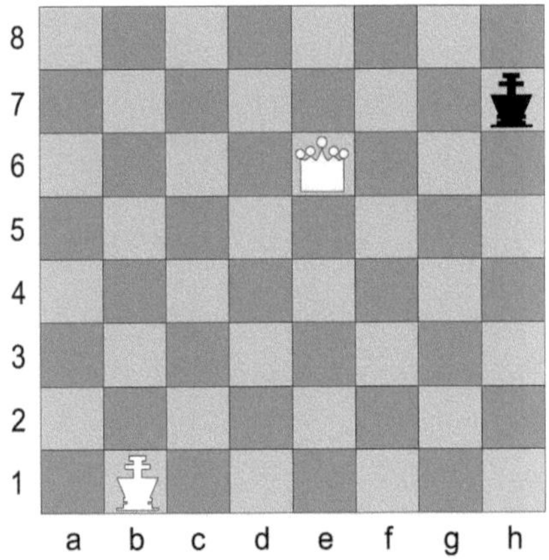

3.   De6 - f6

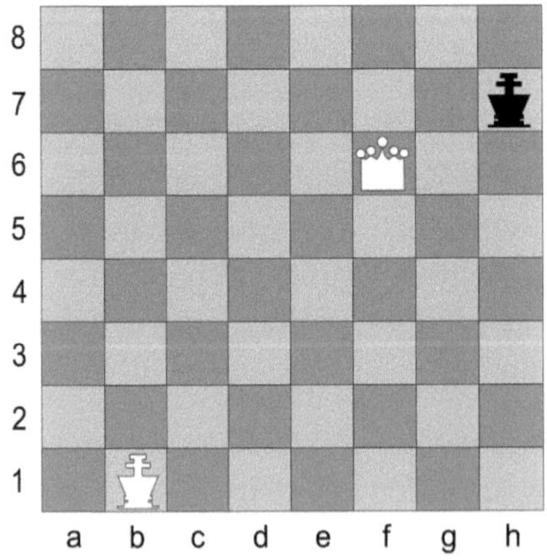

Kh7 - g8

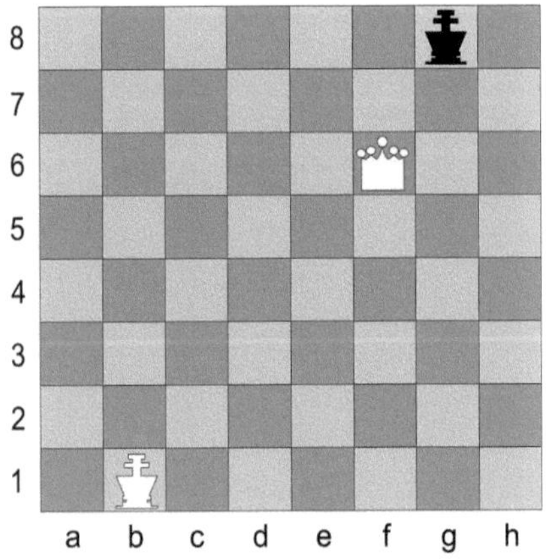

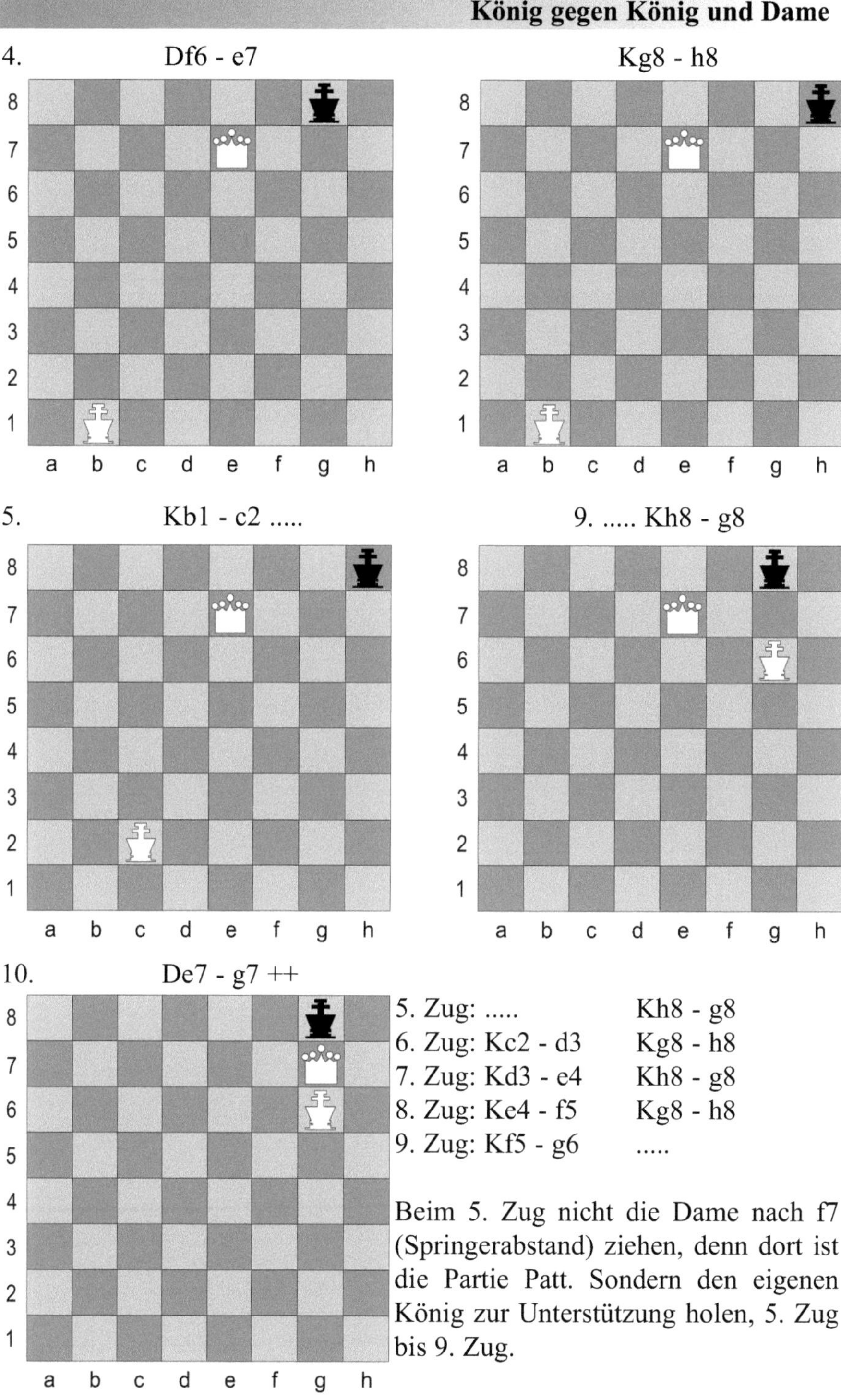

4.   Df6 - e7   Kg8 - h8

5.   Kb1 - c2 .....   9. ..... Kh8 - g8

10.   De7 - g7 ++

5. Zug: .....   Kh8 - g8
6. Zug: Kc2 - d3   Kg8 - h8
7. Zug: Kd3 - e4   Kh8 - g8
8. Zug: Ke4 - f5   Kg8 - h8
9. Zug: Kf5 - g6   .....

Beim 5. Zug nicht die Dame nach f7 (Springerabstand) ziehen, denn dort ist die Partie Patt. Sondern den eigenen König zur Unterstützung holen, 5. Zug bis 9. Zug.

Beispiel 3:   1. Dd8 - d5   Kc3 - c2

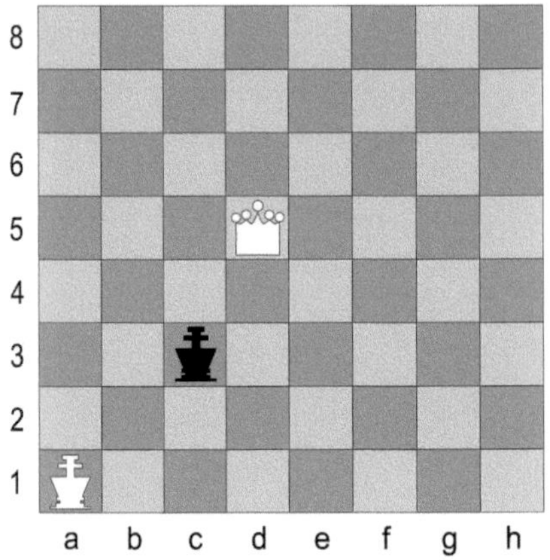

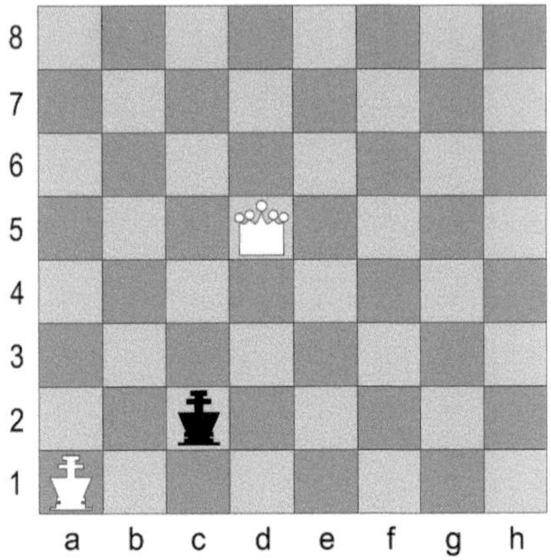

2.   Dd5- d4 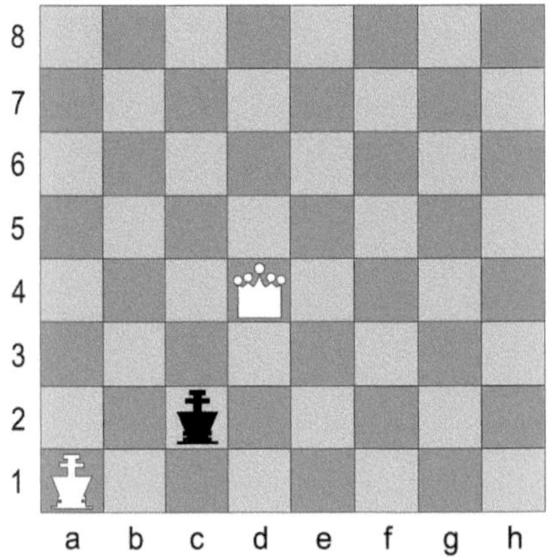   Kc2 - c1

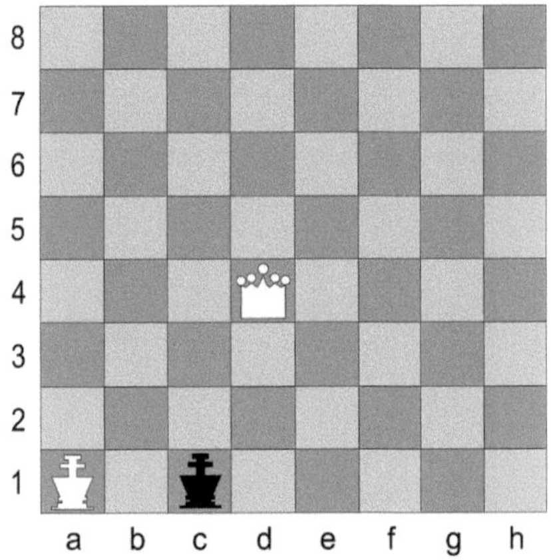

3.   Ka1 - a2 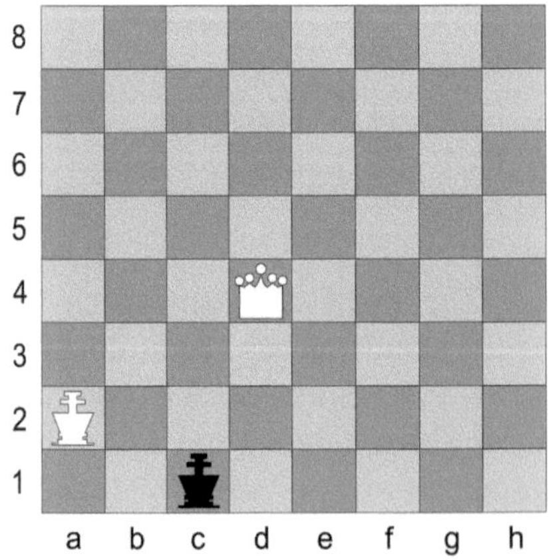   Kc1 - c2

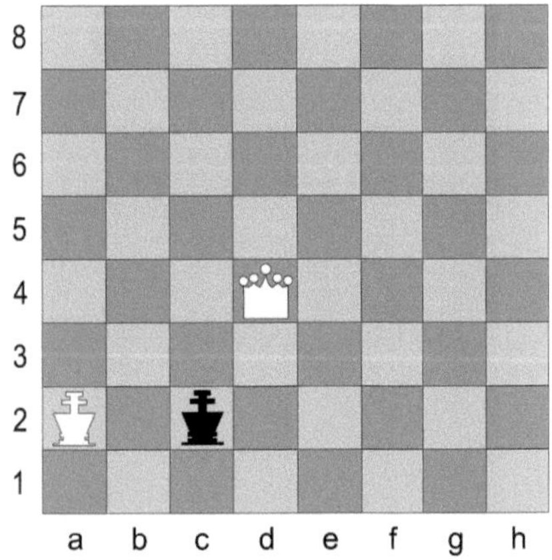

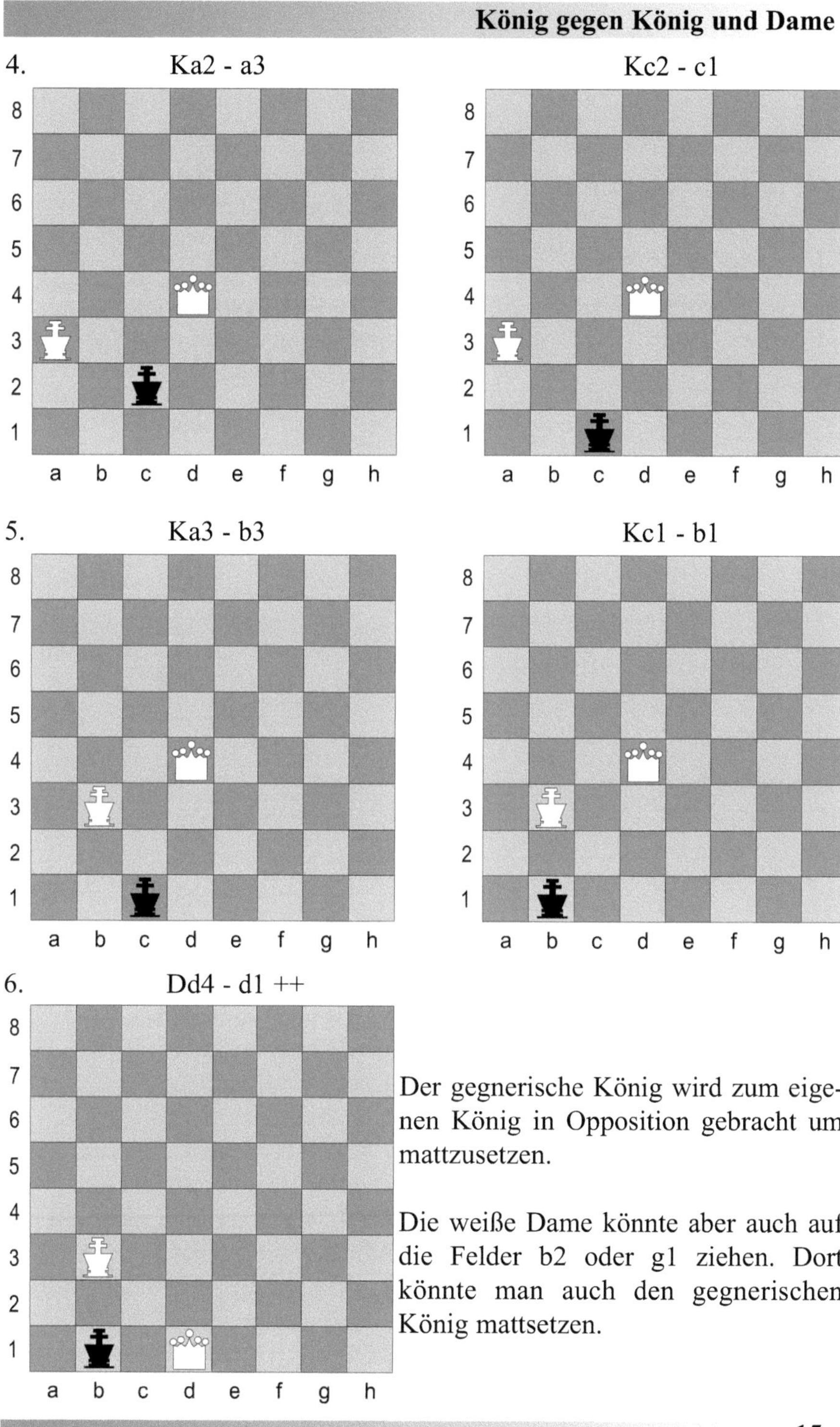

4.   Ka2 - a3   Kc2 - c1

5.   Ka3 - b3   Kc1 - b1

6.   Dd4 - d1 ++

Der gegnerische König wird zum eigenen König in Opposition gebracht um mattzusetzen.

Die weiße Dame könnte aber auch auf die Felder b2 oder g1 ziehen. Dort könnte man auch den gegnerischen König mattsetzen.

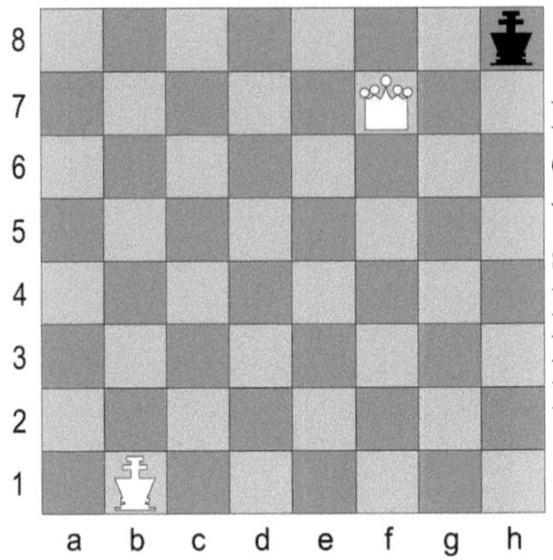

Man muss nur aufpassen, dass kein Patt entsteht. So würde es aussehen, wenn wie in Beispiel 2 die weiße Dame dem schwarzen König gefolgt wäre, 5. Zug De7 - f7. Der gegnerische König hat kein Feld mehr, wohin er ziehen kann. Die Partie wäre Patt.

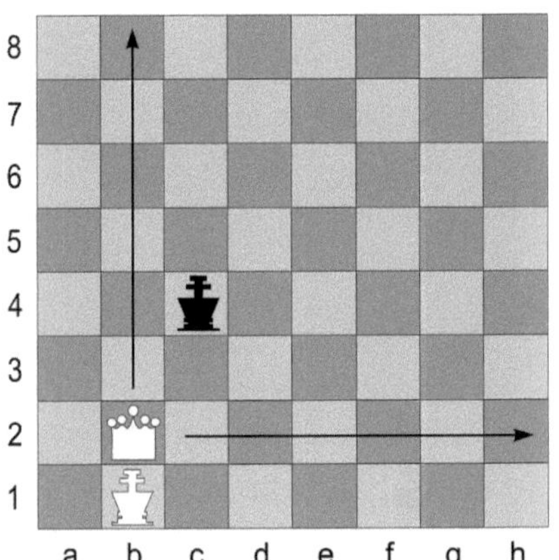

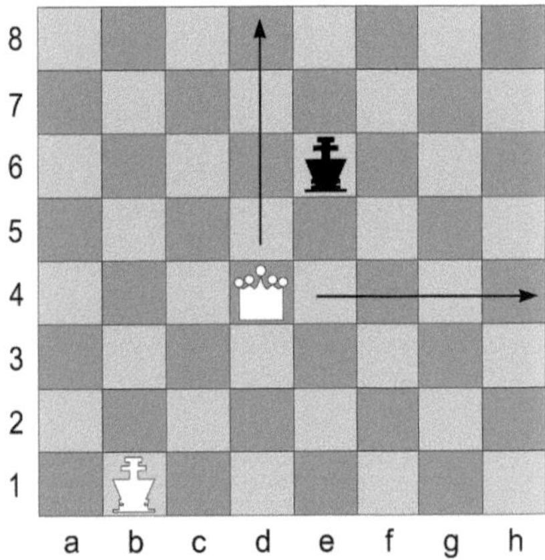

Viele Anfänger fällt es wesentlich leichter, erst den gegnerischen König mit der eigenen Dame in die Brettecke zu drängen und dann den eigenen König zur Unterstützung zuholen, um mattzusetzen.

Die weiße Dame nimmt dem schwarzen König bei jedem Zug eine Linie und Reihe weg. Der gegnerische König steht in einem von vier Bereichen, die die Dame unterteilt, die er nicht verlassen kann, da er ja nicht auf die bedrohten Felder ziehen kann. Die Züge für den schwarzen König werden immer weniger. Bis der schwarze König in die Brettecke gedrängt wurde. Man muss dem König aber immer zwei Felder zum Ziehen lassen, sonst wäre die Partie Patt.

König gegen König und Turm

Auch dieses Endspiel ist für König und Turm immer gewonnen. Wie schon mit der Dame, muss der gegnerische König zum Brettrand oder in die Brettecke gedrängt werden. Der eigene König unterstützt den Turm und setzt den gegnerischen König Matt. Wir beginnen immer damit, den gegnerischen König in seinen verfügbaren Zügen einzuschränken. Danach wird unser weißer König, im Springerabstand, dem schwarzen König näher rücken. Um ihn am Brettrand mattzusetzen muss er in die Opposition gezwungen werden.

Durch seine Gangart teilt der Turm, ebenso wie die Dame, dass Schachbrett in vier Bereiche. Steht der gegnerische König in einem dieser Bereiche, kann er diesen nicht verlassen. Denn der schwarze König kann ja nicht auf die Felder ziehen, die vom Turm bedroht werden.

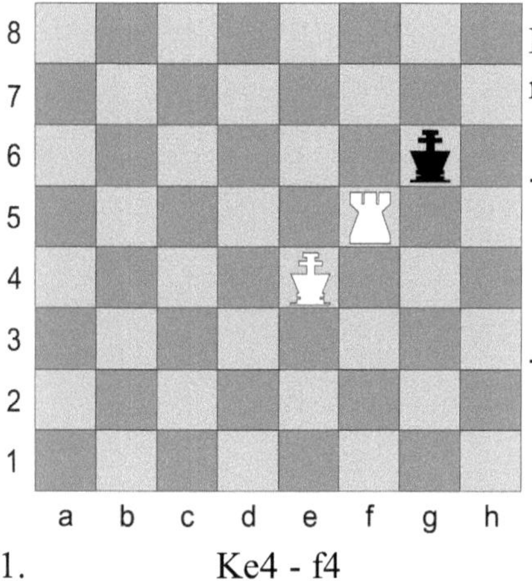

Folgende Grundsätze sollte man sich merken:

- Der gegnerische König wird zum Brettrand oder in die Brettecke gedrängt, der eigene König unterstützt den Turm.
- Der eigene König bleibt im Springerabstand zum gegnerischen König.

1.   Ke4 - f4   Kg6 - h6

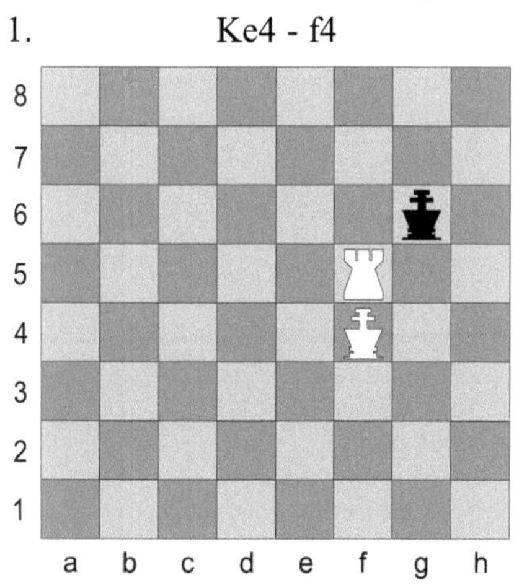

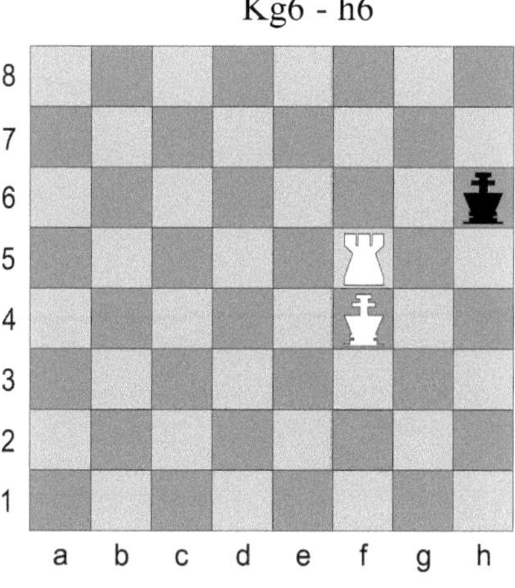

2.

Tf5 - g5

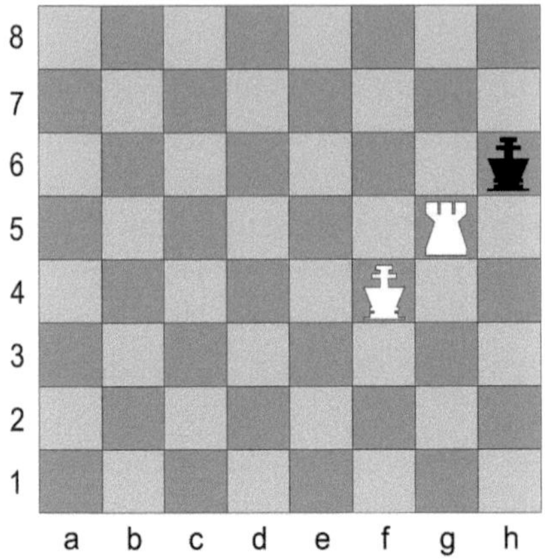

Kh6 - h7

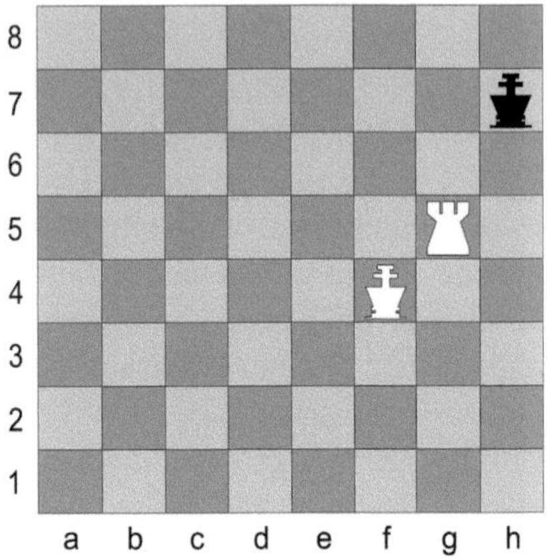

3. Kf4 - f5

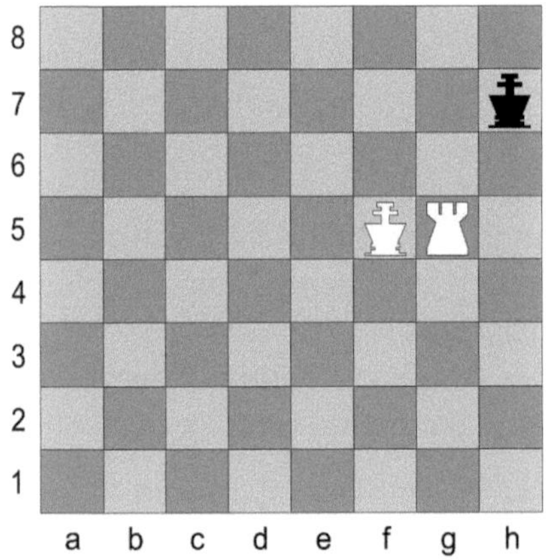

Kh7 - h6

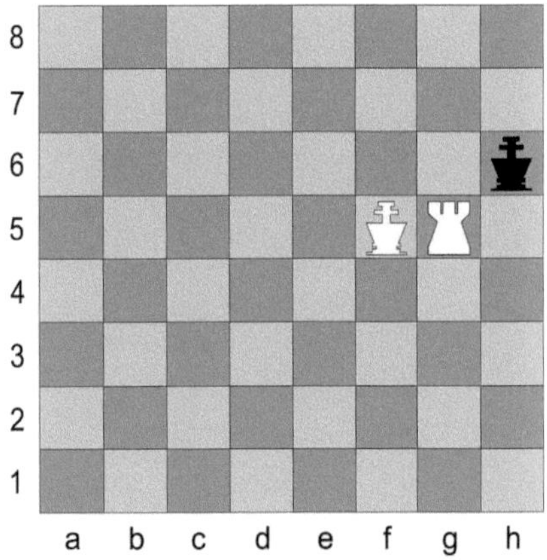

4. Kf5 - f6

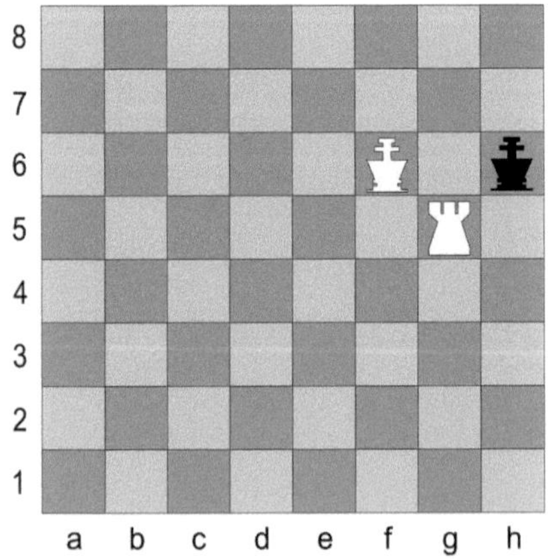

Kh6 - h7

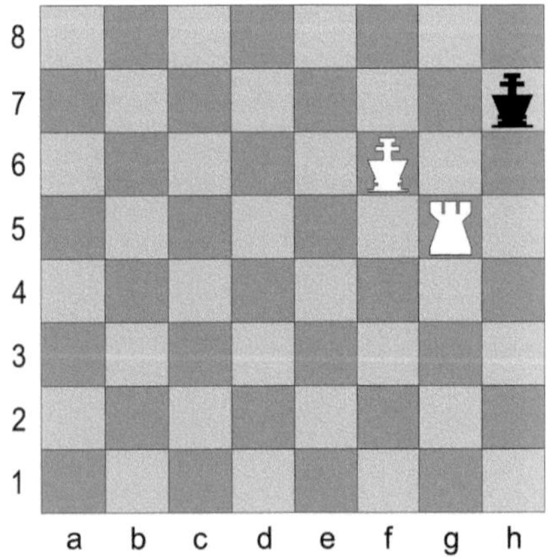

5. Tg5 - h5+

Kh7 - g8

6. Th5 - h6

Kg8 - f8

7. Th6 - h8++

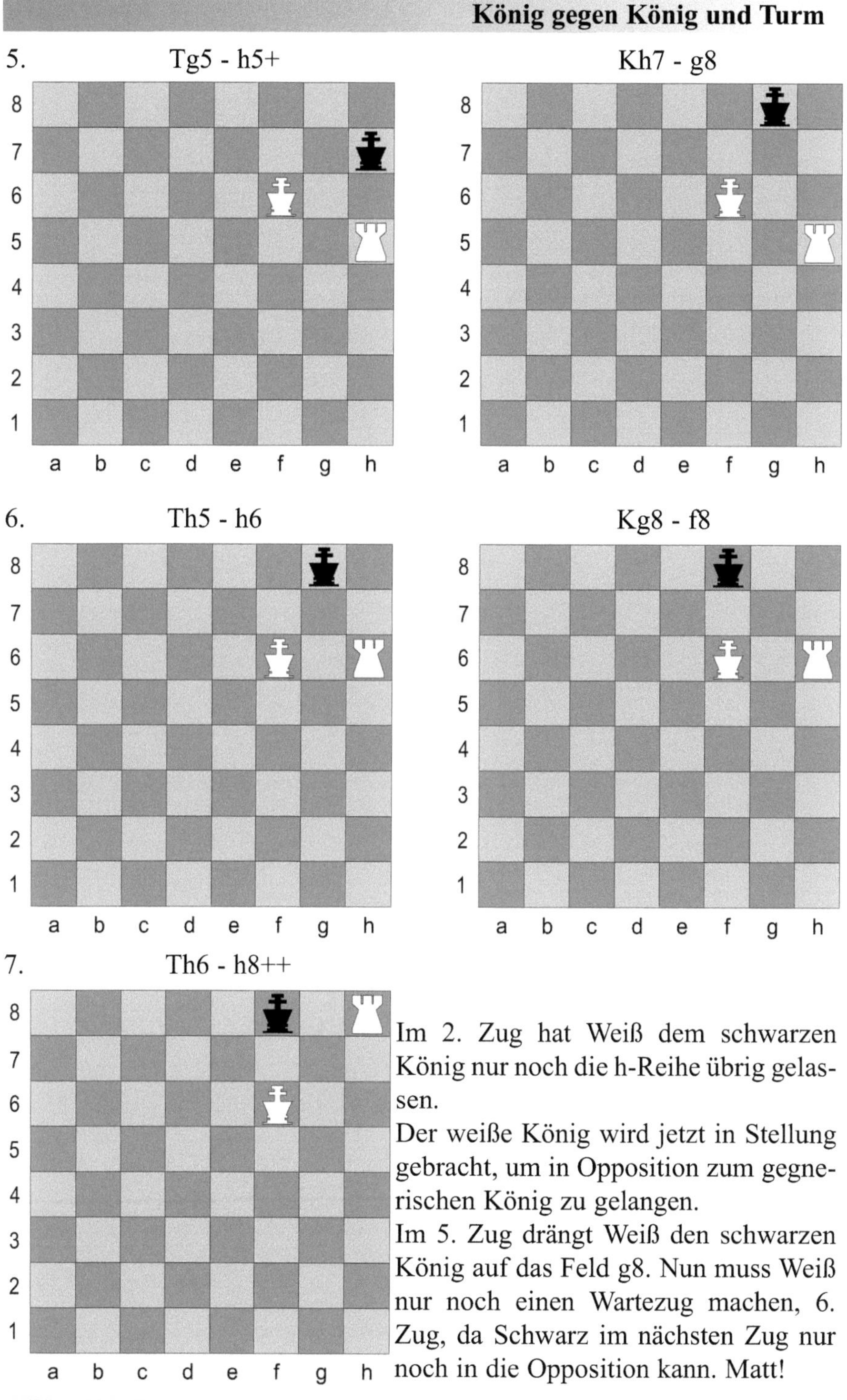

Im 2. Zug hat Weiß dem schwarzen König nur noch die h-Reihe übrig gelassen.

Der weiße König wird jetzt in Stellung gebracht, um in Opposition zum gegnerischen König zu gelangen.

Im 5. Zug drängt Weiß den schwarzen König auf das Feld g8. Nun muss Weiß nur noch einen Wartezug machen, 6. Zug, da Schwarz im nächsten Zug nur noch in die Opposition kann. Matt!

Beispiel 2:   1. Th5 - b5   Ka6 - a7

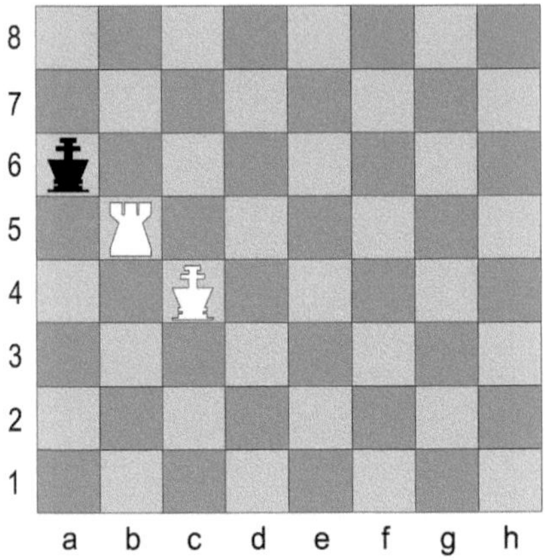

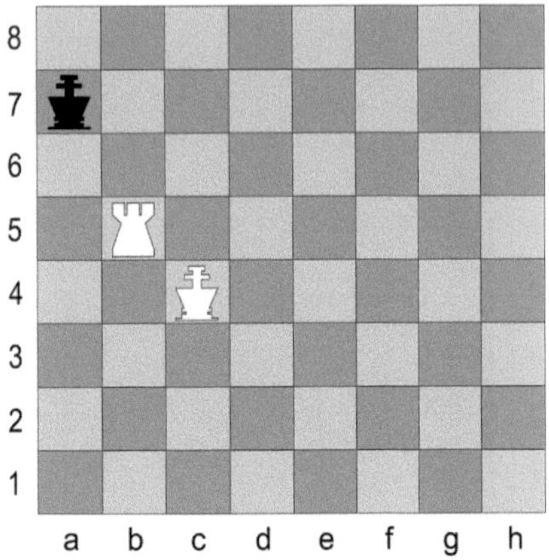

2.   Kc4 - c5 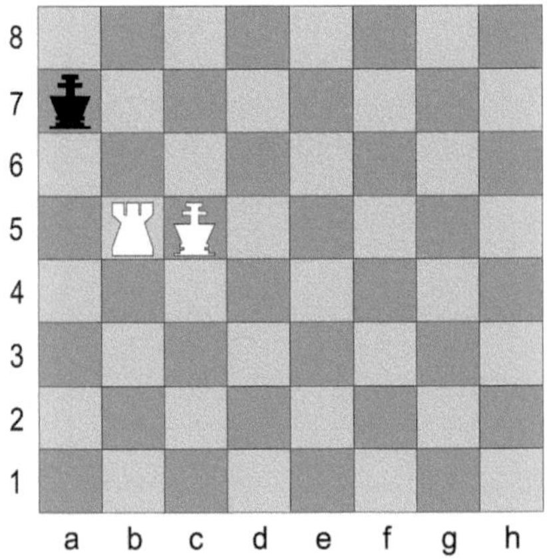   Ka7 - a6

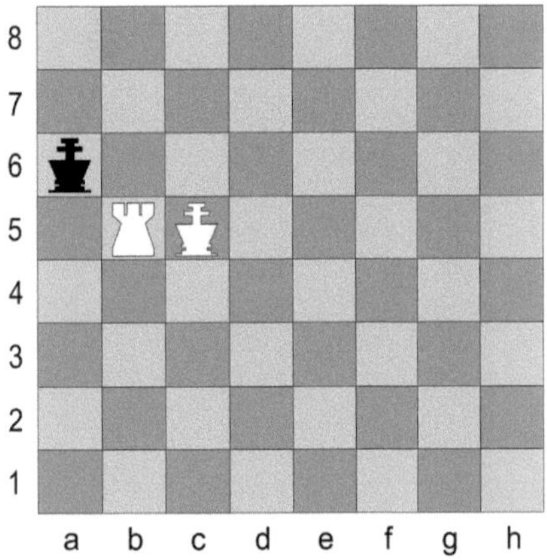

3.   Kc5 - c6 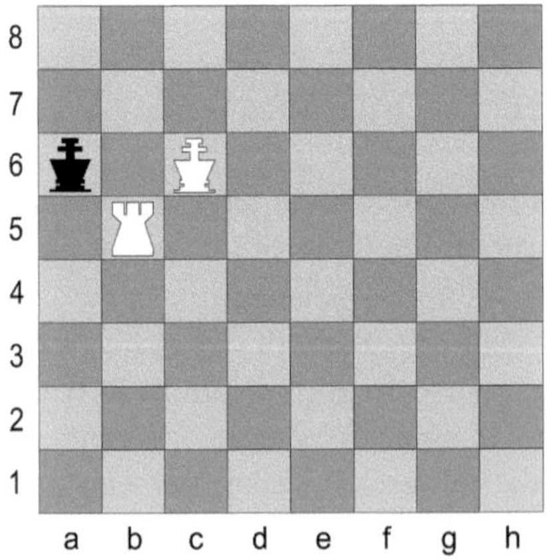   Ka6 - a7

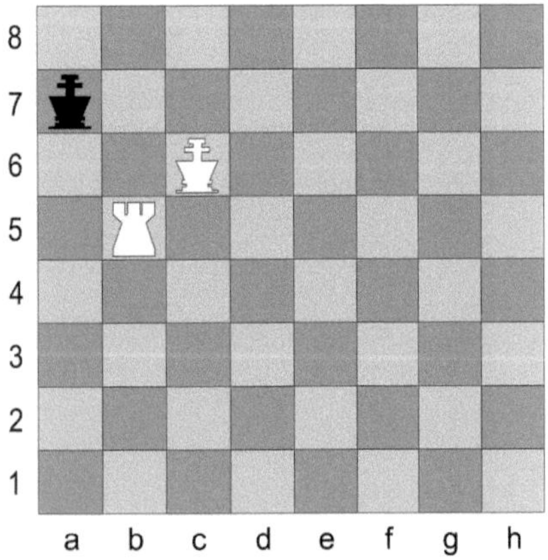

4. Tb5 - h5   Ka7 - a6

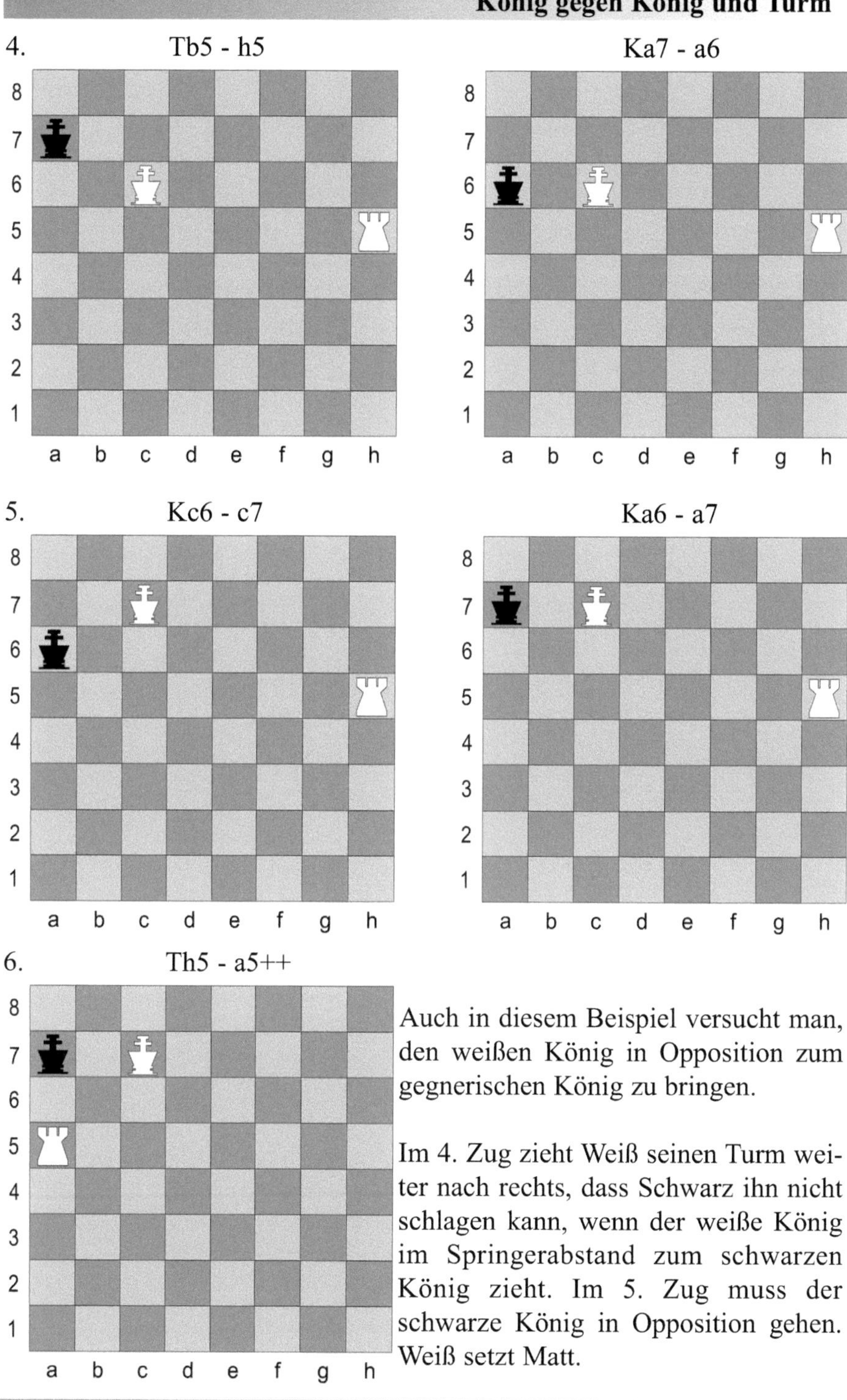

5. Kc6 - c7   Ka6 - a7

6. Th5 - a5++

Auch in diesem Beispiel versucht man, den weißen König in Opposition zum gegnerischen König zu bringen.

Im 4. Zug zieht Weiß seinen Turm weiter nach rechts, dass Schwarz ihn nicht schlagen kann, wenn der weiße König im Springerabstand zum schwarzen König zieht. Im 5. Zug muss der schwarze König in Opposition gehen. Weiß setzt Matt.

König gegen König und Turm

1. Ta1 - g1

Kh4 - h3

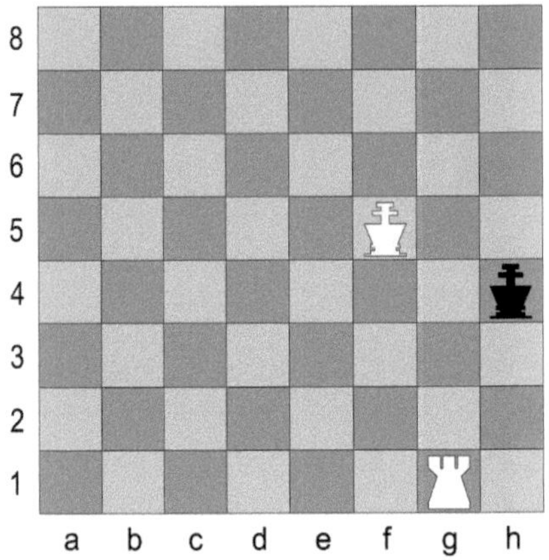

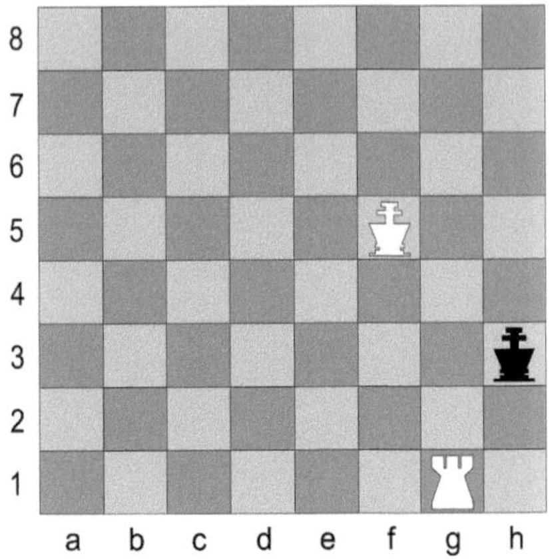

2. Kf5 - f4

Kh3 - h2

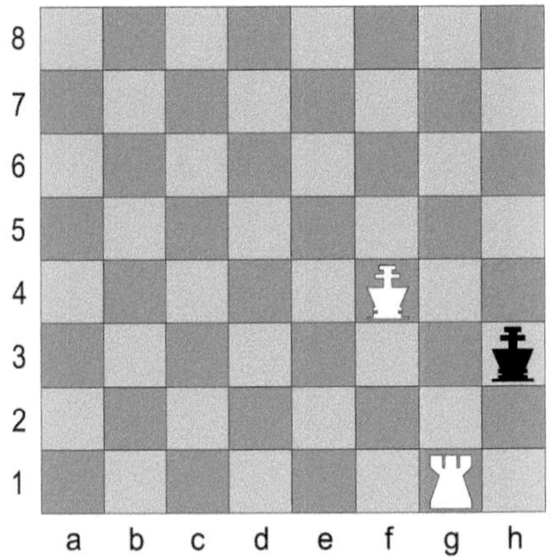

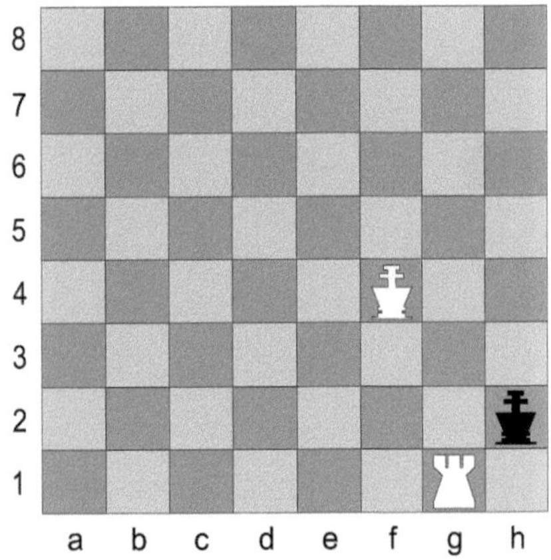

3. Tg1 - g3

Kh2 - h1

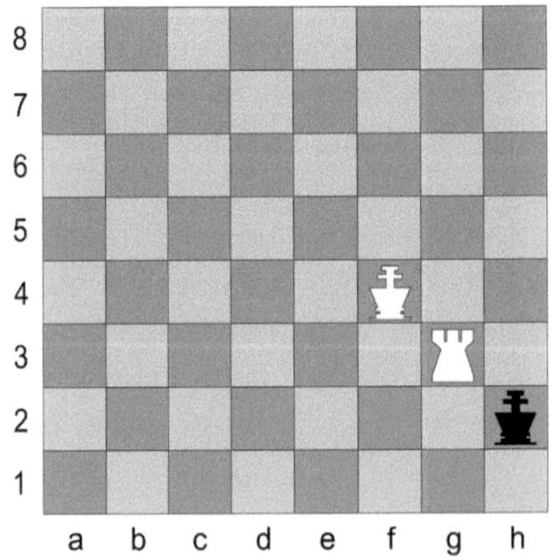

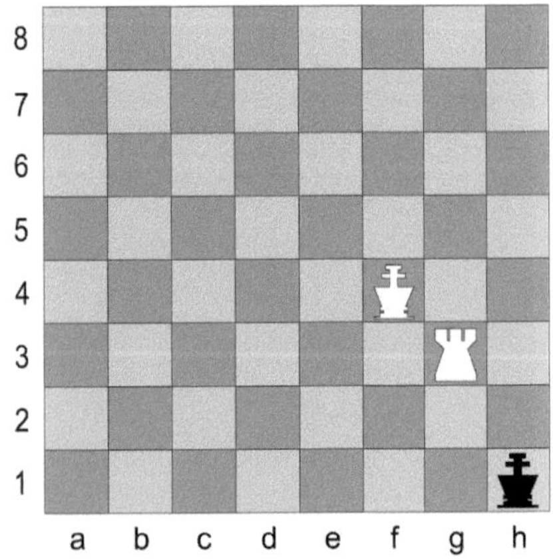

4.   Kf4 - f3   Kh1 - h2

5.   Kf3 - f2   Kh2 - h1

6.   Tg3 - h3++

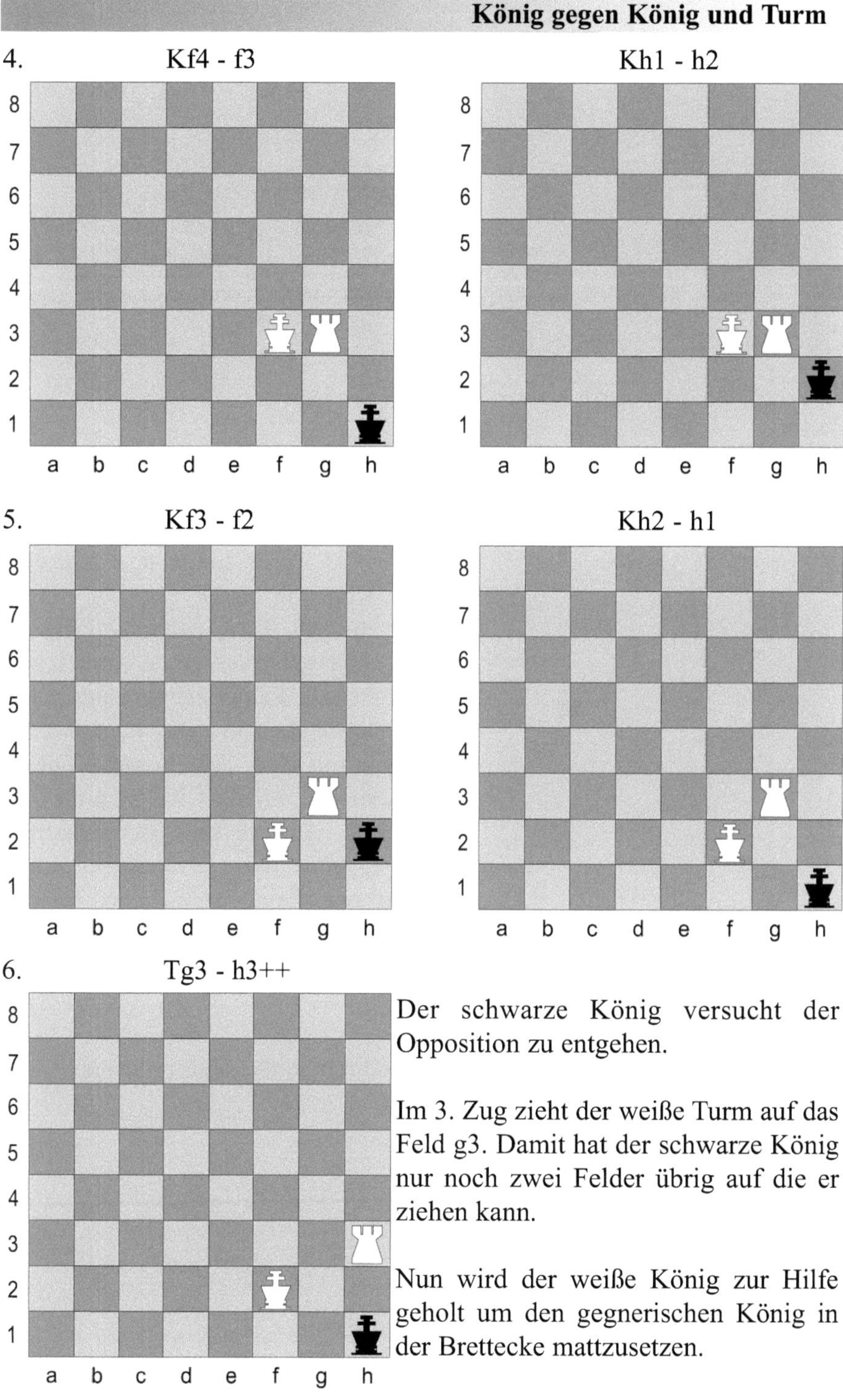

Der schwarze König versucht der Opposition zu entgehen.

Im 3. Zug zieht der weiße Turm auf das Feld g3. Damit hat der schwarze König nur noch zwei Felder übrig auf die er ziehen kann.

Nun wird der weiße König zur Hilfe geholt um den gegnerischen König in der Brettecke mattzusetzen.

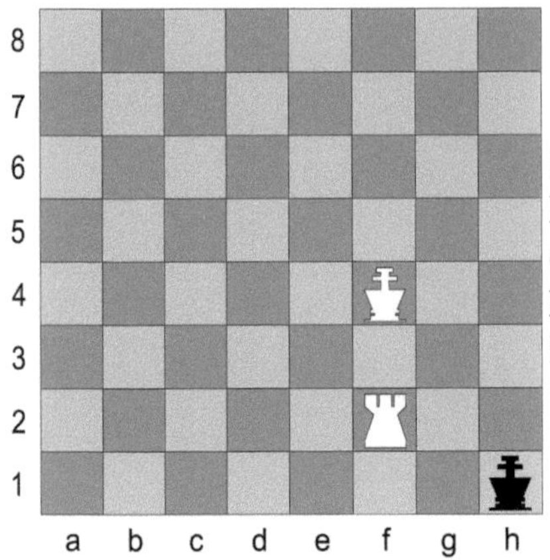

Schwarz wäre am Zug.
Man muss nur aufpassen, dass kein Patt entsteht. Der gegnerische König hat kein Feld mehr, wohin er ziehen kann. Die Partie wäre Patt.

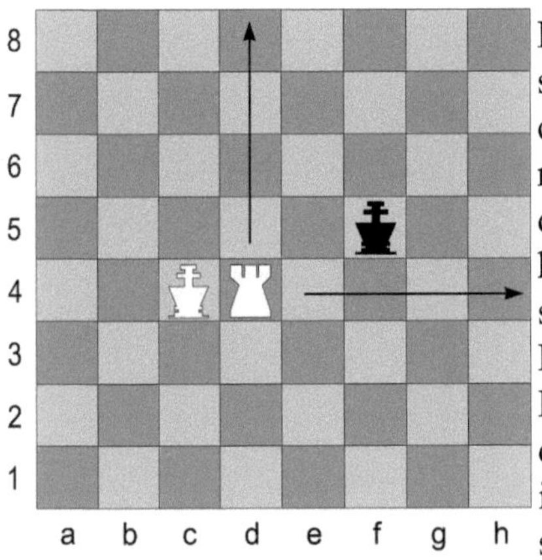

Der weiße Turm sperrt den gegnerischen König in einem von vier Bereichen, die der Turm unterteilt, die er nicht verlassen kann, da er ja nicht auf die bedrohten Felder ziehen kann. Dies kann der weiße Turm aber nur bewerkstelligen mit Hilfe des eigenen Königs. Der schwarze König wird dann an den Brettrand oder in die Brettecke gedrängt. Man muss den König aber immer zwei Felder zum Ziehen lassen, sonst wäre die Partie Patt.

Man merkt sich:
Nur am Brettrand oder in der Brettecke kann man das Matt erreichen.

König gegen König und zwei Läufer

Der gegnerische König muss zu einem Feld neben einer Brettecke oder in die Brettecke gedrängt werden. Denn nur in dort ist ein Matt erzwingbar. Das Matt wäre auch am Brettrand möglich, ist aber nicht erzwingbar. Auch hier unterstützt der eigene König die Läufer und deckt sie. Die Pattgefahr ist bei diesem Endspiel sehr groß.

Weiß versucht den gegnerischen König in seinen verfügbaren Zügen einzuschränken. Wenn beide Läufer in der Mitte des Brettes stehen, haben sie eine sehr große Wirkung, der König ist „eingesperrt". Dort kann er nicht einmal mehr die Läufer angreifen.

Folgende Grundsätze sollte man sich merken:

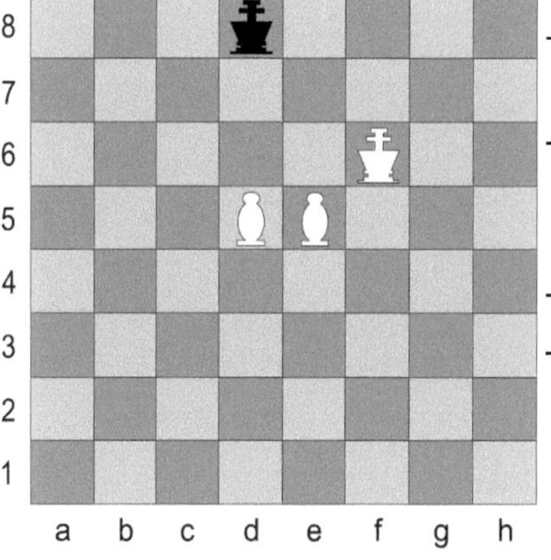

- Den König neben einer Ecke oder in die Brettecke drängen.

- Der eigene König im Springerabstand zum gegnerischen König oder zur Brettecke bringen.

- Mit beiden Läufern mattsetzen.

- Der letzte Zug vor dem Matt ist immer ein Schachgebot.

1.   Ld5 - e6   Kd8 - e8

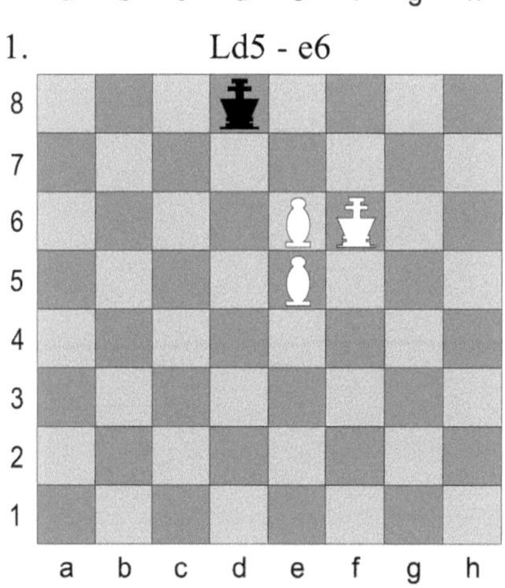

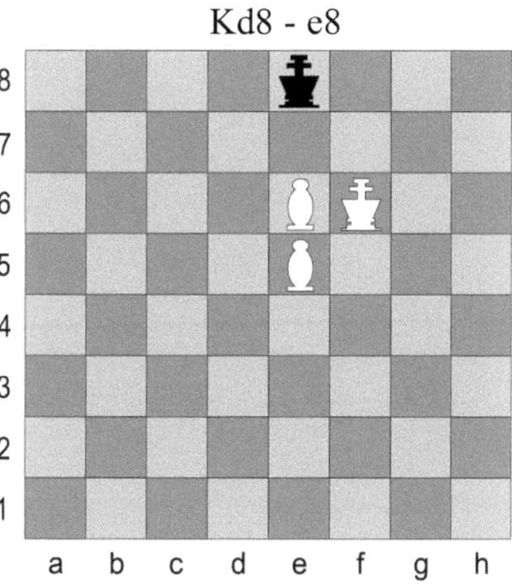

2. Le5 - c7

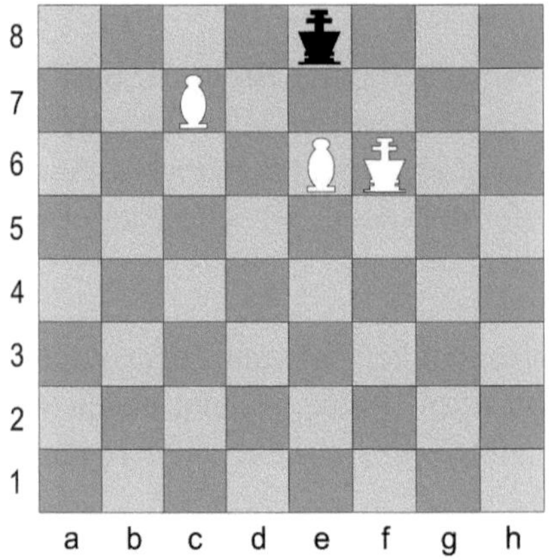

Ke8 - f8

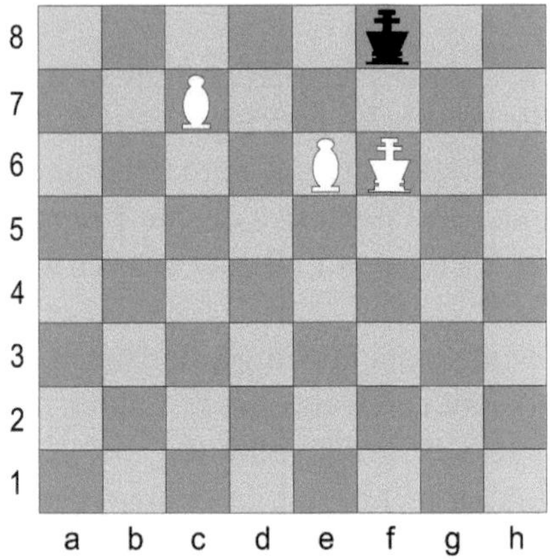

3. Le6 - d7

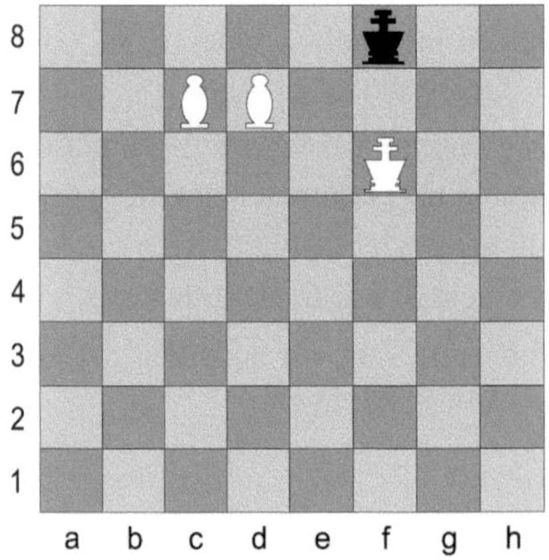

Kf8 - g8

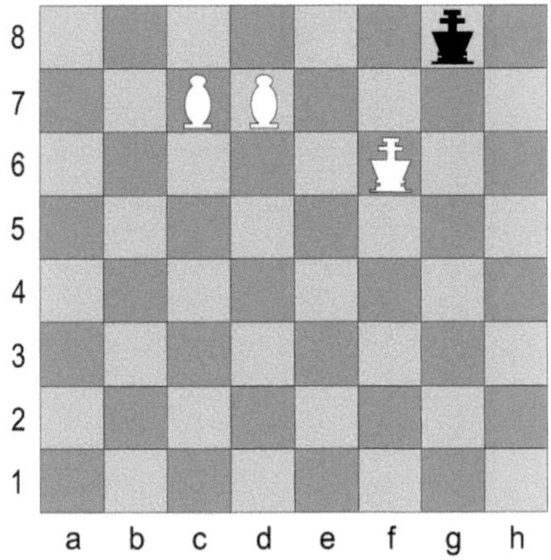

4. Kf6 - g6

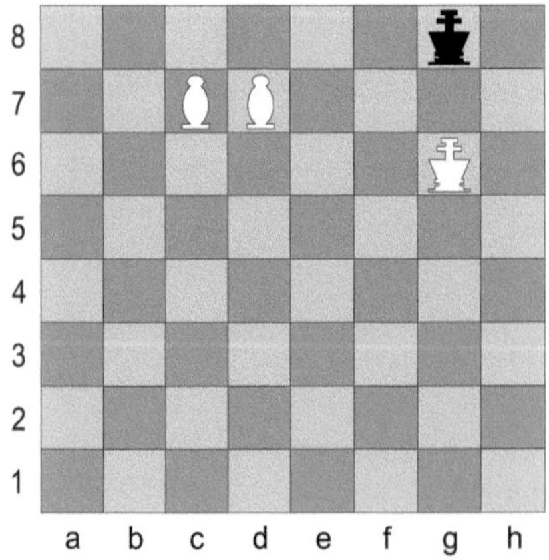

Kg8 - f8

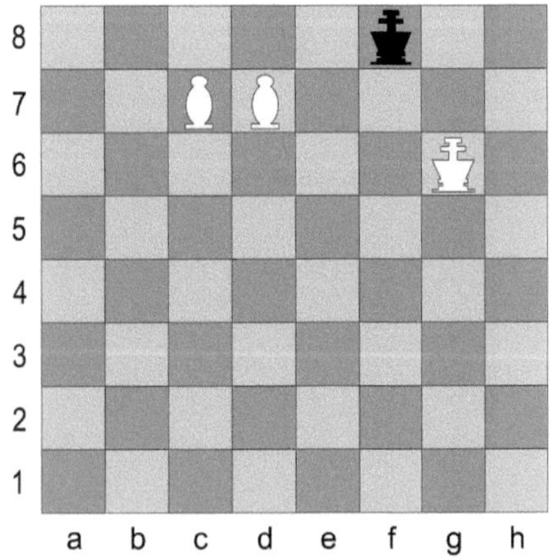

5. Lc7 - d6+   Kf8 - g8

6. Ld7 - e6+   Kg8 - h8

7. Ld6 - e5++

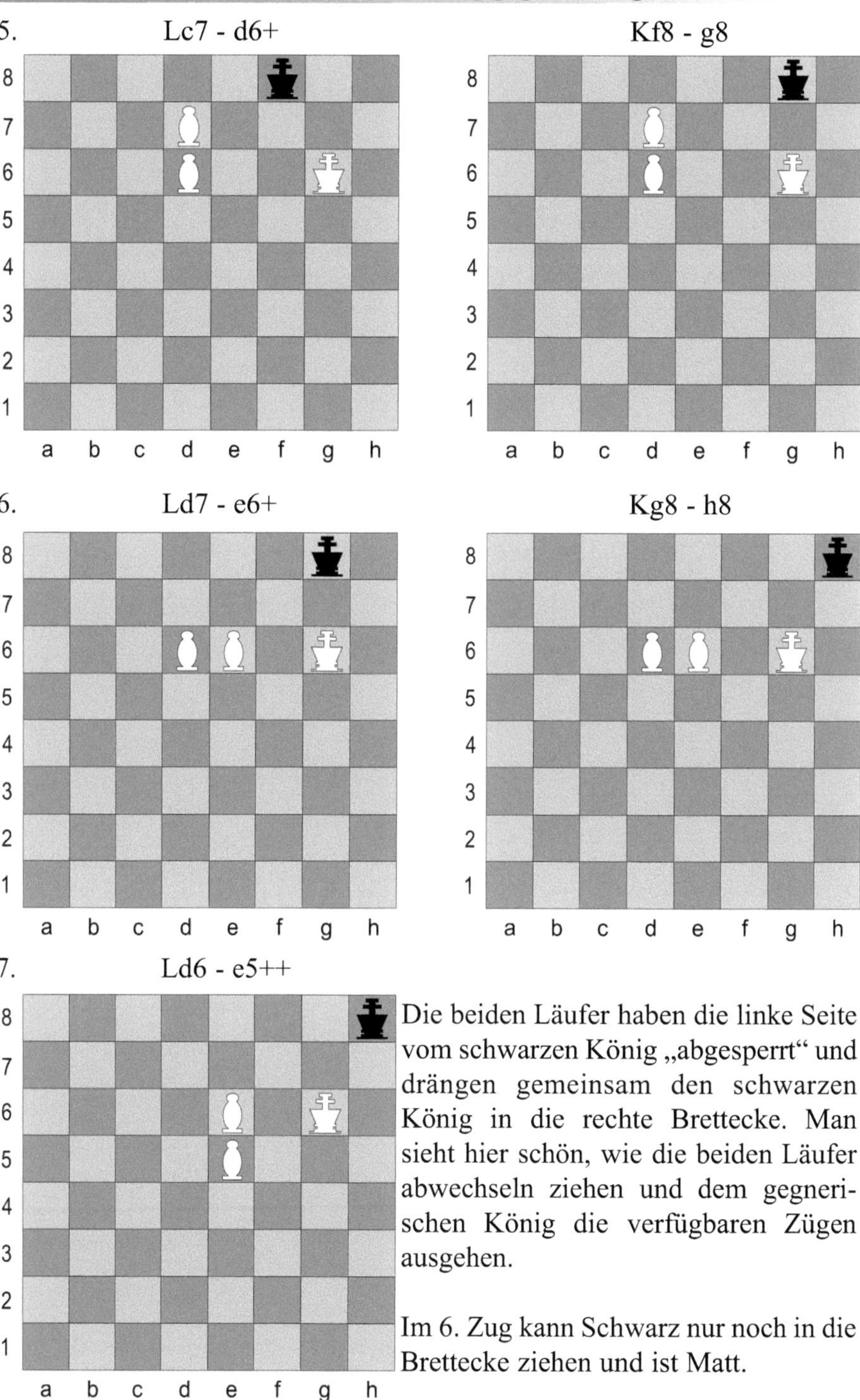

Die beiden Läufer haben die linke Seite vom schwarzen König „abgesperrt" und drängen gemeinsam den schwarzen König in die rechte Brettecke. Man sieht hier schön, wie die beiden Läufer abwechseln ziehen und dem gegnerischen König die verfügbaren Zügen ausgehen.

Im 6. Zug kann Schwarz nur noch in die Brettecke ziehen und ist Matt.

1. Kd5 - c6

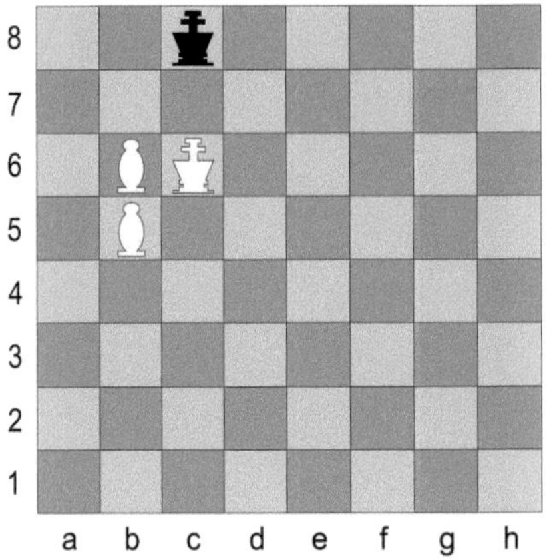

Kc8 - b8

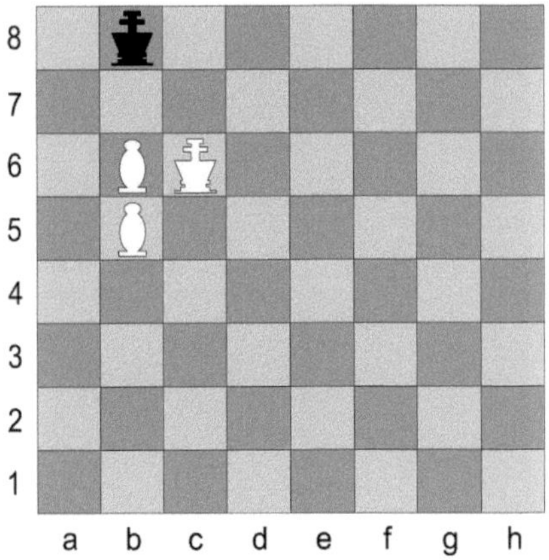

2. Lb5 - a6

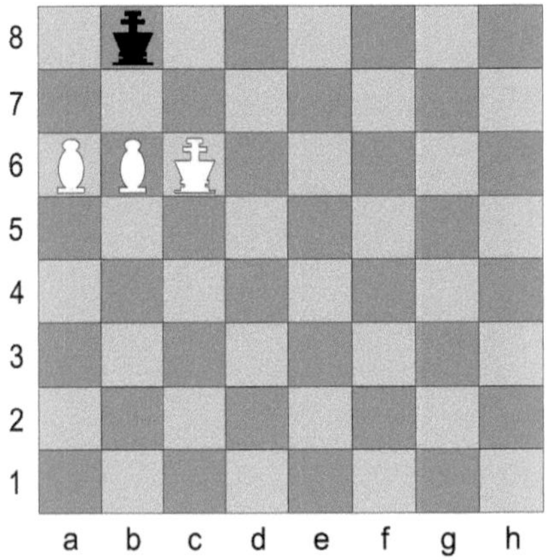

Kb8 - a8

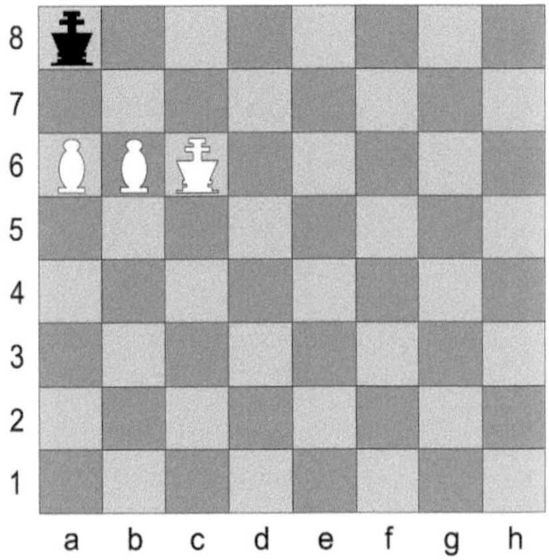

3. Lb6 - c5

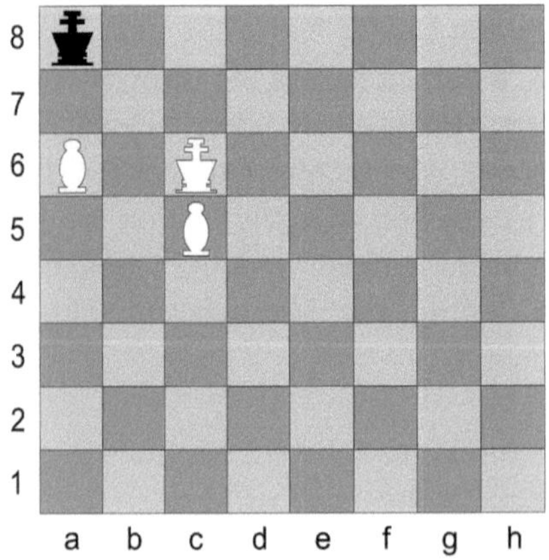

Ka8 - b8

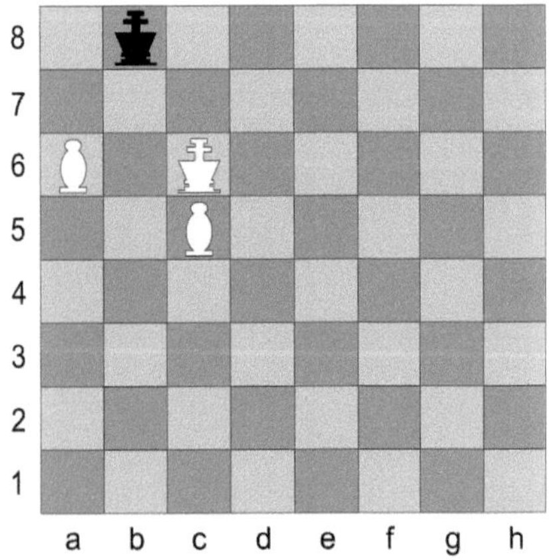

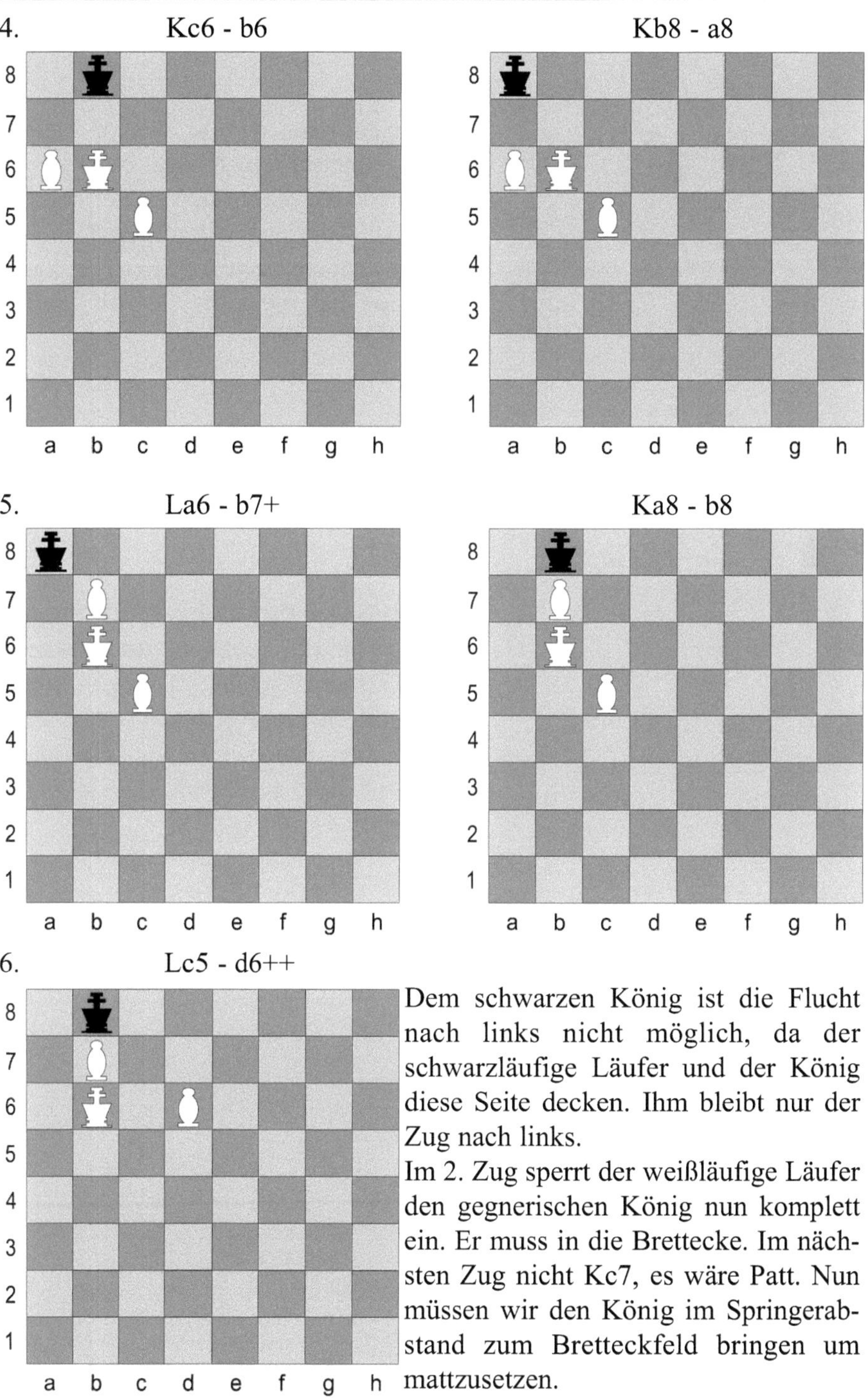

4.   Kc6 - b6   Kb8 - a8

5.   La6 - b7+   Ka8 - b8

6.   Lc5 - d6++

Dem schwarzen König ist die Flucht nach links nicht möglich, da der schwarzläufige Läufer und der König diese Seite decken. Ihm bleibt nur der Zug nach links.

Im 2. Zug sperrt der weißläufige Läufer den gegnerischen König nun komplett ein. Er muss in die Brettecke. Im nächsten Zug nicht Kc7, es wäre Patt. Nun müssen wir den König im Springerabstand zum Bretteckfeld bringen um mattzusetzen.

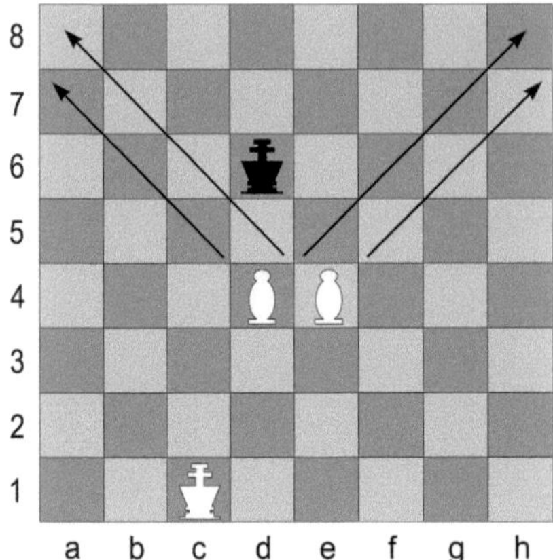

Hier sieht man, wie die weißen Läufer den gegnerischen König blockieren, indem sie die diagonalen Felder angreifen. Der König ist „eingesperrt" und in seinen Zügen eingeschränkt. Er kann nicht einmal mehr die weißen Läufer angreifen.

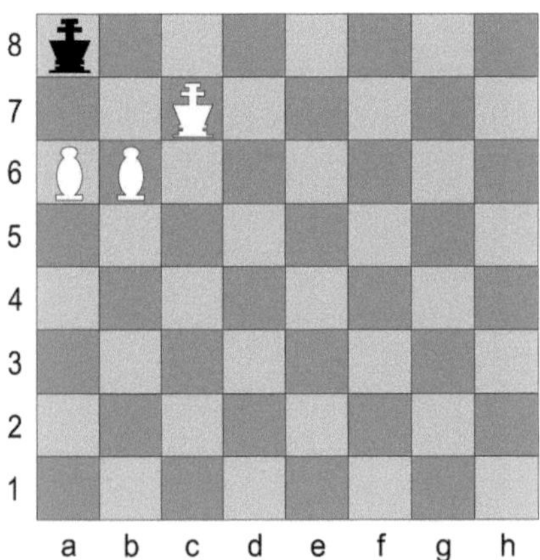

Ein typisches Patt. Der weiße König ist auf das Feld c7 gezogen und hat damit dem gegnerischen König keine Möglichkeit mehr gegeben, einen Zug zu machen. Bei diesem Endspiel muss man sehr gut aufpassen, dass es kein Patt gibt!

König gegen König, Springer und Läufer

Mit Läufer und Springer kann man den gegnerischen König noch mattsetzen, braucht aber die Hilfe des eigenen Königs. Dies ist eins der schwereren Endspiele. Der König kann nur in der Brettecke des Läufers mit der gleichen Feldfarbe mattsetzen oder auf einem Feld neben dieser Brettecke. Nur dort kann man das Matt erzwingen.

Wir müssen den König in eine Brettecke drängen, die dieselbe Farbe hat wie unser Läufer, beim weißfeldrigen Läufer den König in die Brettecke a8 oder h1, schwarzfeldrigen Läufer a1 oder h8.

Folgende Grundsätze sollte man sich merken:
-   König an den Brettrand, dann in die Brettecke von der Farbe des Läufers drängen.

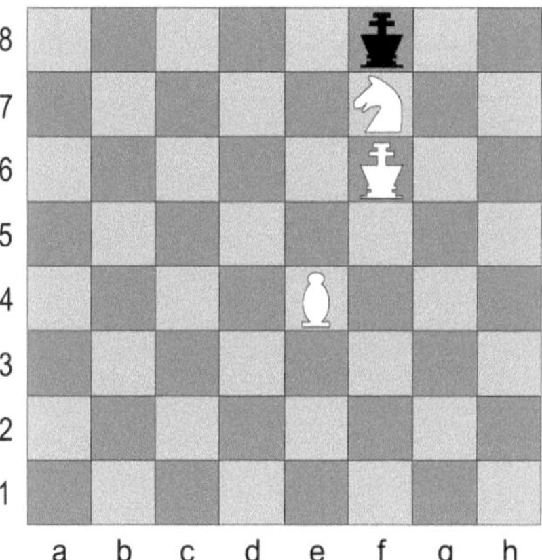

-   Der eigene König im Springerabstand zum Bretteckfeld bringen.
-   Der letzte Zug vor dem Matt ist immer ein Springer Schachgebot.
-   Mit Springer und Läufer mattsetzen

Man muss den König „einsperren" und ihn in die Brettecke drängen und dort mattsetzen. Es gibt zwei Möglichkeiten: Ein rechtwinkliges Dreieck oder das W-Manöver. Bei diesem Endspiel muss man auf die 50-Züge-Regel achten.

| 1. | Le4 - h7 | Kf8 - e8 |

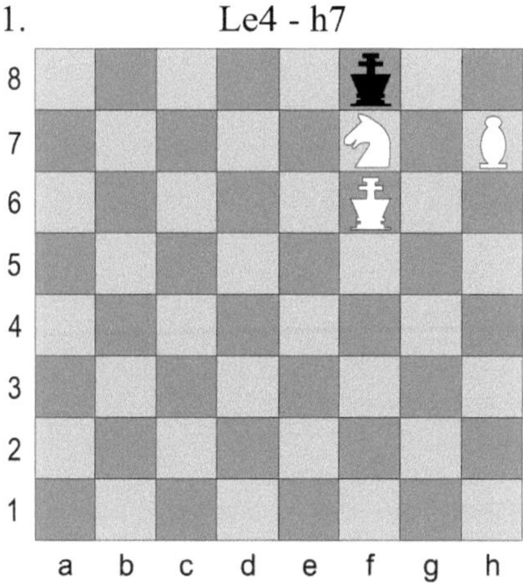

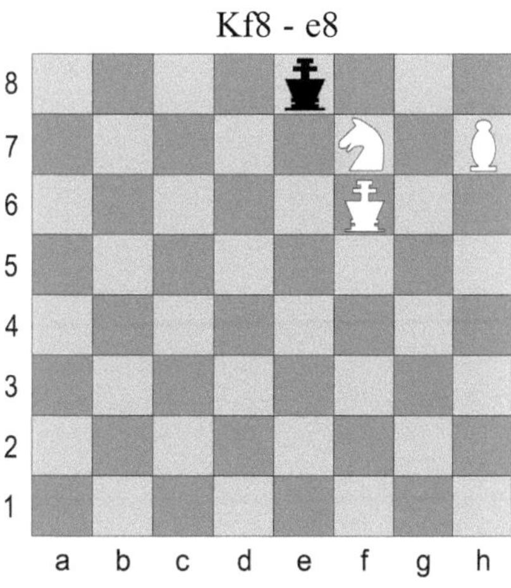

2. Sf7 - e5

Ke8 - d8

3. Kf6 - e6

Kd8 - c7

4. Se5 - d7

Kc7 - c6

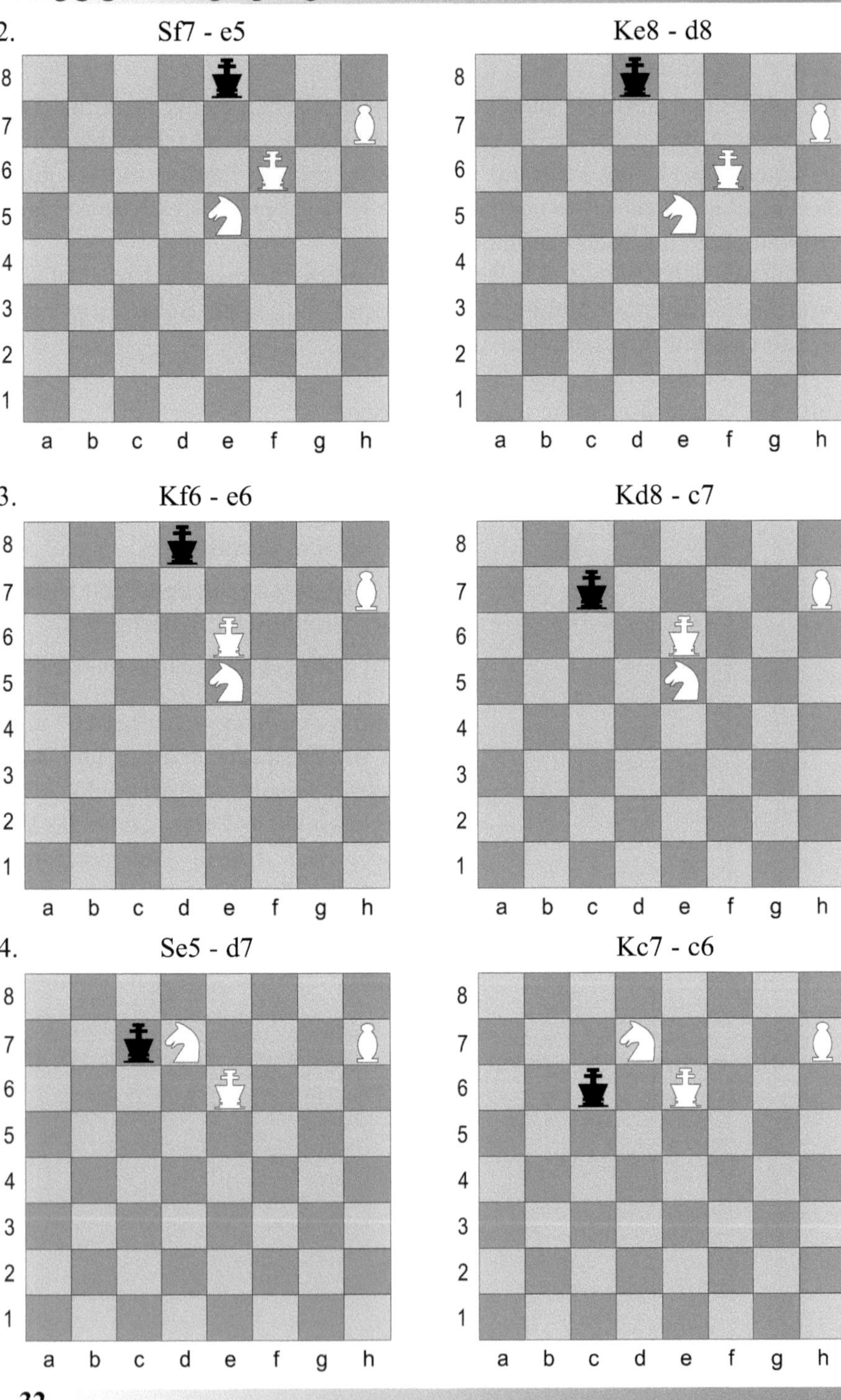

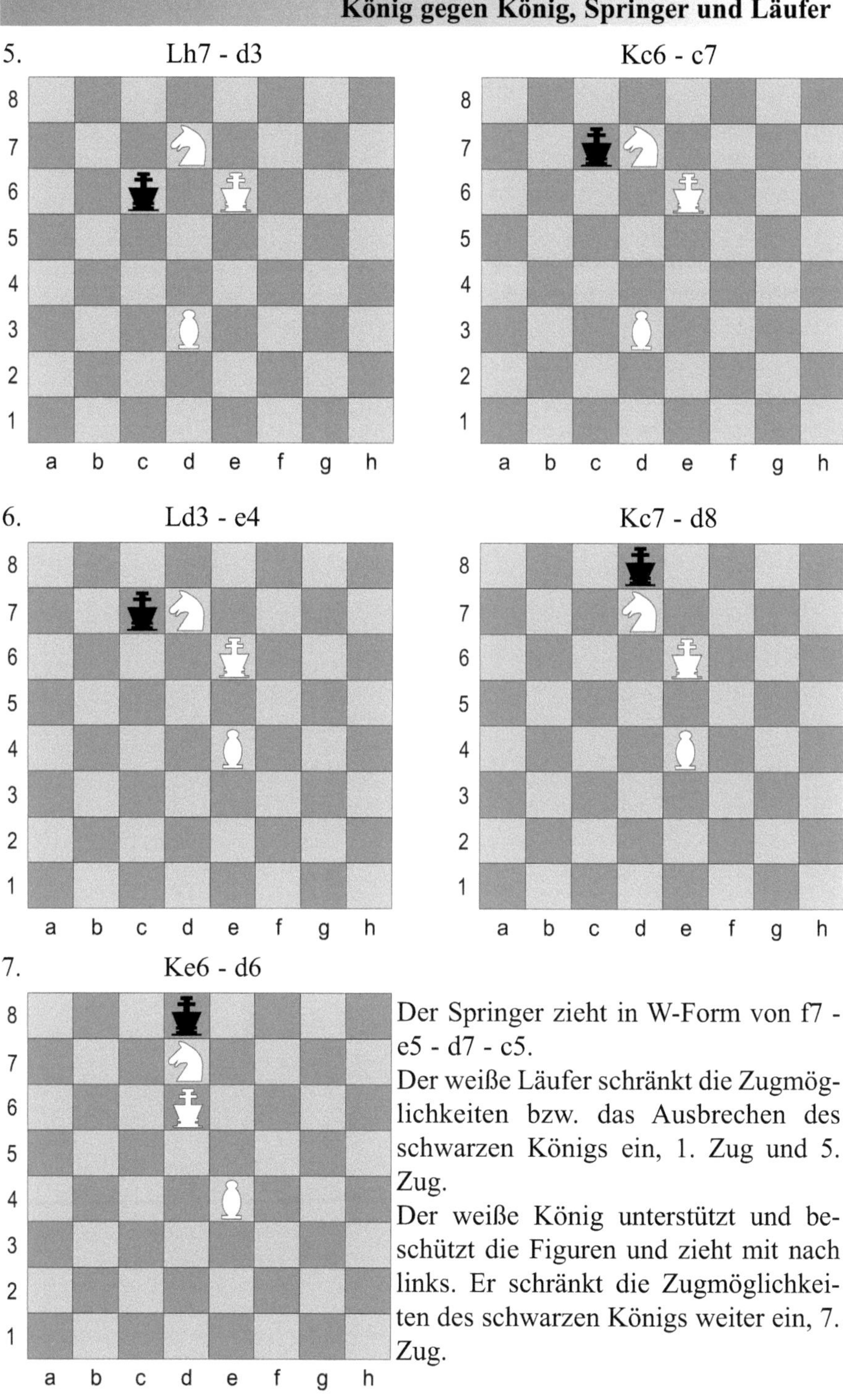

5.   Lh7 - d3   Kc6 - c7

6.   Ld3 - e4   Kc7 - d8

7.   Ke6 - d6

Der Springer zieht in W-Form von f7 - e5 - d7 - c5.

Der weiße Läufer schränkt die Zugmöglichkeiten bzw. das Ausbrechen des schwarzen Königs ein, 1. Zug und 5. Zug.

Der weiße König unterstützt und beschützt die Figuren und zieht mit nach links. Er schränkt die Zugmöglichkeiten des schwarzen Königs weiter ein, 7. Zug.

Der schwarze König kann nicht entkommen. Alle Felder zur Flucht werden von den weißen Figuren bedroht. Der schwarze König ist „eingesperrt".

Der weiße Läufer verhindert das Ausbrechen des schwarzen Königs, 8. Zug.

Der weiße König zieht weiter nach links und schränkt die Zugmöglichkeiten des schwarzen Königs weiter ein, 12. Zug.

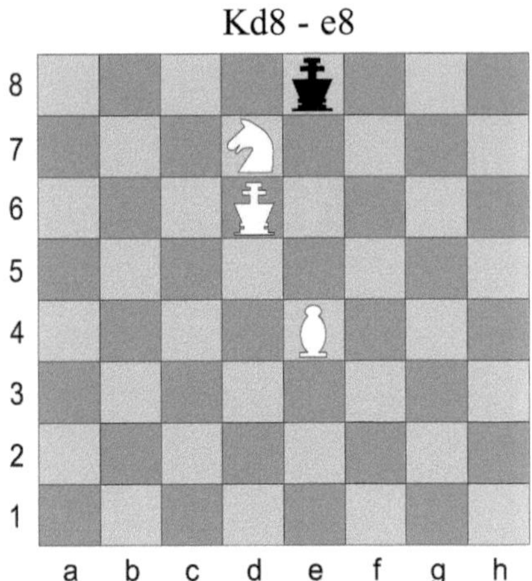

Kd8 - e8

8.	**Le4 - d5**

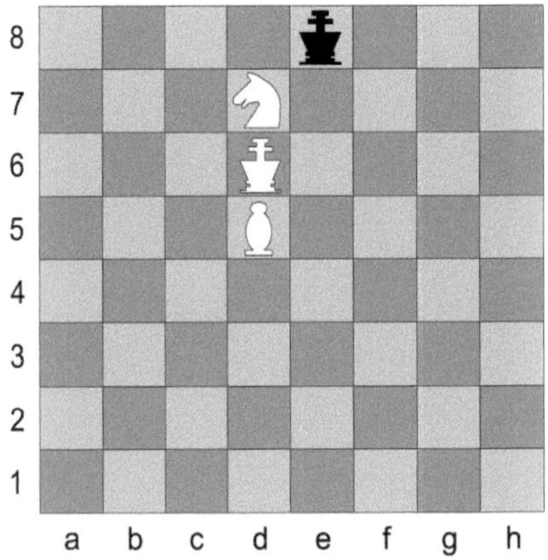

Ke8 - d8

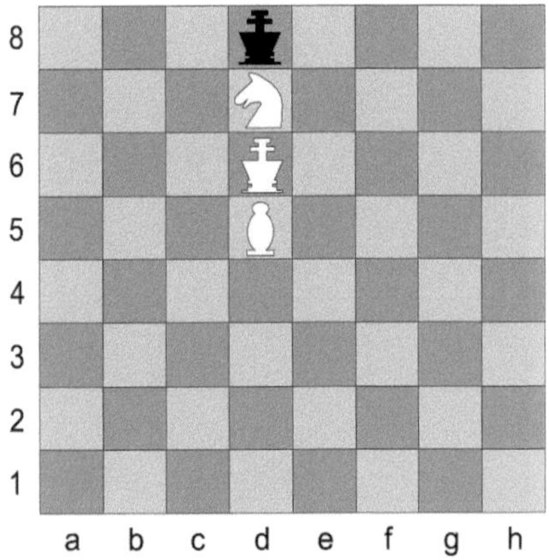

9.	**Ld5 - f7**

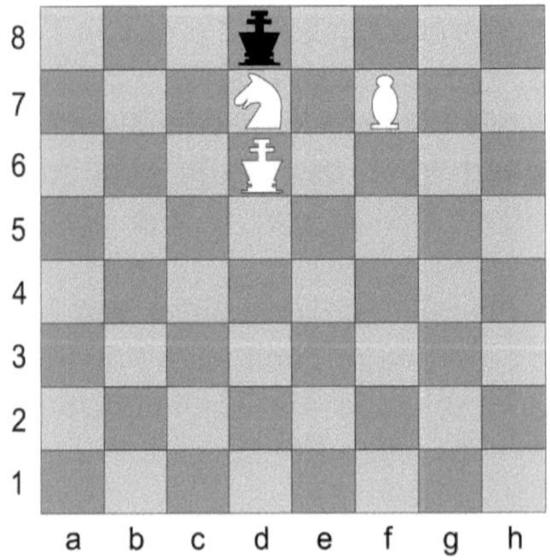

Kd8 - c8

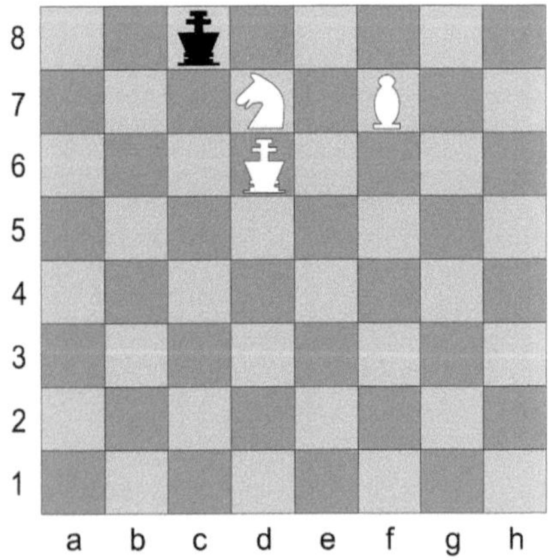

10. Sd7 - c5   Kc8 - d8

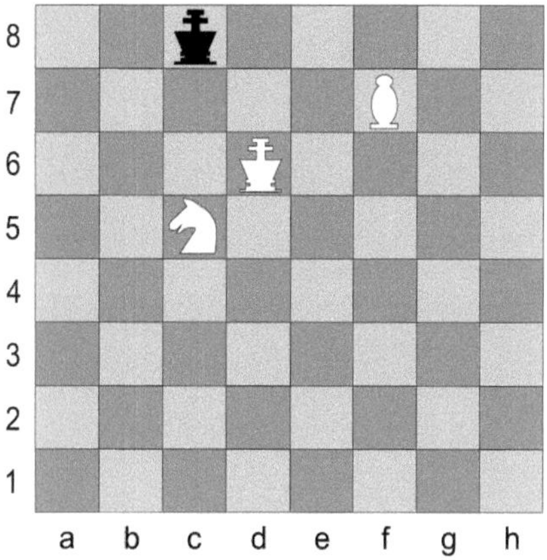

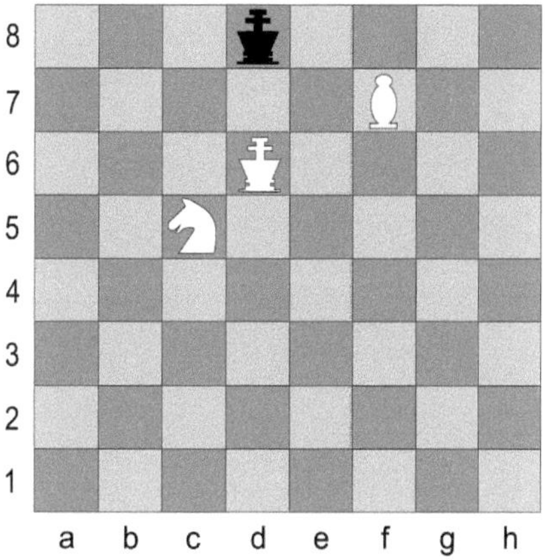

11. Sc5 - b7+ 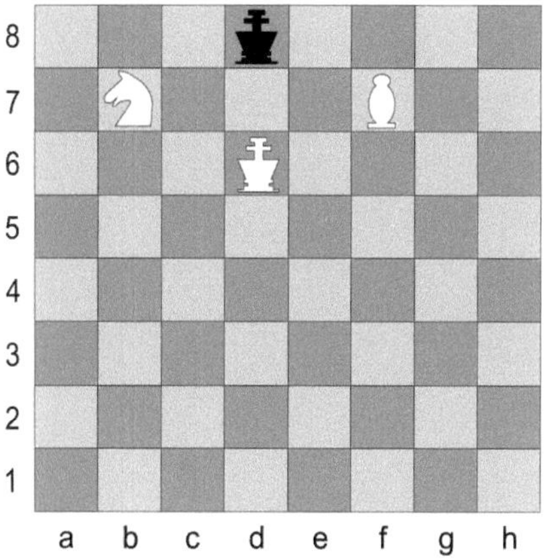   Kd8 - c8

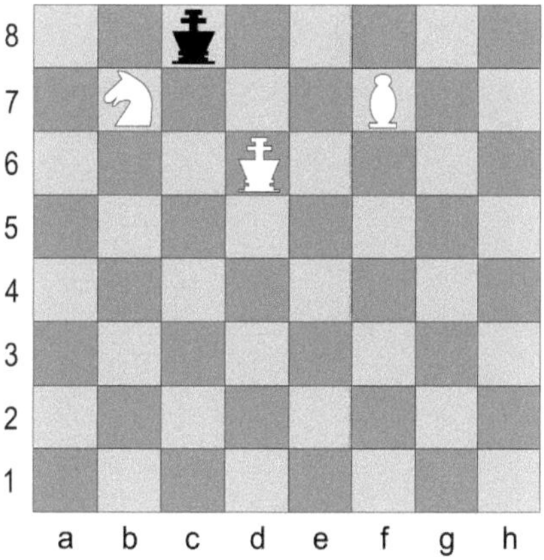

12. Kd6 - c6 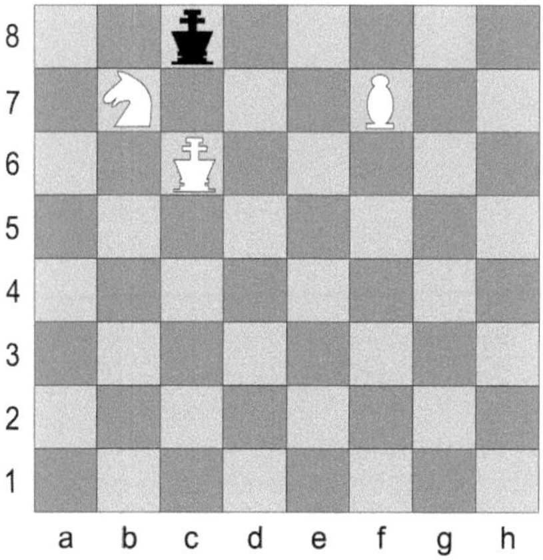   Kc8 - b8

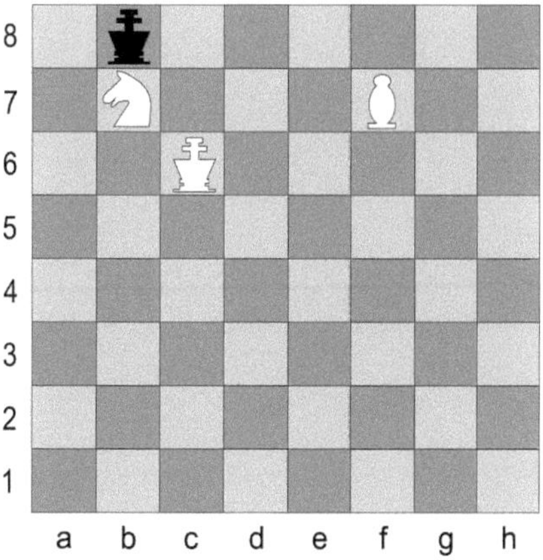

13. Kc6 - b6   Kb8 - c8

14. Lf7 - e6+   Kc8 - b8

15. Sb7 - c5   Kb8 - a8

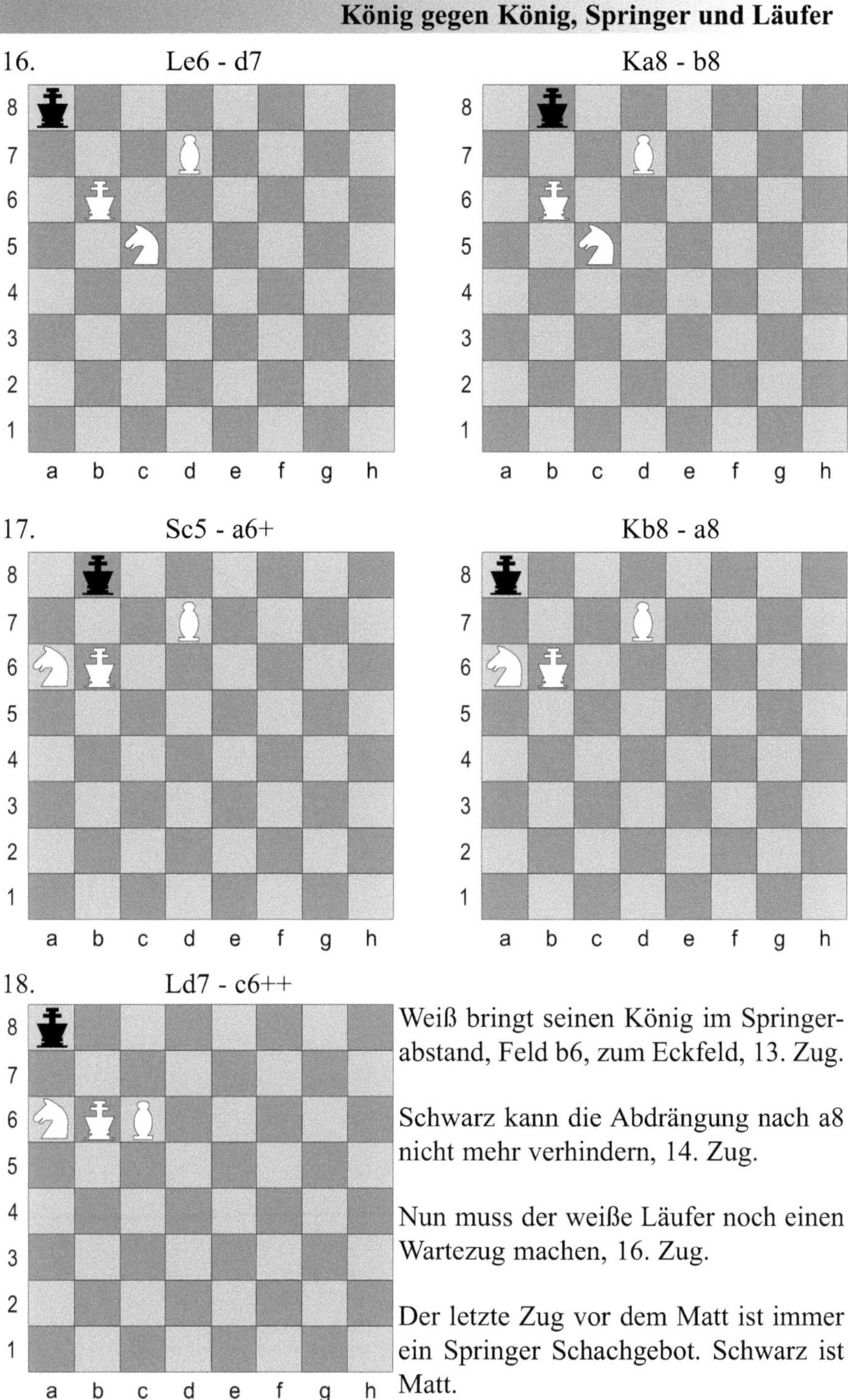

16. Le6 - d7   Ka8 - b8

17. Sc5 - a6+   Kb8 - a8

18. Ld7 - c6++

Weiß bringt seinen König im Springer-abstand, Feld b6, zum Eckfeld, 13. Zug.

Schwarz kann die Abdrängung nach a8 nicht mehr verhindern, 14. Zug.

Nun muss der weiße Läufer noch einen Wartezug machen, 16. Zug.

Der letzte Zug vor dem Matt ist immer ein Springer Schachgebot. Schwarz ist Matt.

1. Ka3 - b2

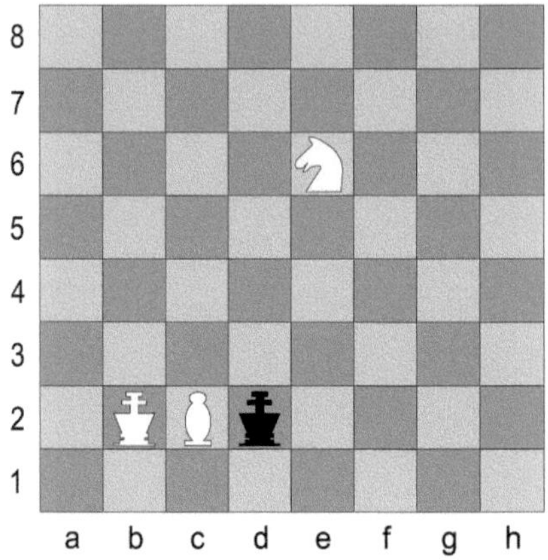

Kd2 - e3

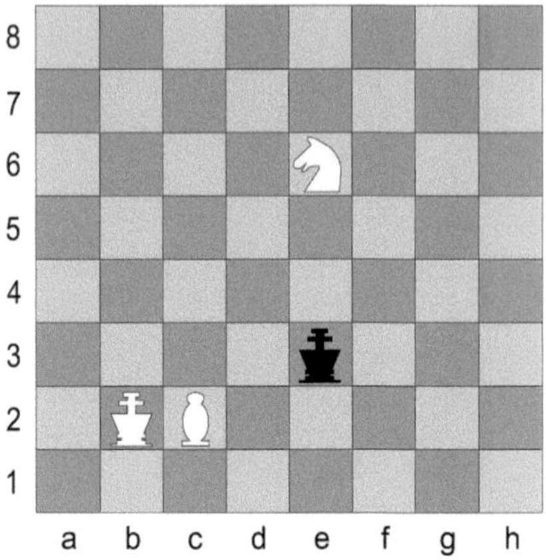

2. Kb2 - c1

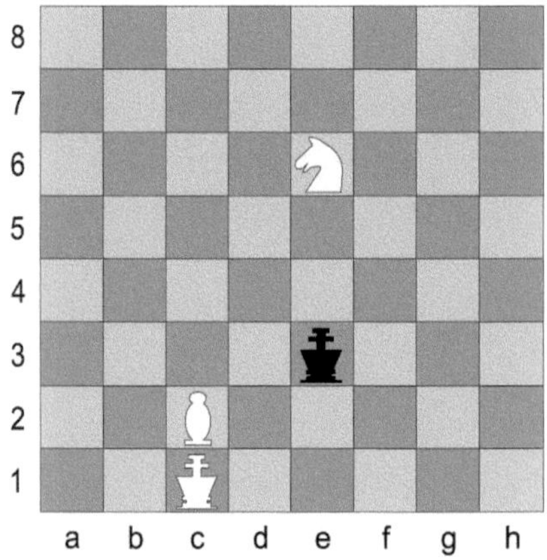

Ke3 - e2

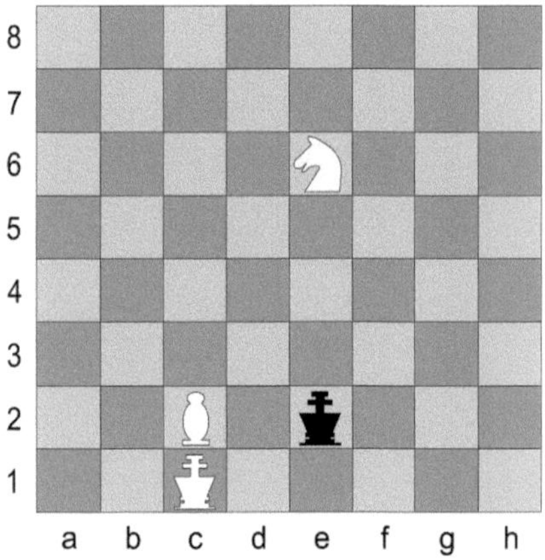

3. Lc2 - g6

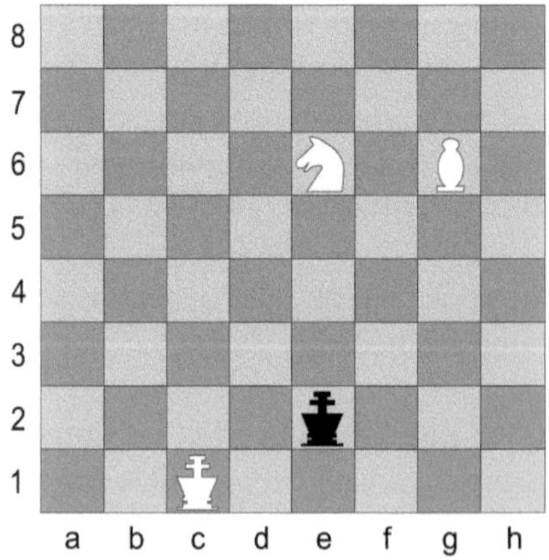

Ke2 - e3

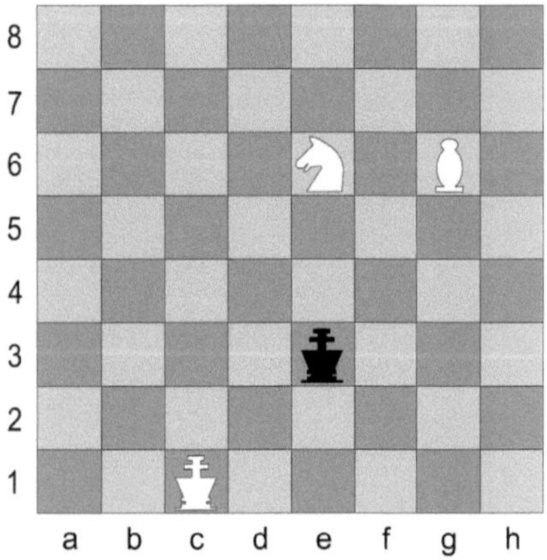

4. Kc1 - d1

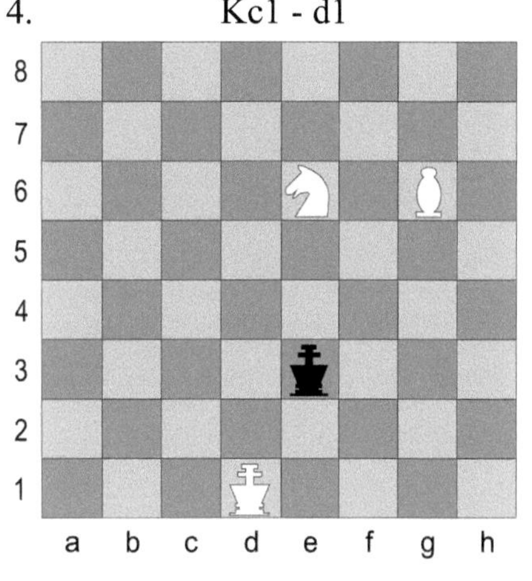

Ke3 - f2

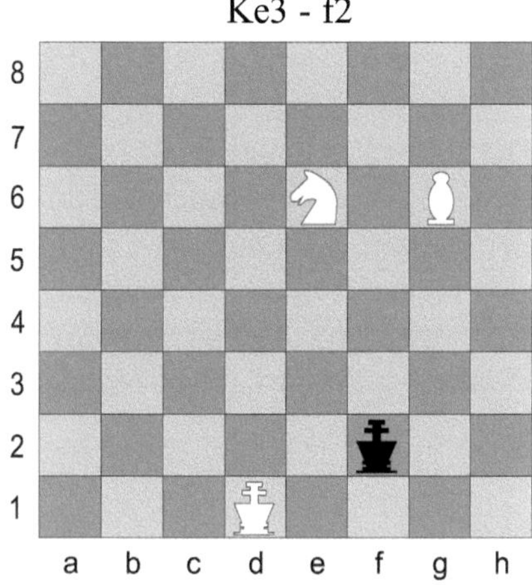

5. Kd1 - d2

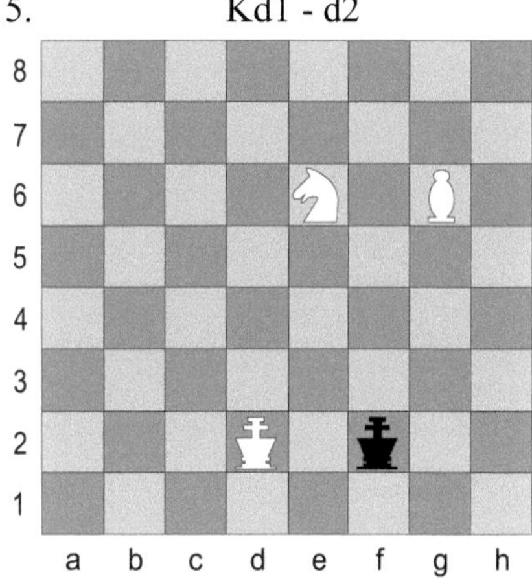

Kf2 - f3

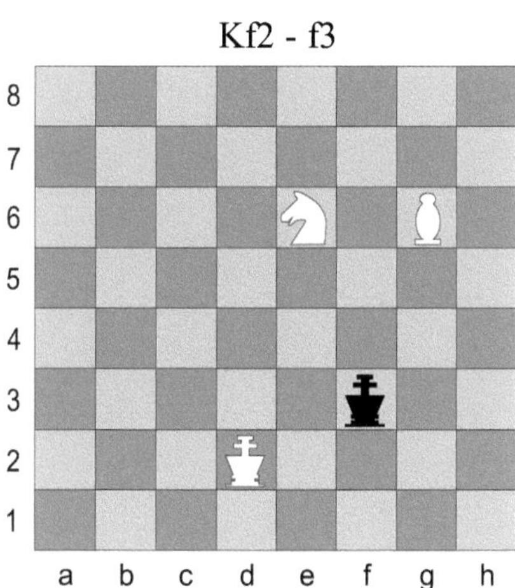

6. Kd2 - d3

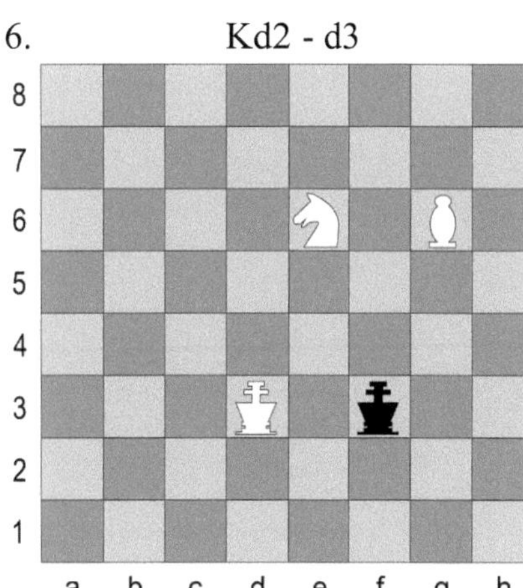

Der schwarze König ist schon gut „eingesperrt". Der weiße König zieht mit dem schwarzen König nach rechts und verkleinert so die Züge des Gegners.

Der weiße Läufer zieht schon mal aufs Feld g6, um Notfalls die letzte Fluchtmöglichkeit des schwarzen Königs, über das Feld h5, zu verhindern.

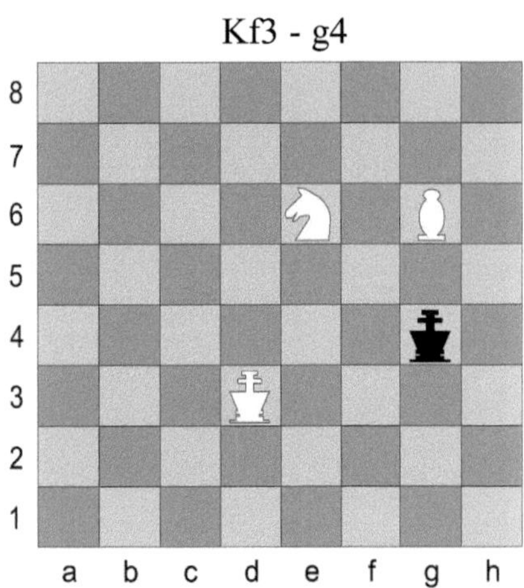

Kf3 - g4

Der schwarze König wird jetzt im mittleren „Dreieck eingesperrt". Dafür zieht der weiße Läufer auf das Feld h5.

Nun wird der Springer zum unteren Brettrand geführt. Ihn brauchen wir zum mattsetzen.

7. Kd3 - e3

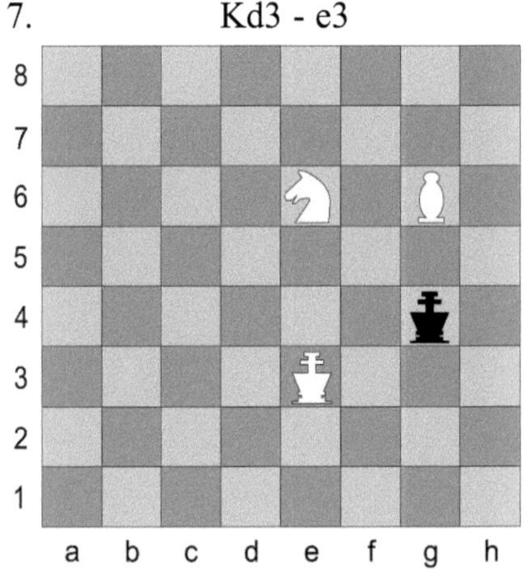

Kg4 - g3

Lg6 - h5

8. Lg6 - h5

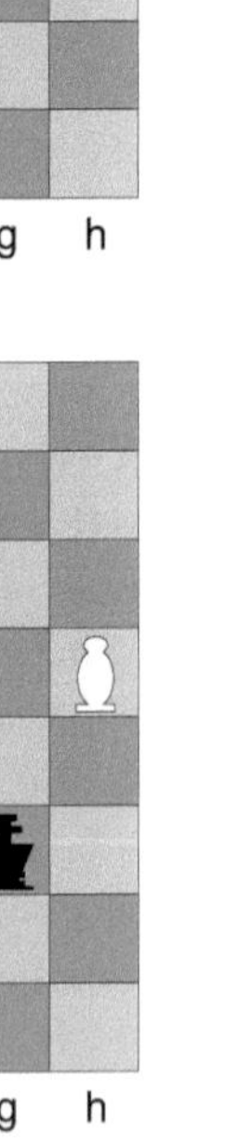

Kg3 - h4

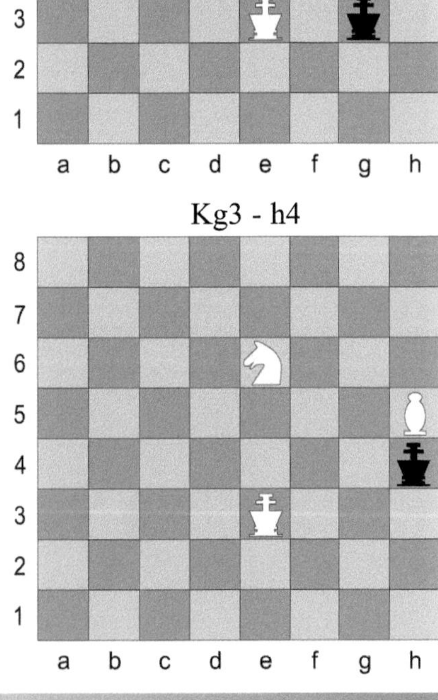

9. Lh5 - f3   Kh4 - h3

10. Ke3 - f4   Kh3 - h4

11. Se6 - d4   Kh4 - h3

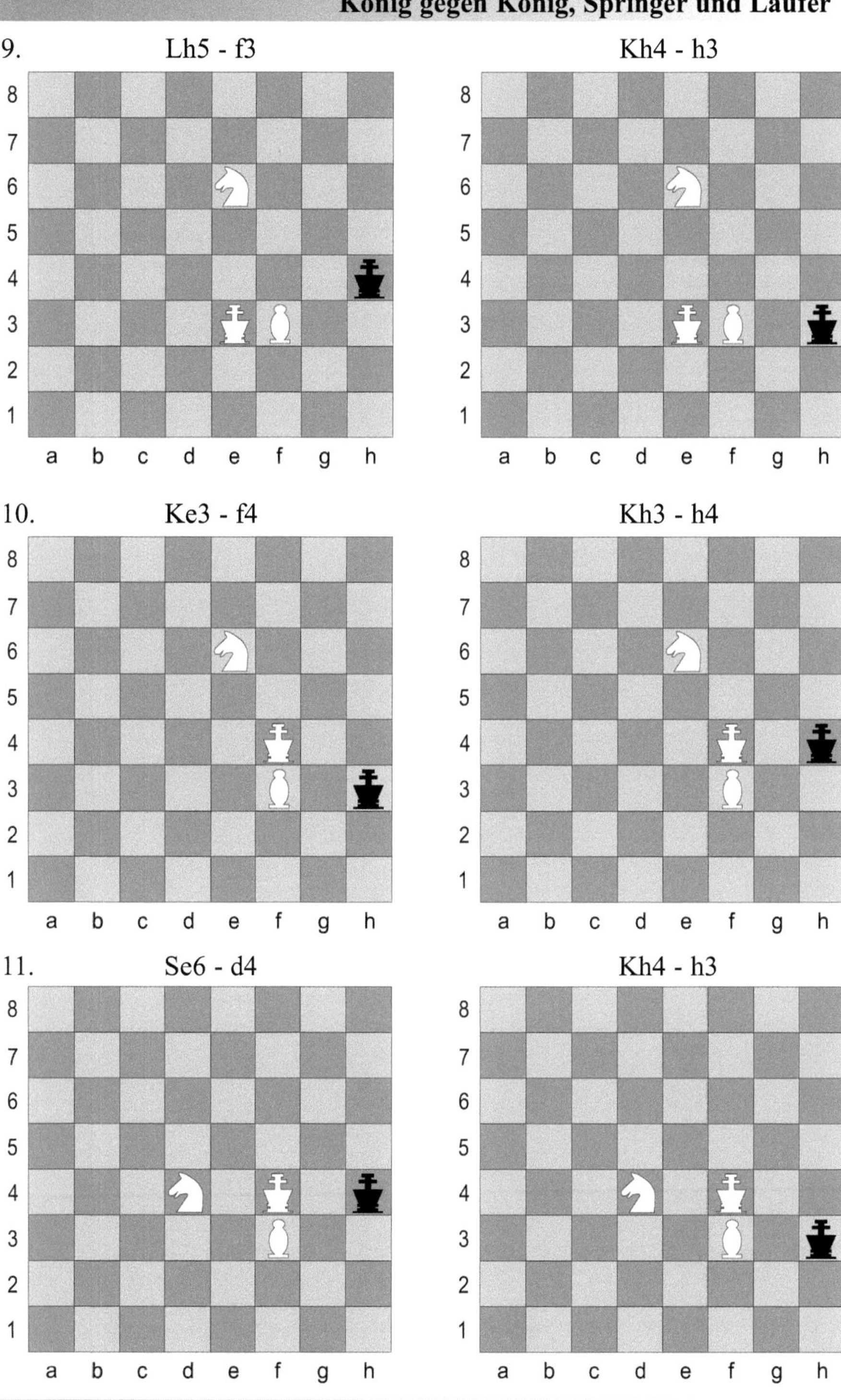

12. Sd4 - c2   Kh3 - h2

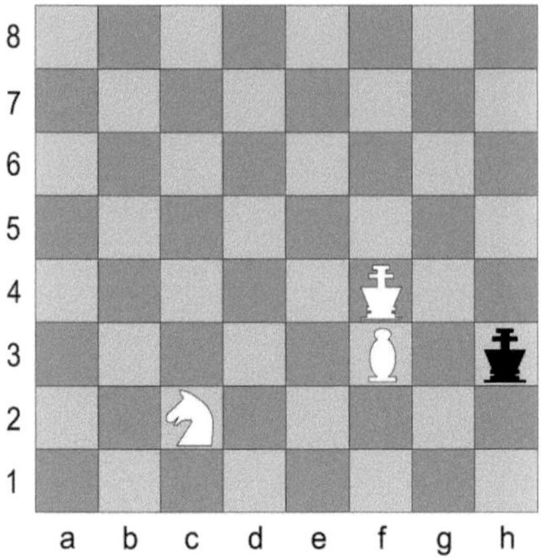

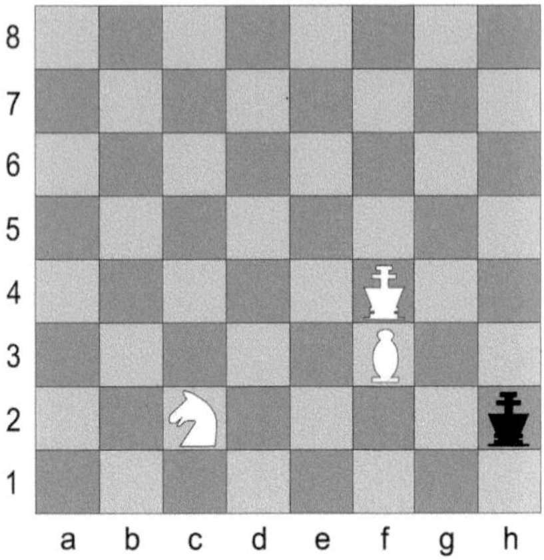

13. Kf4 - g4 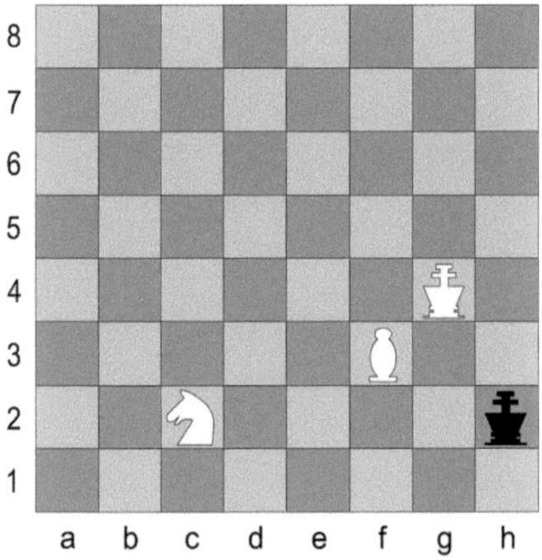   Kh2 - g1

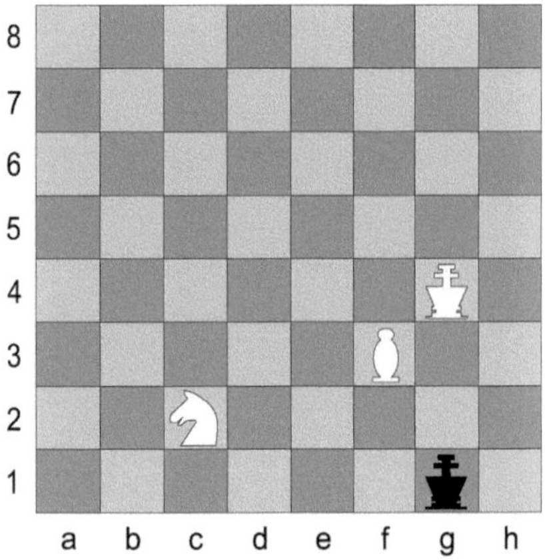

14. Kg4 - g3 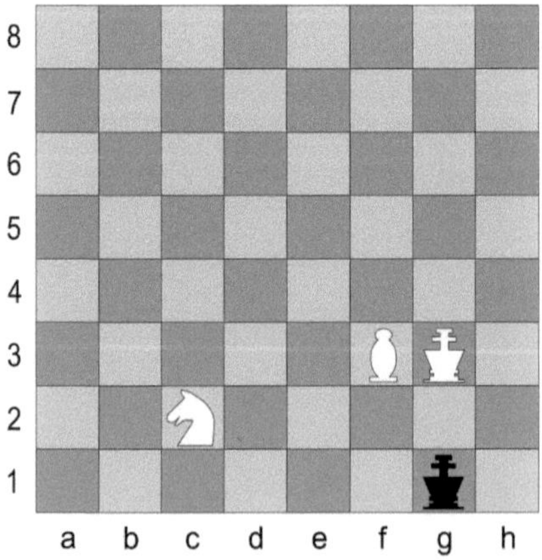   Kg1 - f1

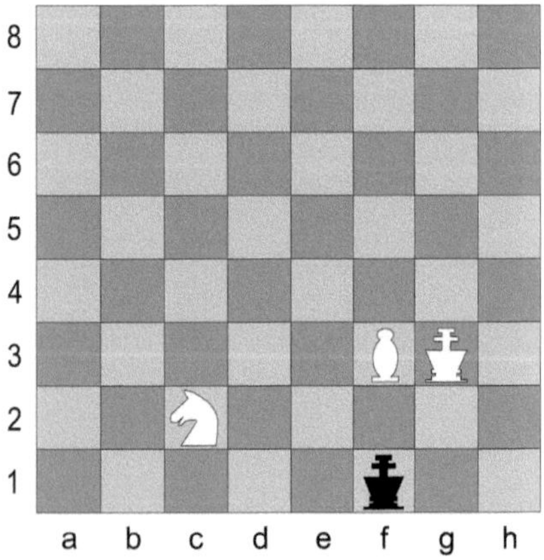

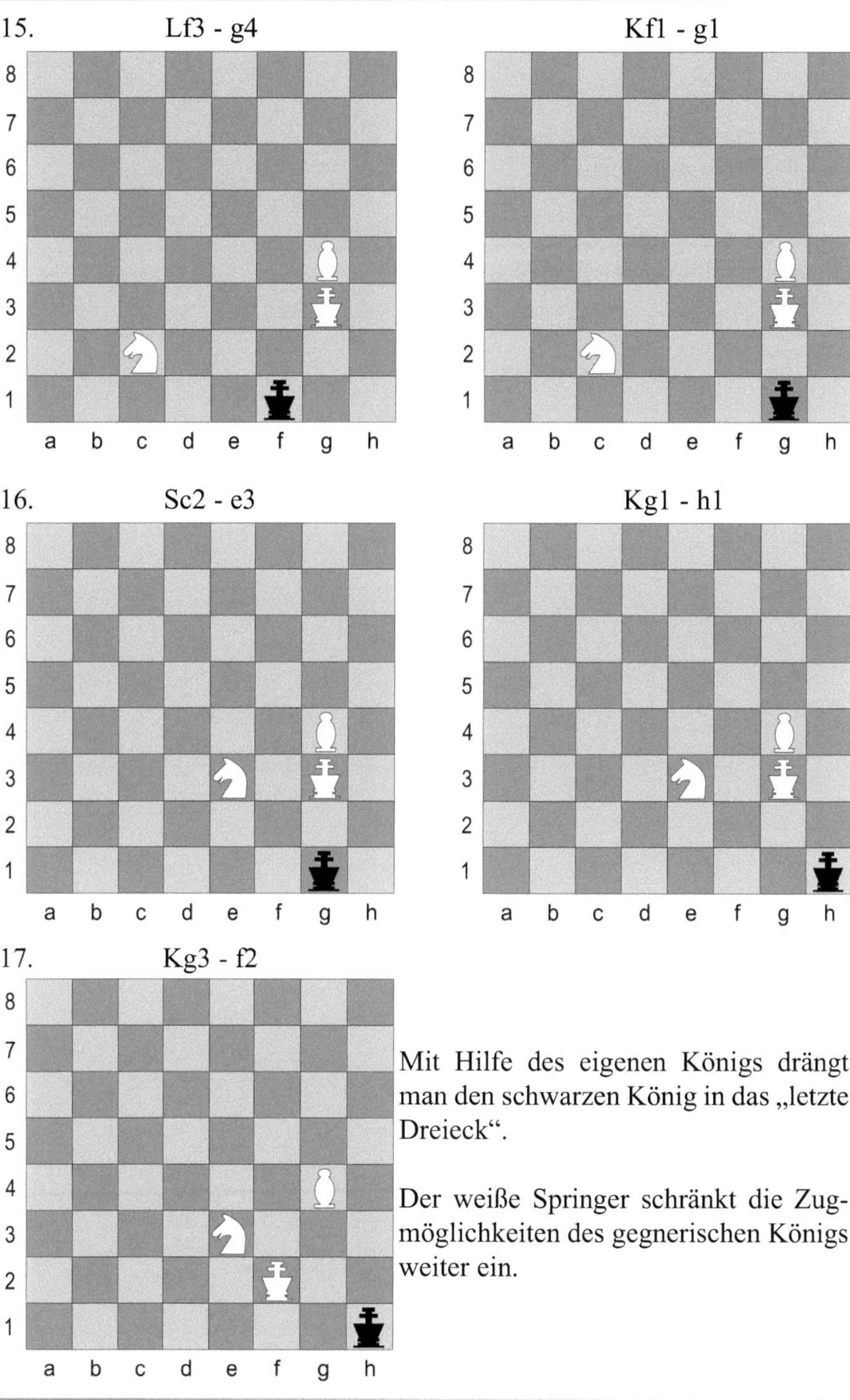

15. Lf3 - g4

Kf1 - g1

16. Sc2 - e3

Kg1 - h1

17. Kg3 - f2

Mit Hilfe des eigenen Königs drängt man den schwarzen König in das „letzte Dreieck".

Der weiße Springer schränkt die Zugmöglichkeiten des gegnerischen Königs weiter ein.

Kh1 - h2

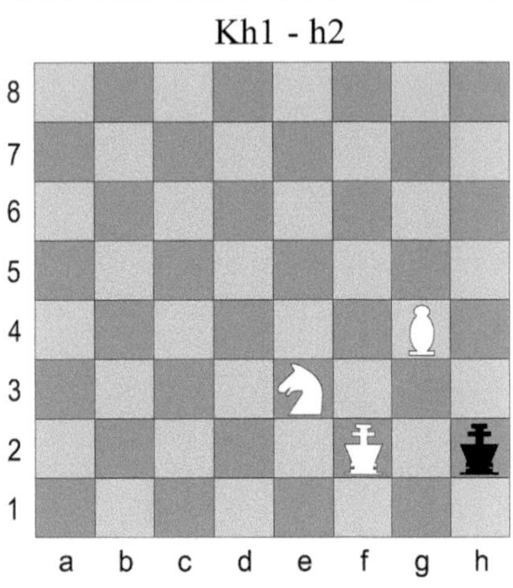

Nun hat der schwarze König nur noch zwei Felder zum Ziehen.

Der Springer bietet dem schwarzen König Schach und der Läufer setzt ihn Matt.

18.　　Se3 - f1+

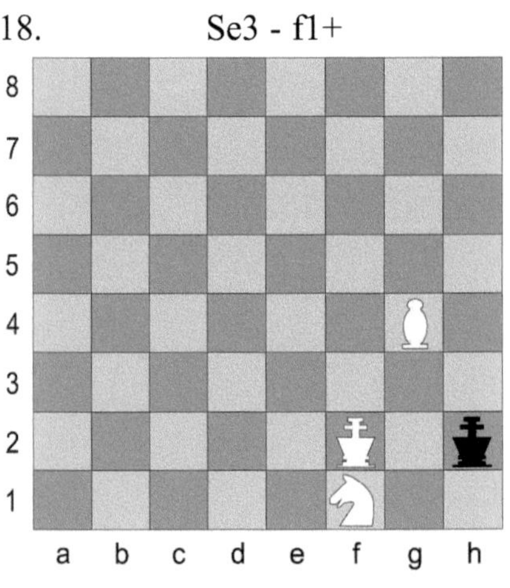

Kh2 - h1

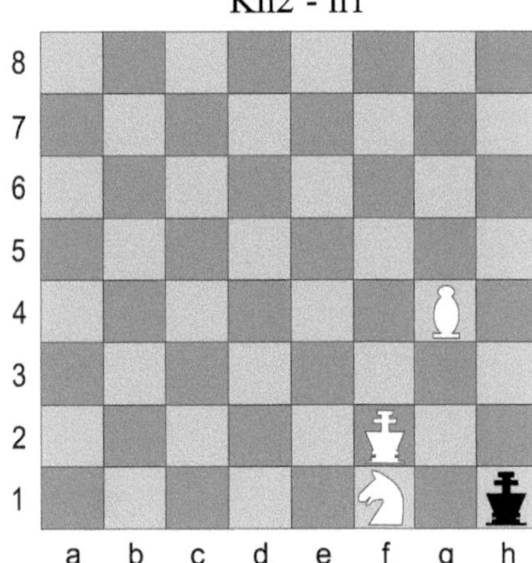

19.　　Lg4 - f3++

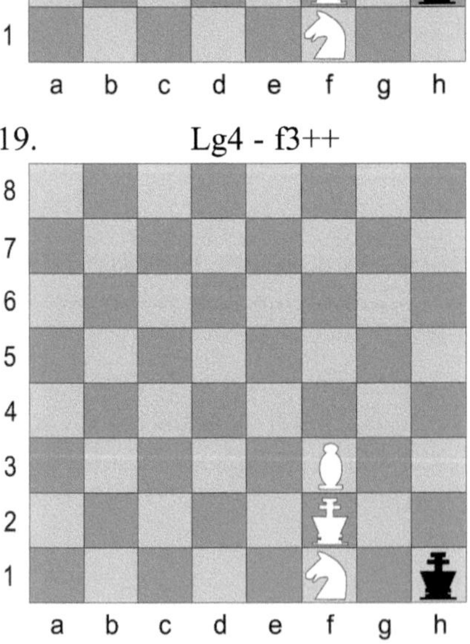

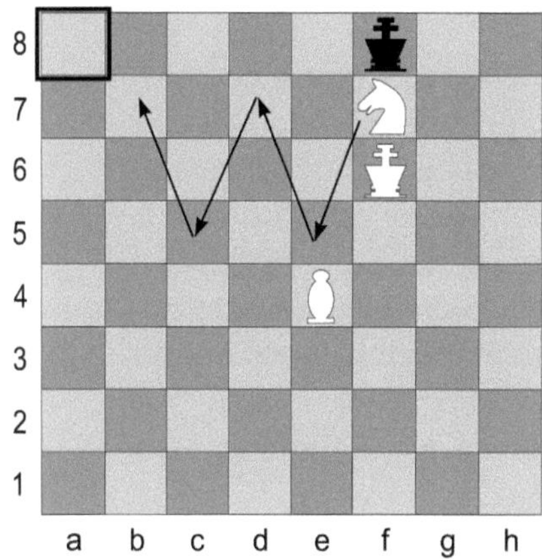

Das W-Manöver:
Der gegnerische König muss erst mal in die richtige Brettecke gedrängt werden, die der Farbe des Läufers, die Brettecke die der Läufer bedrohen kann, entspricht. Hier die Brettecke a8 oder h1. Der Springer zieht dann im „W-Manöver", auf die Felder e5 - d7 - c5 und b7. Die Züge sehen wie ein W aus. In der Brettecke kann der Läufer den gegnerischen König mattsetzen.

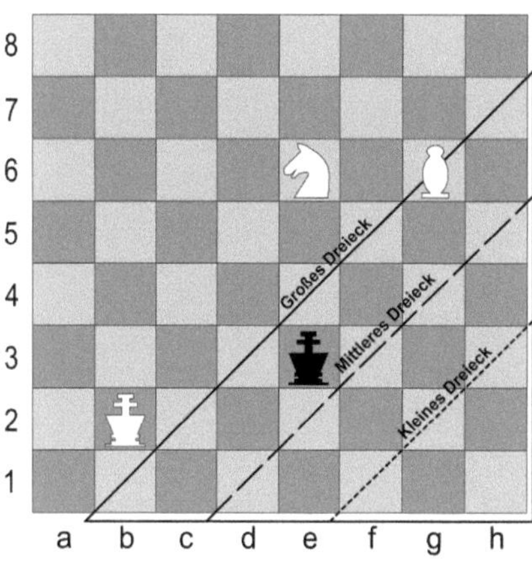

Das rechtwinklige Dreieck:
Auch hier muss der gegnerische König erst mal in die richtige Brettecke gedrängt werden, die der Farbe des Läufers, die Brettecke die der Läufer bedrohen kann, entspricht. Hier die Brettecke h1 oder a8.

Man muss den gegnerischen König „einsperren", dass er sich daraus nicht mehr befreien kann. Die Zugmöglichkeiten des gegnerischen Königs werden dann immer weiter eingeschränkt, bis man ihn mattsetzen kann.

Der Läufer muss immer auf der längsten Seite des Dreiecks stehen. Das große Dreieck ist von b1 - h7, das mittlere Dreieck von d1 - h5 und das kleine Dreieck von f1 - h3. Das Dreieck ist immer geschlossen, wenn der Läufer auf dem zweiten Feld, die längste Seite, des Dreiecks steht. Der Springer muss dann immer auf dem vierten Feld (also gleiche Reihe oder Linie) stehen. Und zwar in Richtung der Brettecke wo man den gegnerischen König mattsetzen will. Der König steht am unteren Ende des Dreiecks.

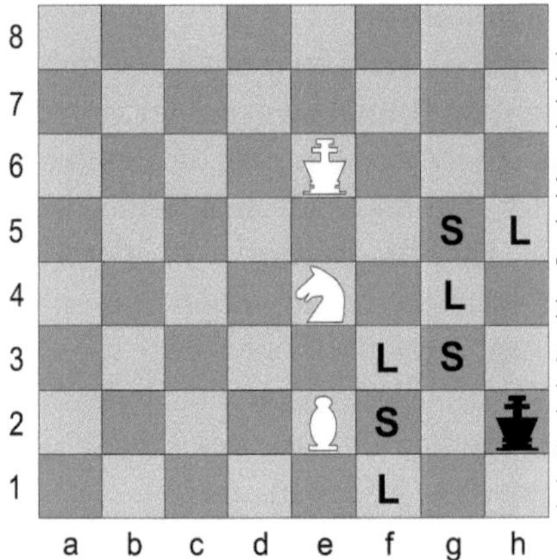

Hier noch ein schönes Beispiel.

Der Springer und Läufer haben den gegnerischen König „eingesperrt". Die Felder mit L beherrscht der Läufer und die Felder mit S der Springer. Der gegnerische König kann weder die Figuren angreifen, noch kann er ausbrechen.

Dann drängt der eigene König den schwarzen König immer mehr in die Brettecke.

König gegen König und Bauer

Bei diesem Endspiel wird entscheidend sein, ob der König den Bauern auf der letzte Reihe durchbringen kann und zur Umwandlung zu bringen.

Hier gibt es eine Regel:
Wenn es dem angreifenden weißen König gelingt, die 6. Reihe, bei Schwarz wäre es die 3. Reihe, vor seinem Bauern zu erreichen, gewinnt er die Partie.

Folgende Grundsätze sollte man sich merken:

- Den König vor seinen Bauern bringen.
- Eines der drei Felder auf der 6. Reihe, 3. Reihe Schwarz, vor seinem Bauern zu erreichen.

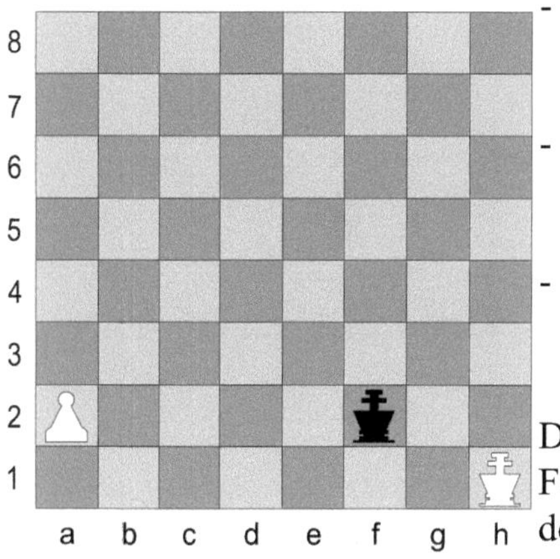

- Erreicht der Bauer die vorletzte Reihe ohne Schachgebot, gewinnt er.
- Erreicht der Bauer die vorletzte Reihe mit Schachgebot, ist es Remis.
- Wenn der König eines der Schlüsselfelder besetzt gewinnt er, sonst Remis.

Die Schlüsselfelder wären: Die drei Felder die vor dem Bauern oder neben dem Bauern liegen.

| 1. | a2 - a4 | Kf2 - e3 |

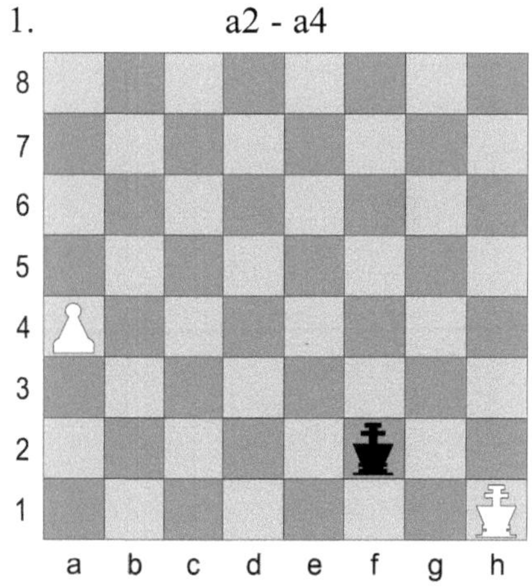

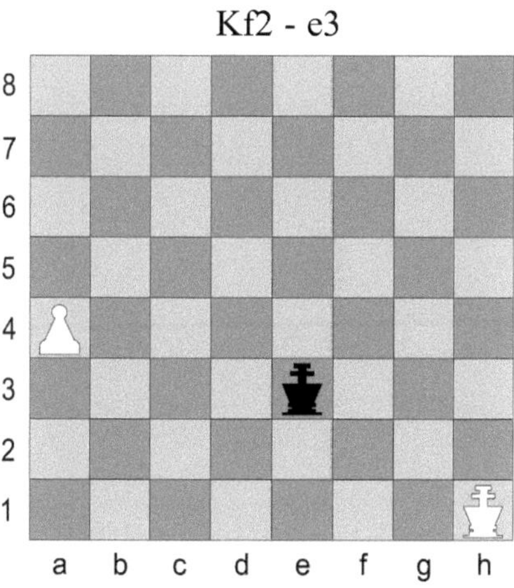

2. a4 - a5

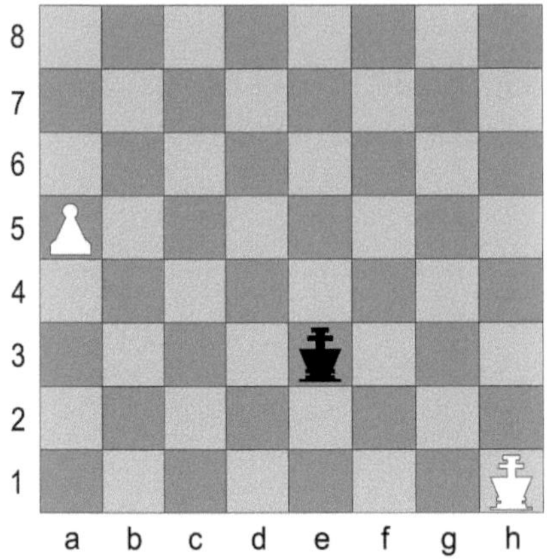

Ke3 - d4

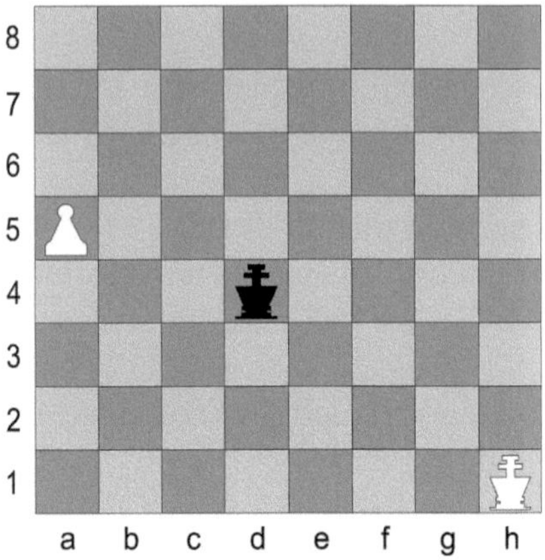

3. a5 - a6

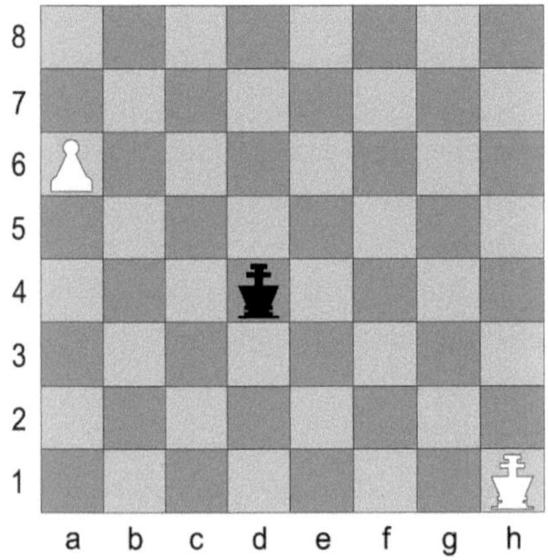

Kd4 - c5

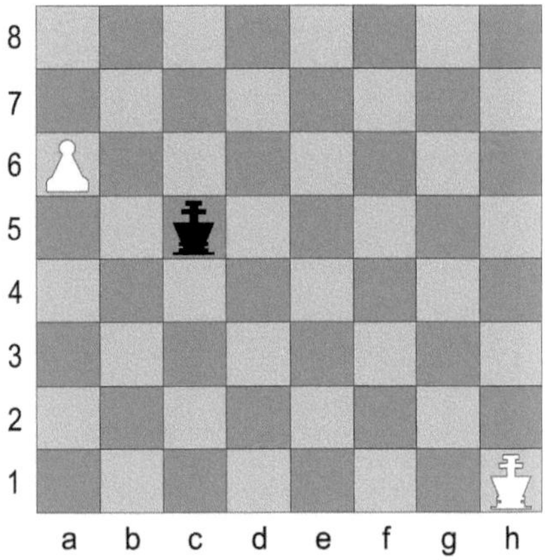

4. a6 - a7

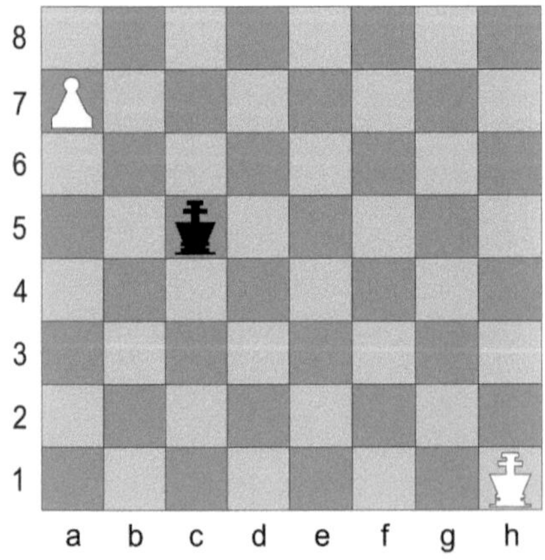

Kc5 - b6

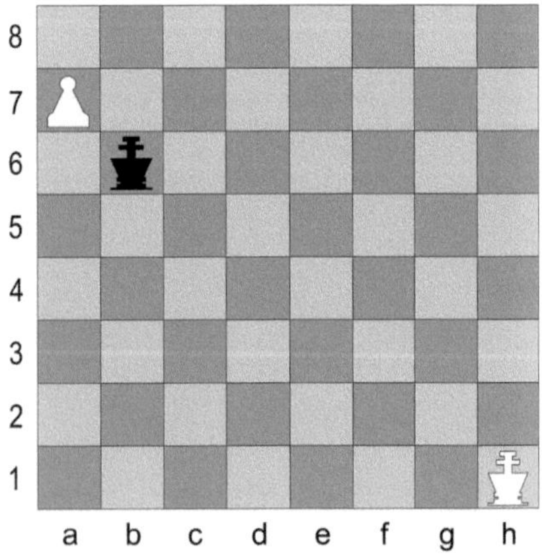

5.   a7 - a8D

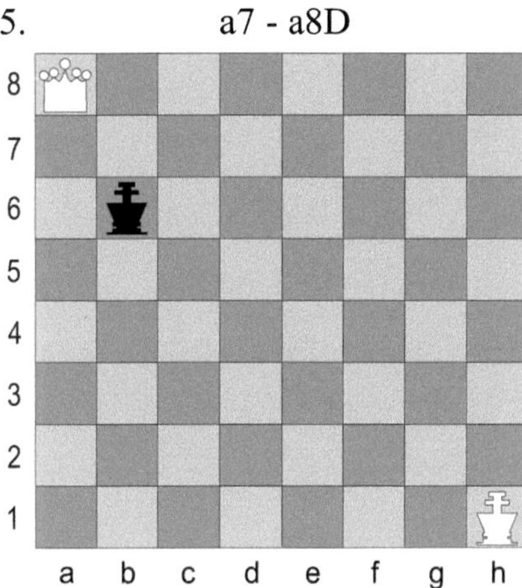

Weiß am Zug gewinnt. Er muss aber seinen Doppelschritt ausführen. Der schwarze König kann den weißen Bauern einfach nicht mehr einholen und schlagen.

Weiß wandelt seinen Bauer in eine Dame um. Danach lässt es den Gegner leicht mattsetzen.

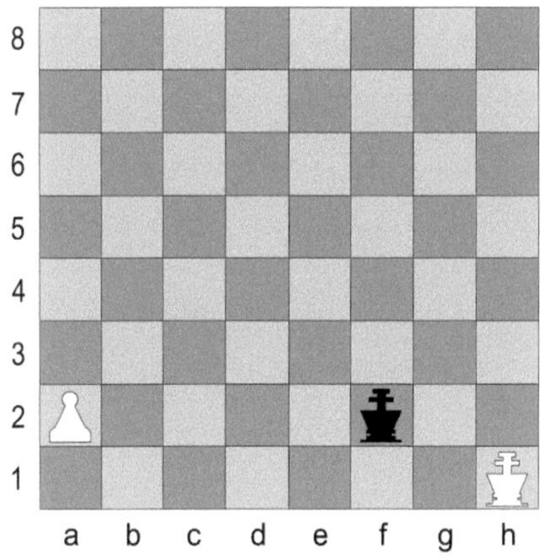

Hier das gleiche Beispiel. Nur das Schwarz jetzt am Zug ist.

1.   Kf2 - e3

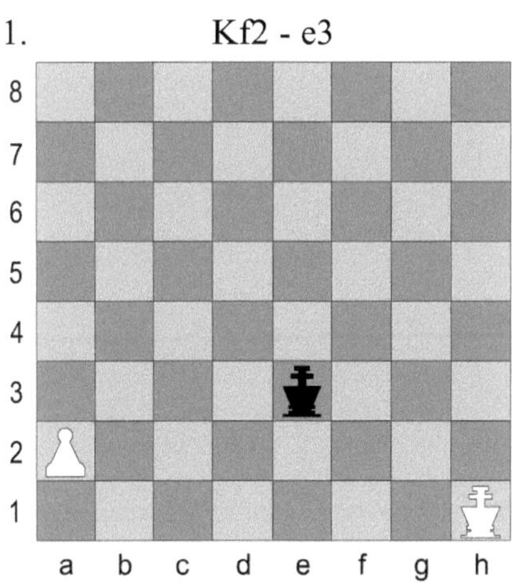

2.   a2 - a4

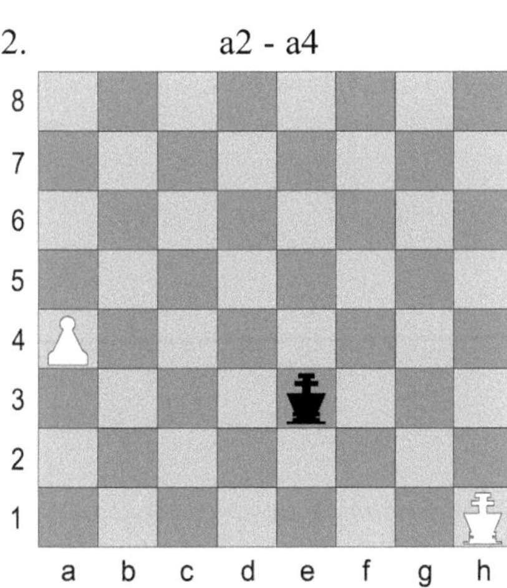

Ke3 - d4

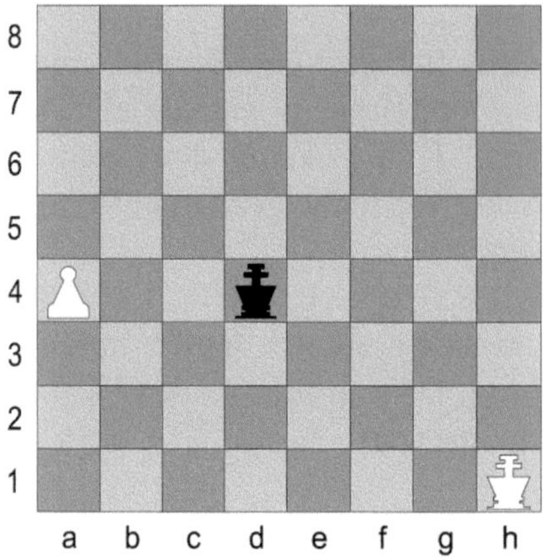

2.   a4 - a5

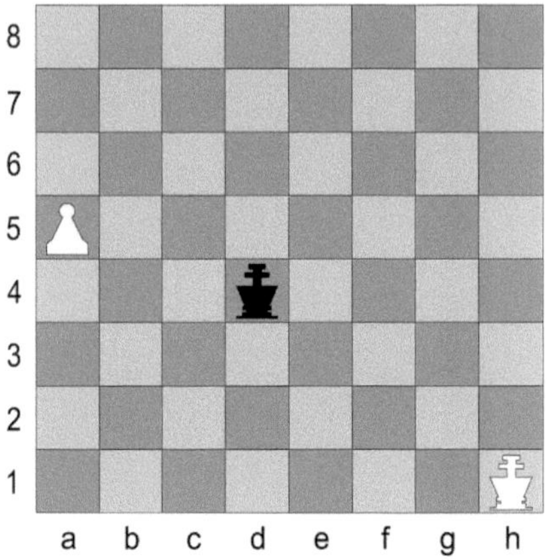

Kd4 - c5

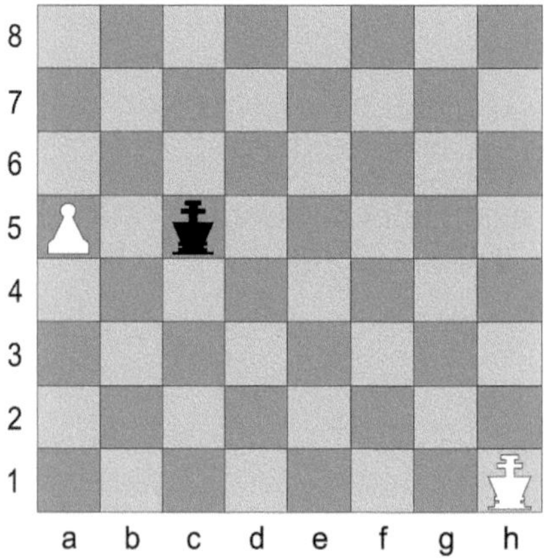

3.   a5 - a6

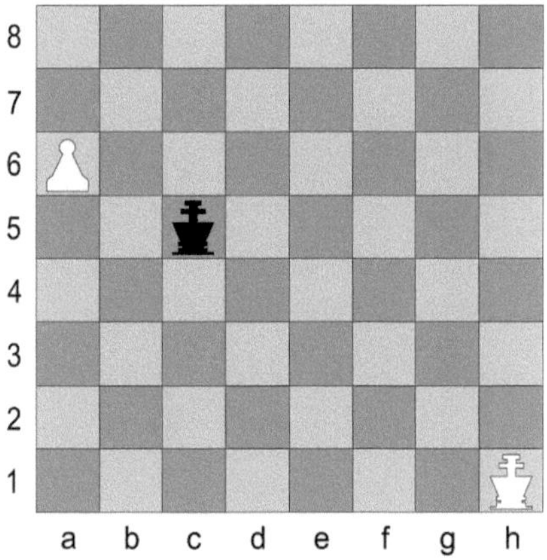

Kc5 - b6

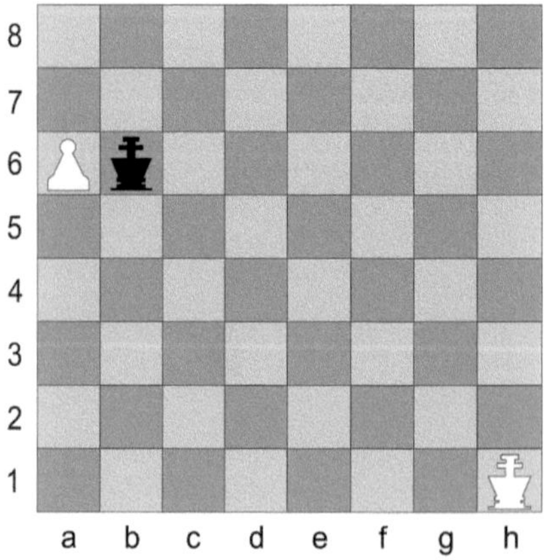

4.   a6 - a7

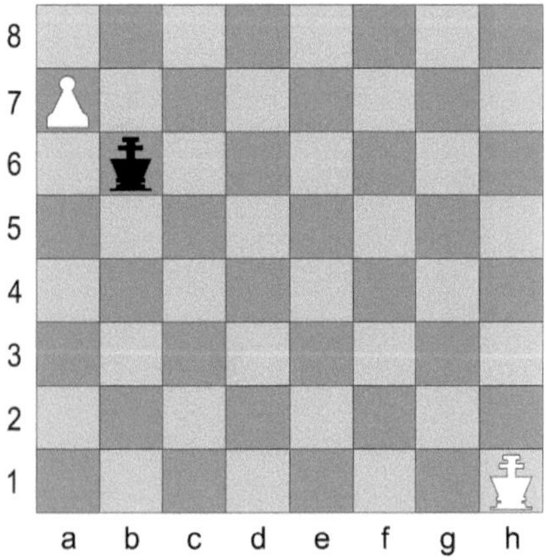

Kb6 x a7=

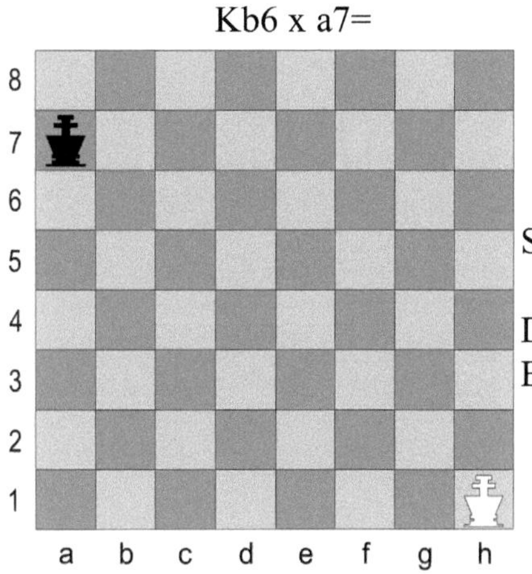

Schwarz am Zug schafft das Remis.

Der schwarze König kann den weißen Bauern noch einholen und schlagen.

Mit der Quadratregel kann man leicht berechnen, ob man den Bauern bis zur Umwandlung einholen kann oder nicht. Man zieht im Gedanken vom weißen Bauern eine schräge Linie bis zur letzten Reihe (Grundlinie). Um diese schräge denkt man sich jetzt ein Quadrat. Steht der schwarze König im Quadrat oder zieht im nächsten Zug ins Quadrat, ist die Partie Remis. Der Bauer wo noch in seiner Grundstellung steht, wird jedoch wie ein Bauer auf der 3. Reihe (Weiß) oder 6. Reihe (Schwarz) behandelt , da er ja zwei Felder vorziehen darf.

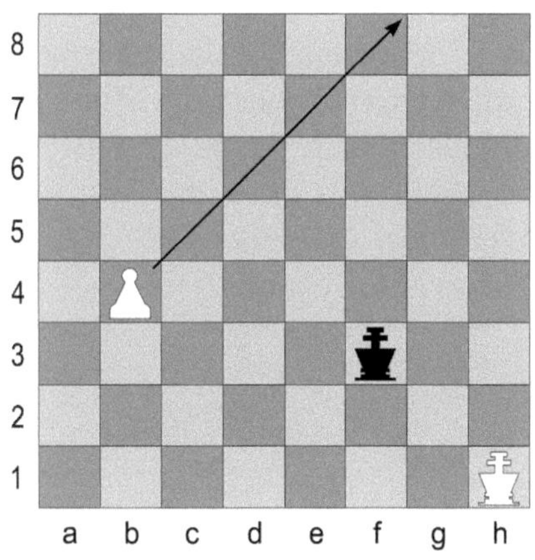

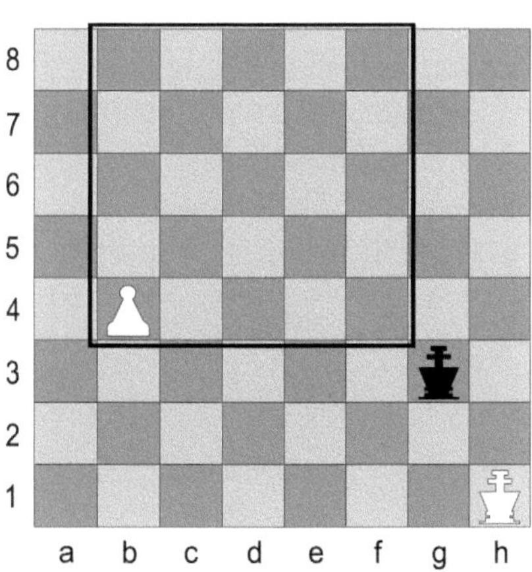

Man merkt sich:
Dies gilt aber nur, wenn der weiße König nicht am Kampf teilnehmen kann.

Schlüsselfelder

Hat der weiße König eins der Schlüsselfelder besetzt, dann kann er seinen Bauern zum Umwandlungsfeld auf der letzten Reihe bringen und die Partie wird gewonnen. Wo der gegnerische König steht spielt keine Rolle.

In diesem Beispiel wären es die Felder ....

b5 - d5 und b6 - d6   b6 - d6 und b7 - d7

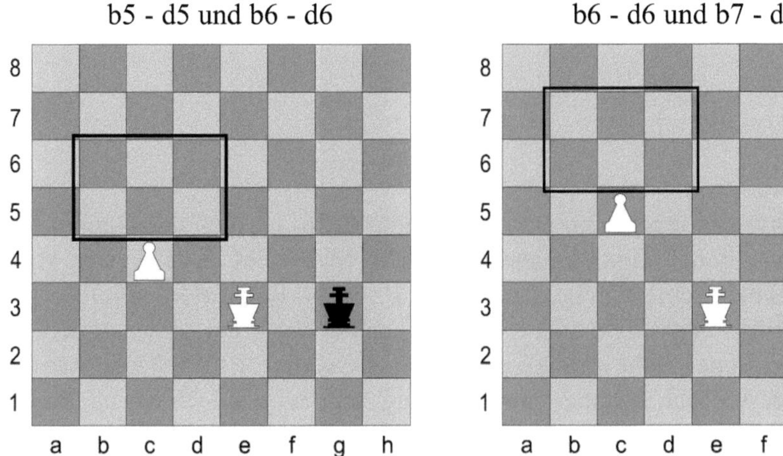

Mit einem einzelnen Randbauern kann der Angreifer nur gewinnen, wenn der verteidigende König kein Feld vor dem Bauern erreichen und auch nicht den angreifenden König am Umwandlungsfeld einschließen kann. Hier gibt es zwei Schlüsselfelder. Es sind die Felder neben dem Umwandlungsfeld. Wenn der weiße König diese Felder beherrscht, gewinnt man die Partie. Es sind hier die Felder g7 und g8.

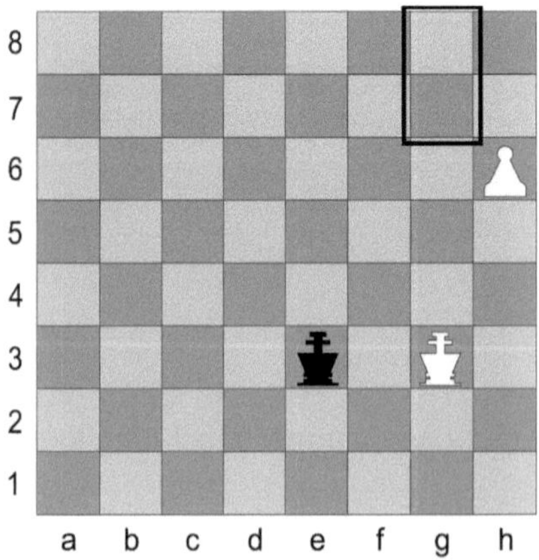

Ka7 - b7

2.   Kc5 - d6

Kb7 - b6

3.   d4 - d5

Kb6 - b5

4.   Kd6 - e6

Kb5 - c5

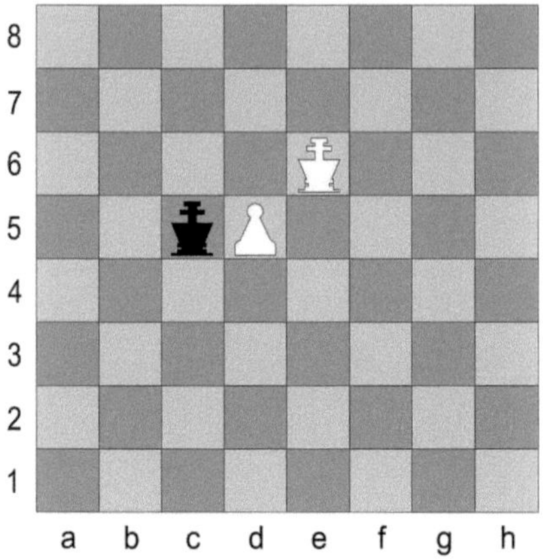

5.   d5 - d6

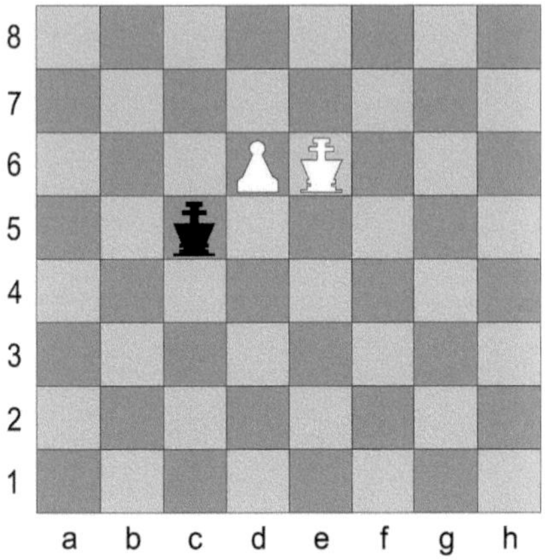

Kc5 - c6

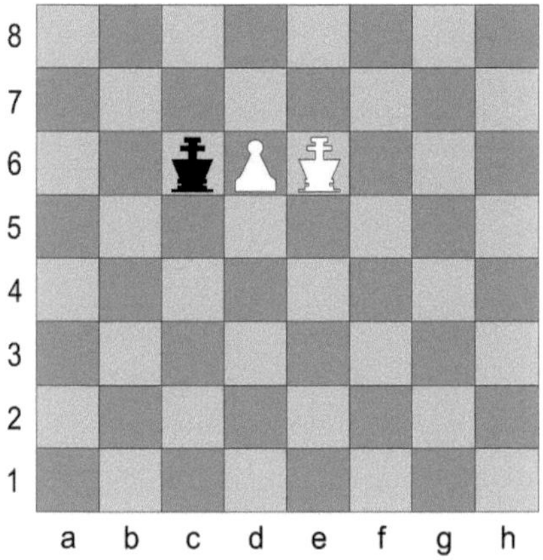

6.   d6 - d7

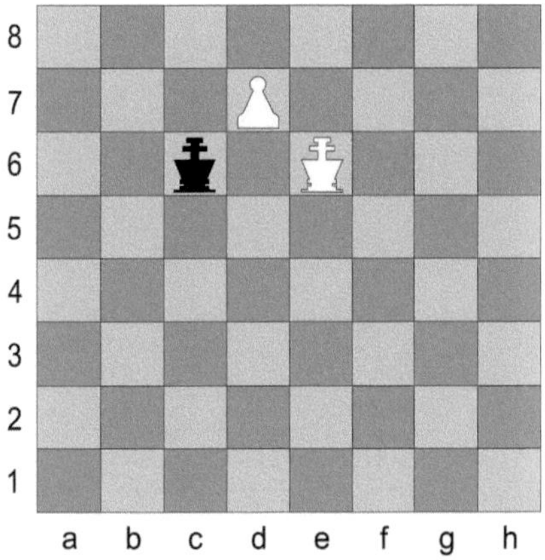

Kc6 - c7

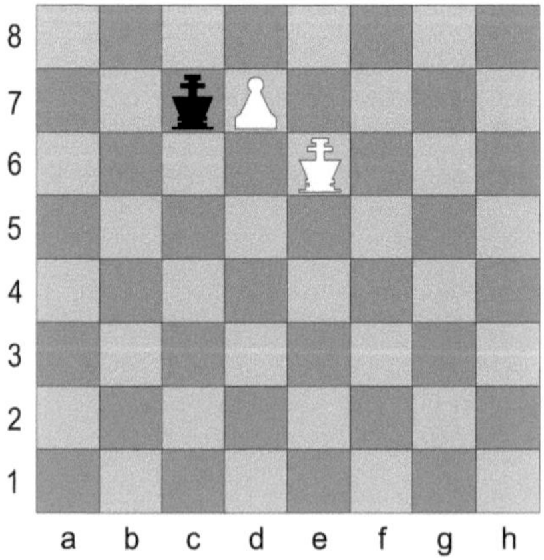

7.   Ke6 - e7

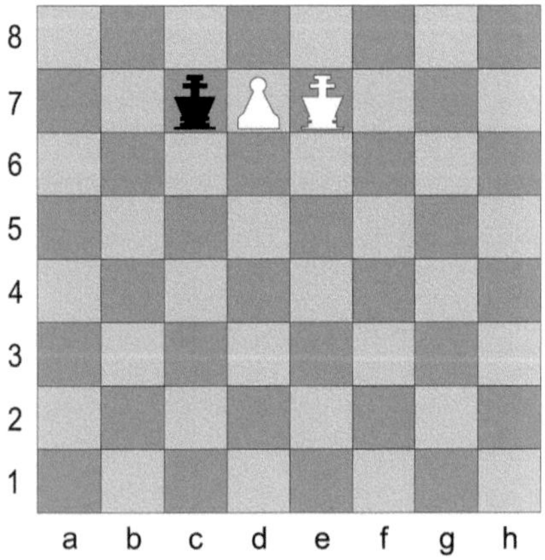

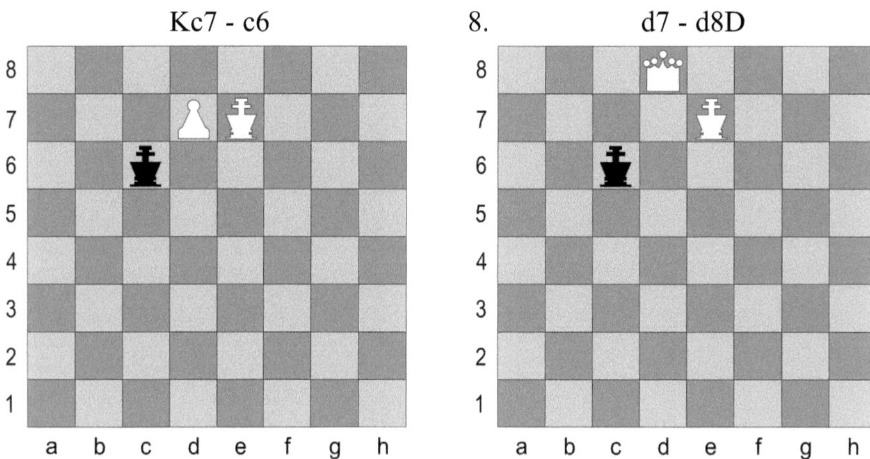

Der weiße König besetzt eines der Schlüsselfelder und Weiß gewinnt diese Partie. Der schwarze König hat keinerlei Möglichkeiten mehr den Bauern zu schlagen um in dieser Partie auf ein Remis oder Patt zu kommen.

Der weiße König muss nur noch bei seinen Bauern bleiben und ihn bis zum Umwandlungsfeld beschützen.

König gegen König und Bauer

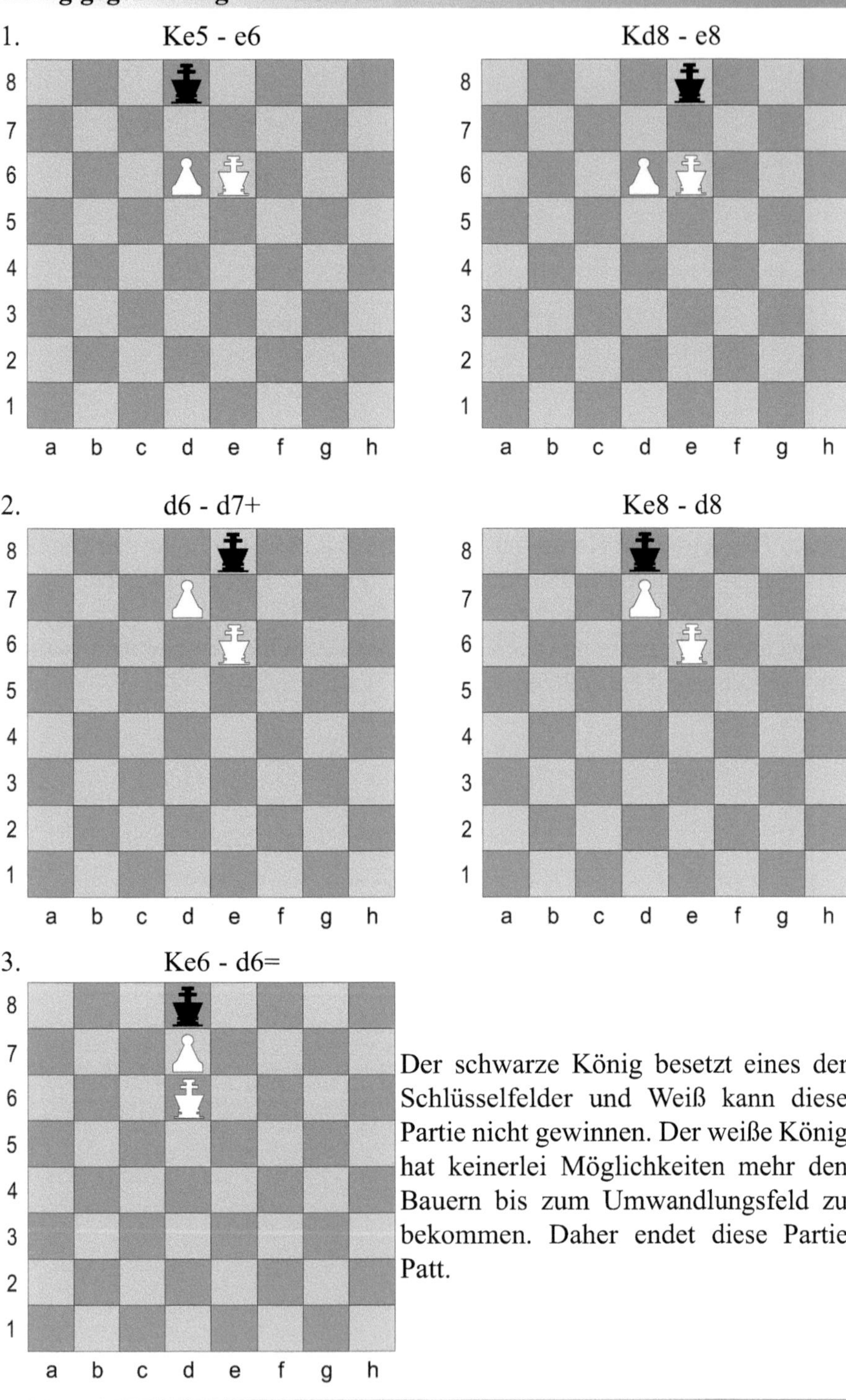

1. Ke5 - e6   Kd8 - e8

2. d6 - d7+   Ke8 - d8

3. Ke6 - d6=

Der schwarze König besetzt eines der Schlüsselfelder und Weiß kann diese Partie nicht gewinnen. Der weiße König hat keinerlei Möglichkeiten mehr den Bauern bis zum Umwandlungsfeld zu bekommen. Daher endet diese Partie Patt.

1.   b4 - b5   Kc7 - b8

2.   Ka6 - b6   Kb8 - c8

3.   Kb6 - a7   Kc8 - c7

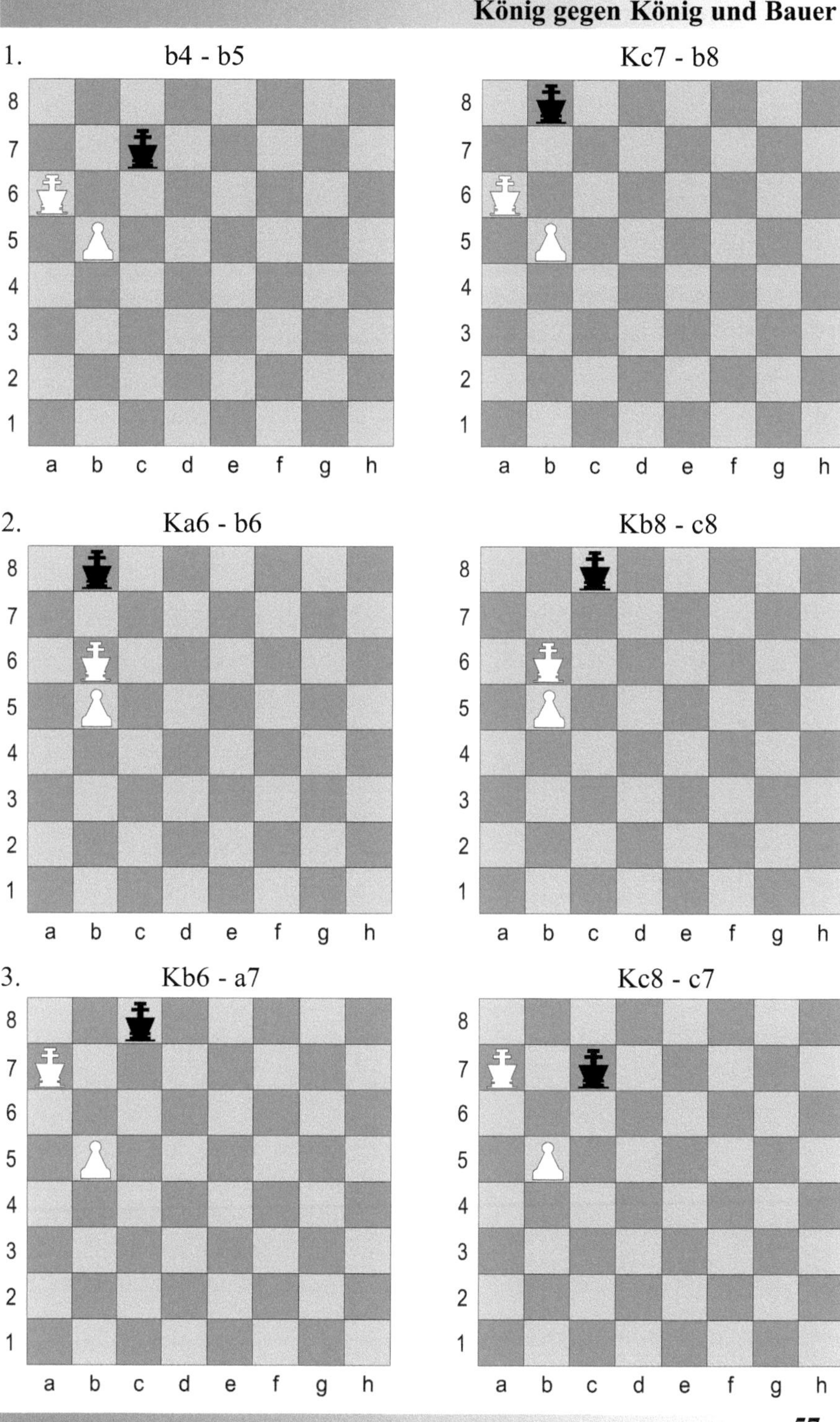

4.   b5 - b6+   Kc7 - c6

5.   b6 - b7   Kc6 - d5

6.   b7 - b8D

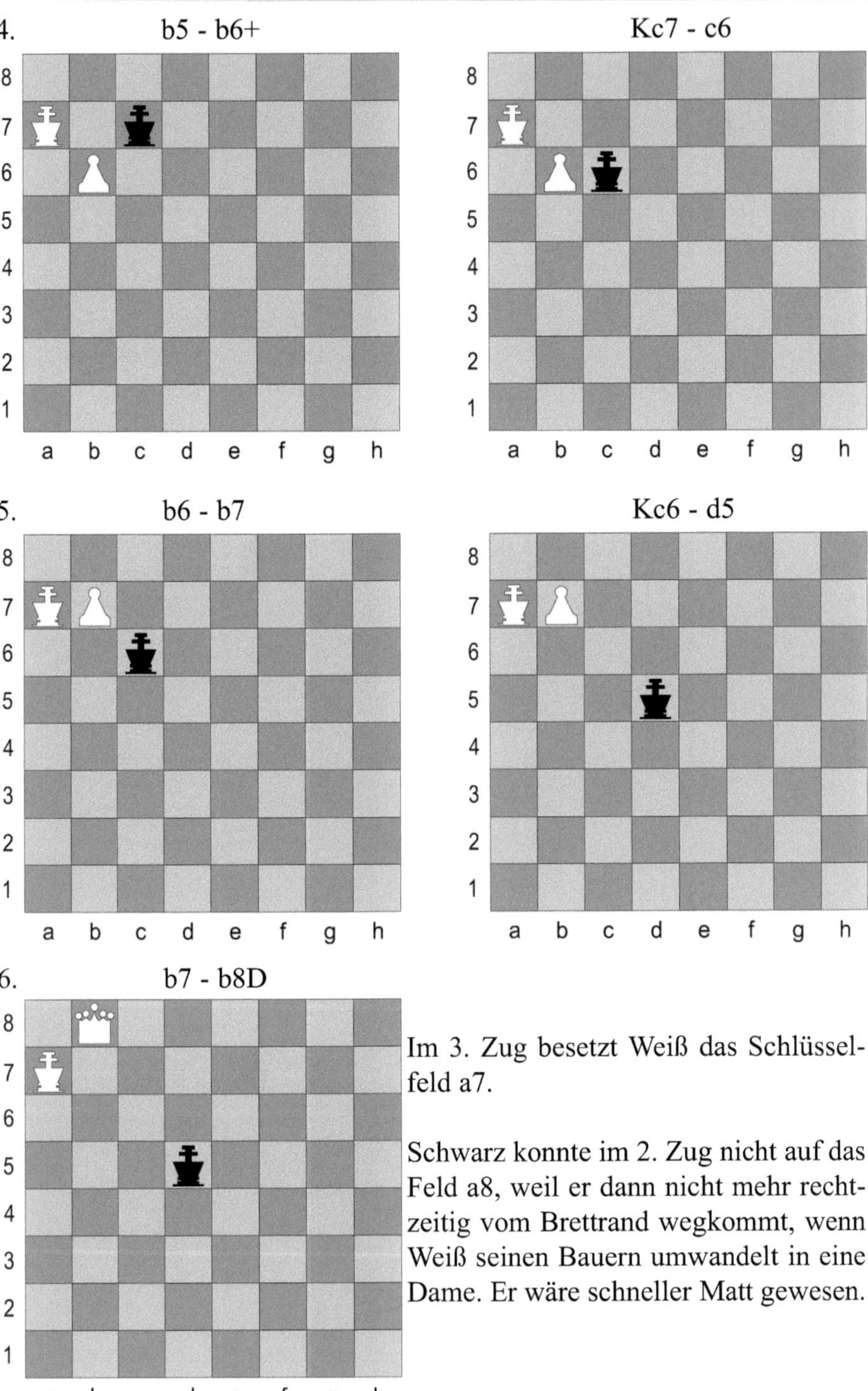

Im 3. Zug besetzt Weiß das Schlüssel-
feld a7.

Schwarz konnte im 2. Zug nicht auf das
Feld a8, weil er dann nicht mehr recht-
zeitig vom Brettrand wegkommt, wenn
Weiß seinen Bauern umwandelt in eine
Dame. Er wäre schneller Matt gewesen.

König gegen König, Dame und Turm

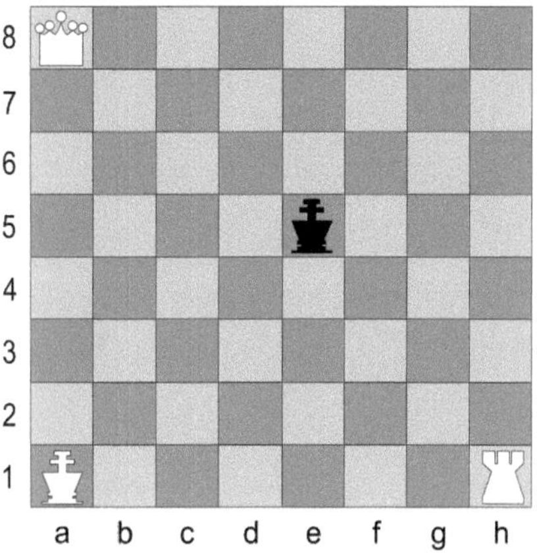

Einfacher geht es nun wirklich nicht mehr, um den gegnerischen König mattzusetzen. Als erstes schränkt die Dame oder der Turm den König ein, d.h. sie sperrt den schwarzen König in ein „Gefängnis" ein.

Dame und Turm machen dann wechselweise ein Schachgebot gegen den gegnerischen König, bis dieser nur an den Brettrand ziehen kann und ihn dann mattzusetzen.

1.	Th1 - h5+	Ke5 - f4

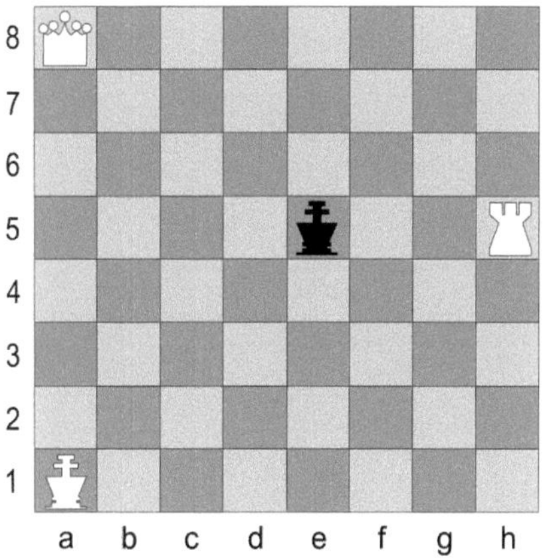

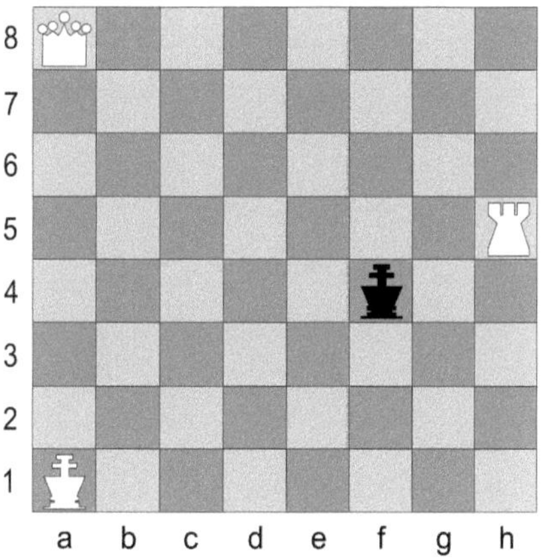

2.	Da8 - e8	Kf4 - g4

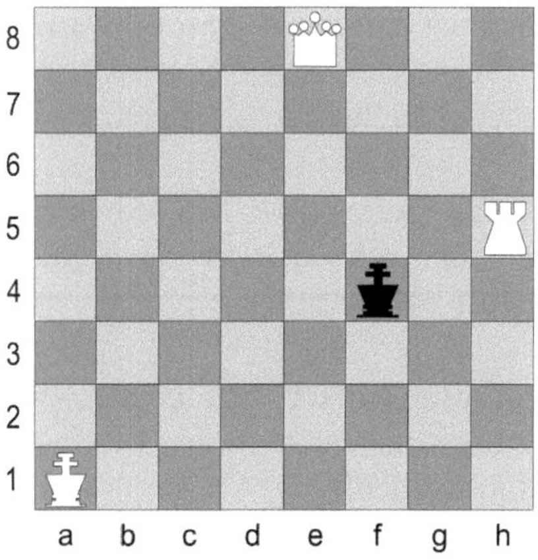

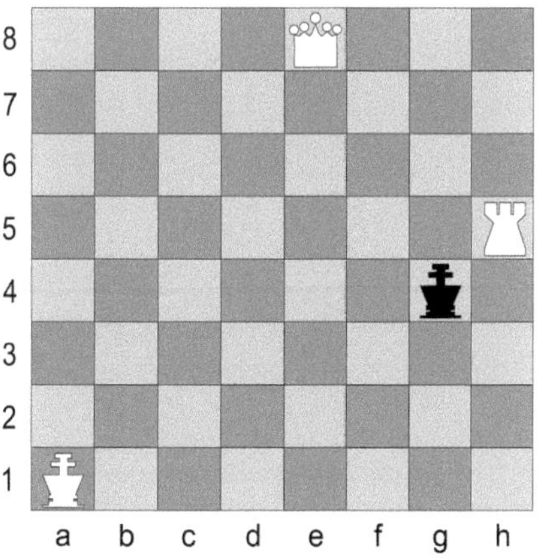

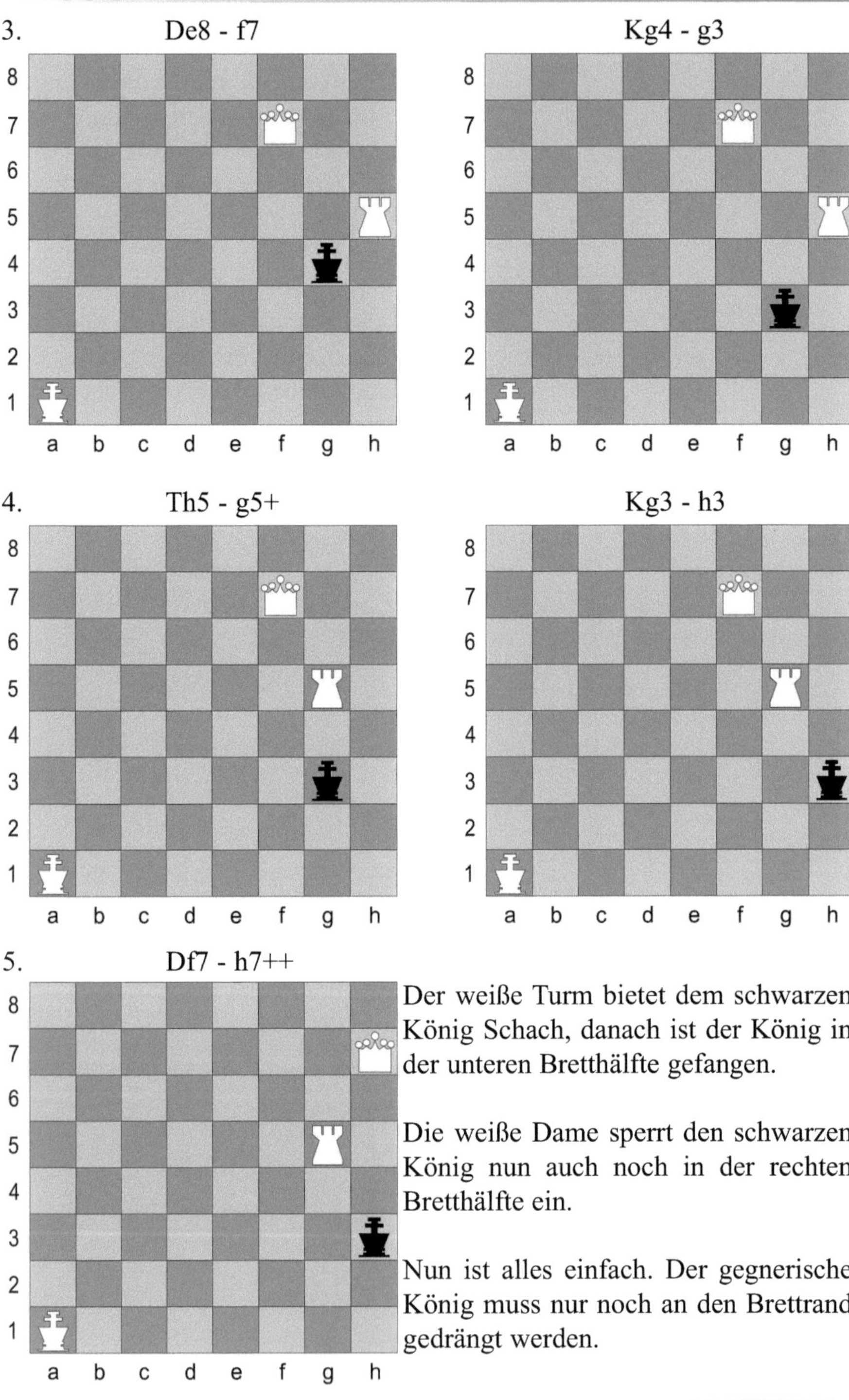

3. De8 - f7   Kg4 - g3

4. Th5 - g5+   Kg3 - h3

5. Df7 - h7++

Der weiße Turm bietet dem schwarzen König Schach, danach ist der König in der unteren Bretthälfte gefangen.

Die weiße Dame sperrt den schwarzen König nun auch noch in der rechten Bretthälfte ein.

Nun ist alles einfach. Der gegnerische König muss nur noch an den Brettrand gedrängt werden.

König gegen König, Dame und Läufer

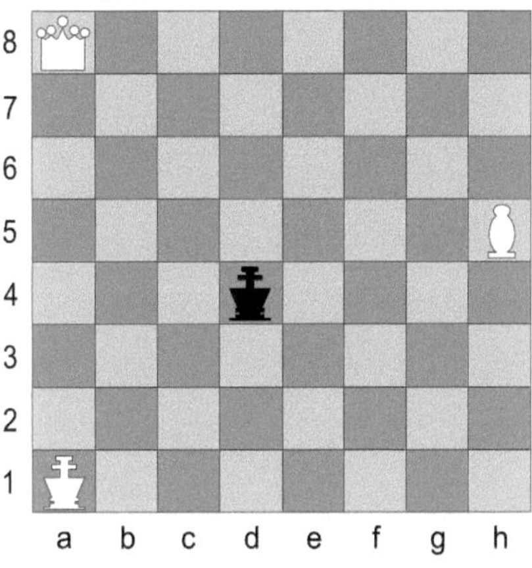

Am leichtesten tut man sich, wenn man den gegnerischen König Richtung eigenen König treibt. Der schwarze König wird die Felder, die der Läufer bedroht, meiden um nicht ins Schach zugeraten.

1. Da8 - e8

Kd4 - c5

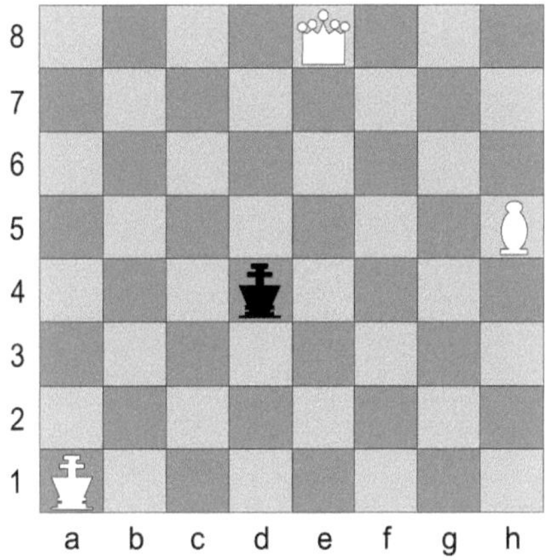

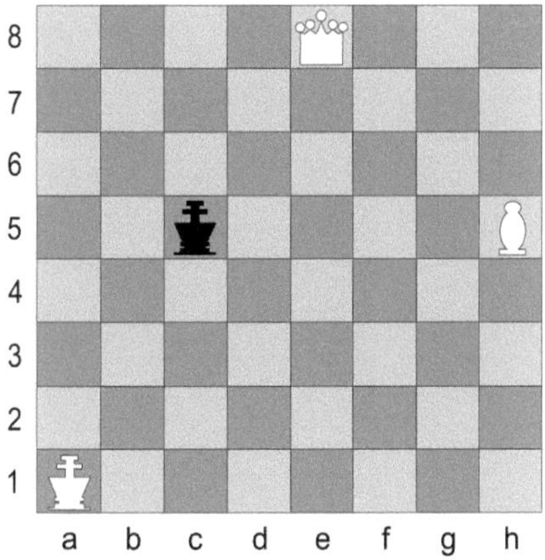

2. De8 - d7

Kc5 - c4

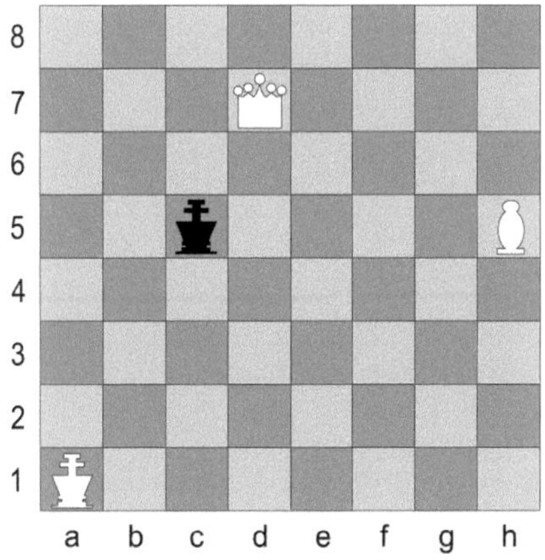

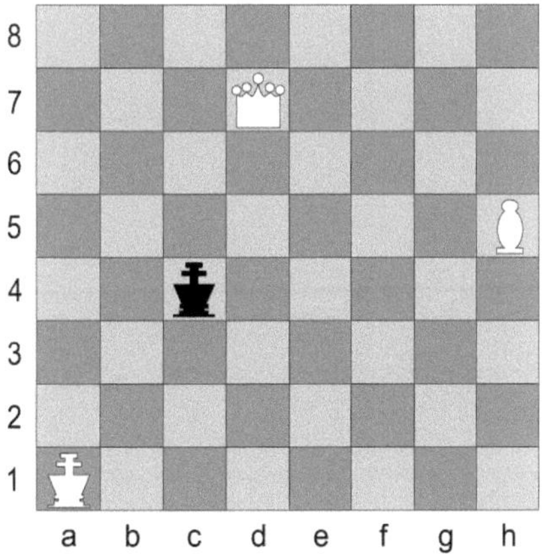

3. Dd7 - d6 · Kc4 - c3

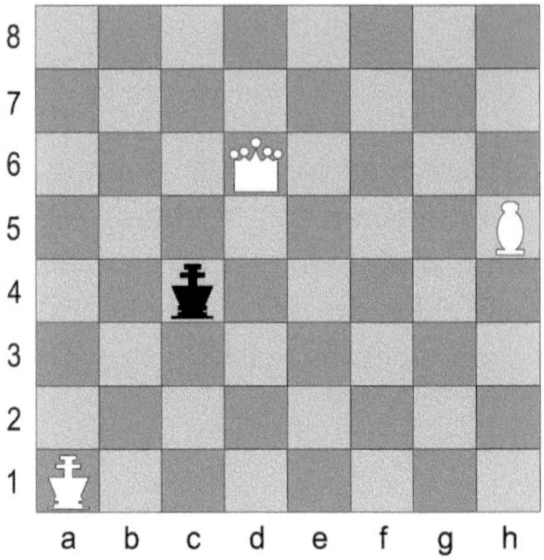

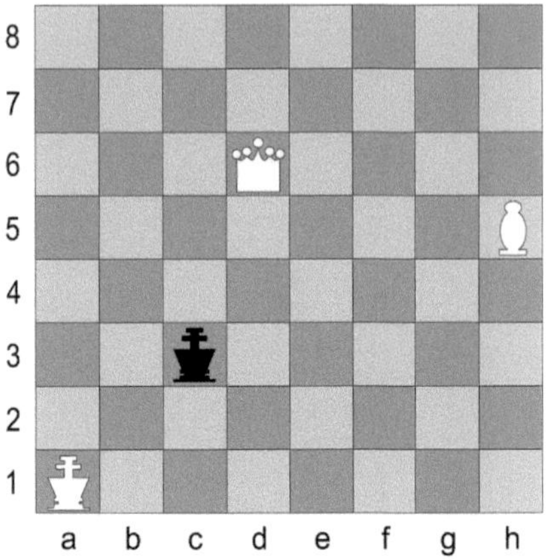

4. Lh5 - e2 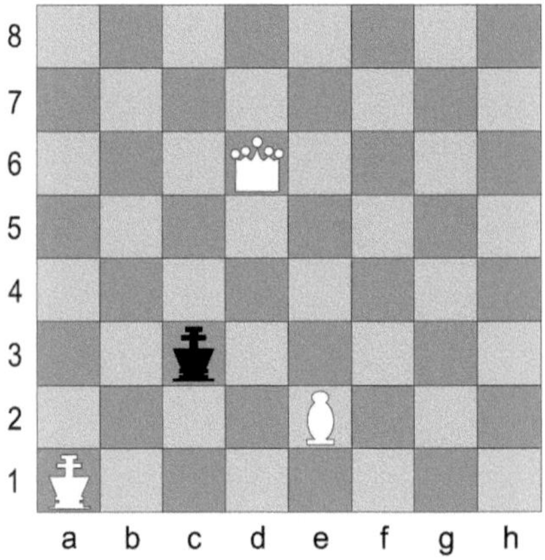 · Kc3 - b3

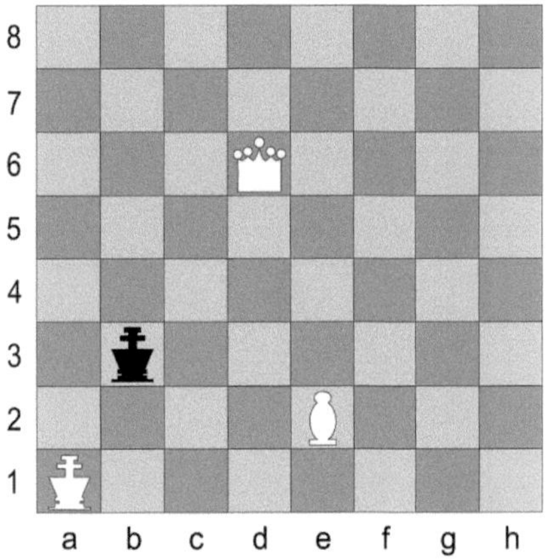

5. Dd6 - c5 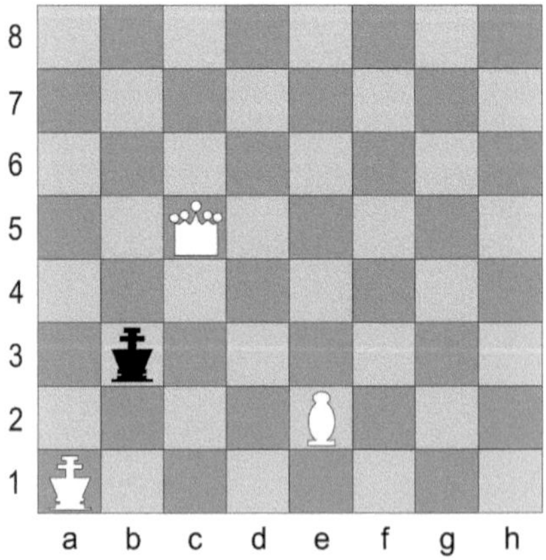 · Kb3 - a4

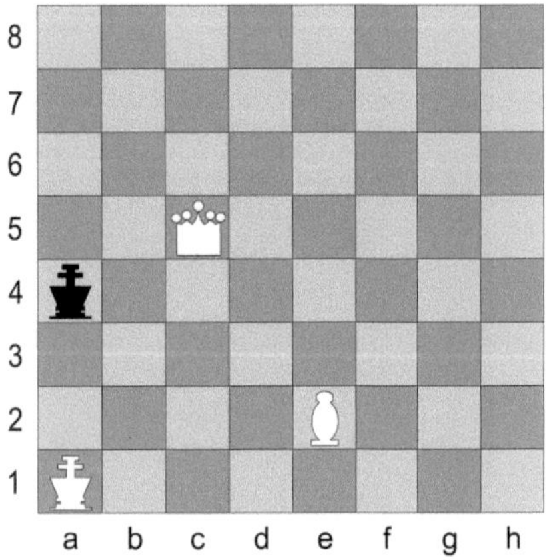

6. Le2 - d1++

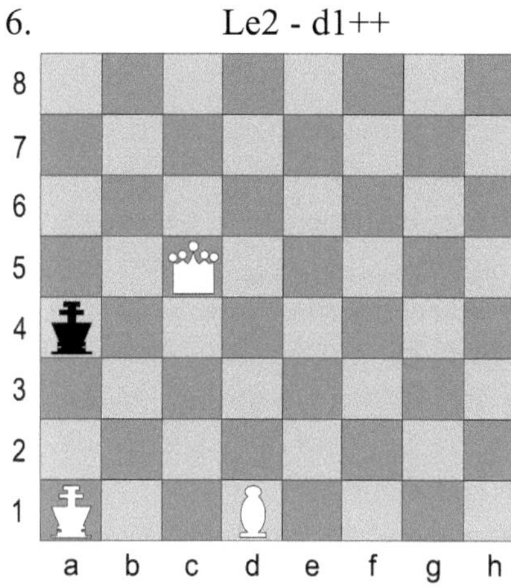

Wie immer wird der schwarze König von der Dame eingesperrt. Mit jedem weiteren Zug wird der Bewegungsspielraum vom schwarzen König eingeschränkt.

Zum Schluss kann der schwarze König wieder nur an den Brettrand ziehen. Mit dem Läuferzug auf Feld d1 wird Schwarz Matt gesetzt.

König gegen König, Dame und Springer

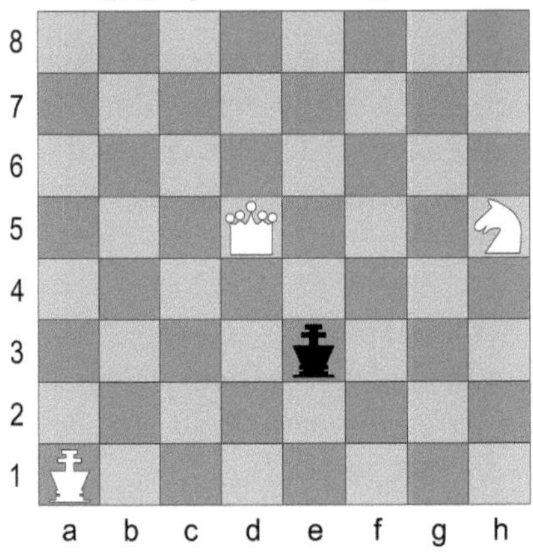

Dame und Springer können den gegnerischen König ohne Mithilfe des eigenen Königs mattsetzen. Wie immer: Die Dame sperrt den König ein und verringert seine Zugmöglichkeiten.

Der Springer im 3. Zug drängt den König nun an den Brettrand. Die Dame sperrt den König auf die letzte Reihe ein und setzt dann Matt.

Auf die Pattgefahr muss man achten.

Ke3 - e2

2.   Dd5 - b3

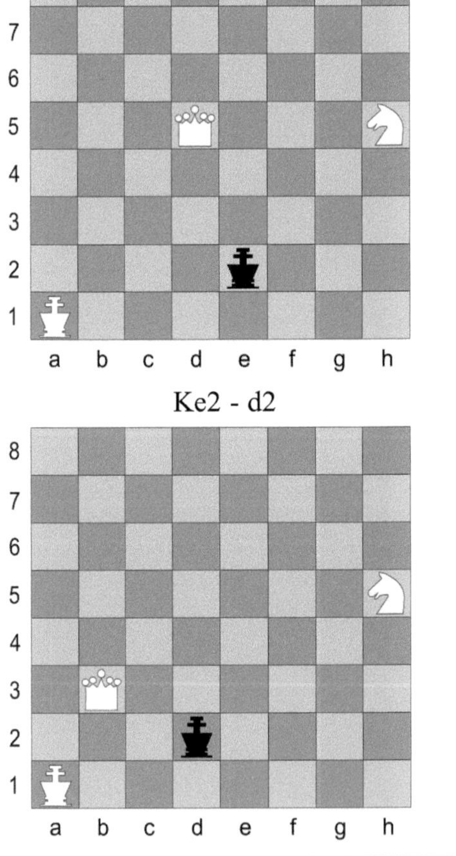

Ke2 - d2

3.   Sh5 - f4

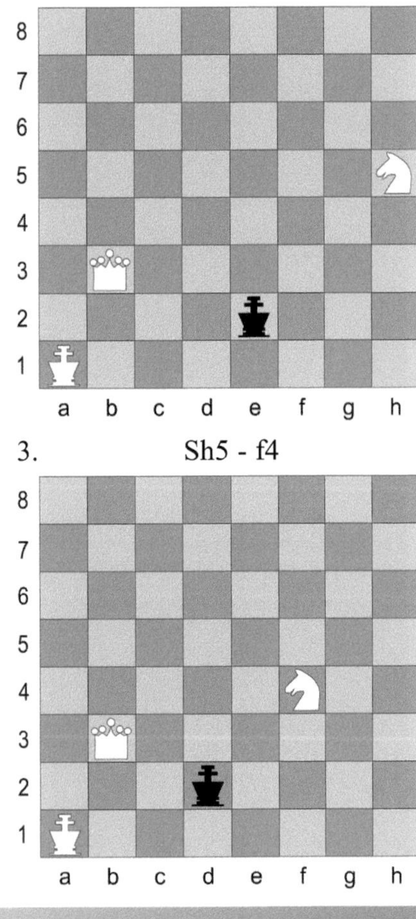

Kd2 - e1

4. **Db3 - c2**

Ke1 - f1

5. **Dc2 - e2+**

Kf1 - g1

De2 - g2++

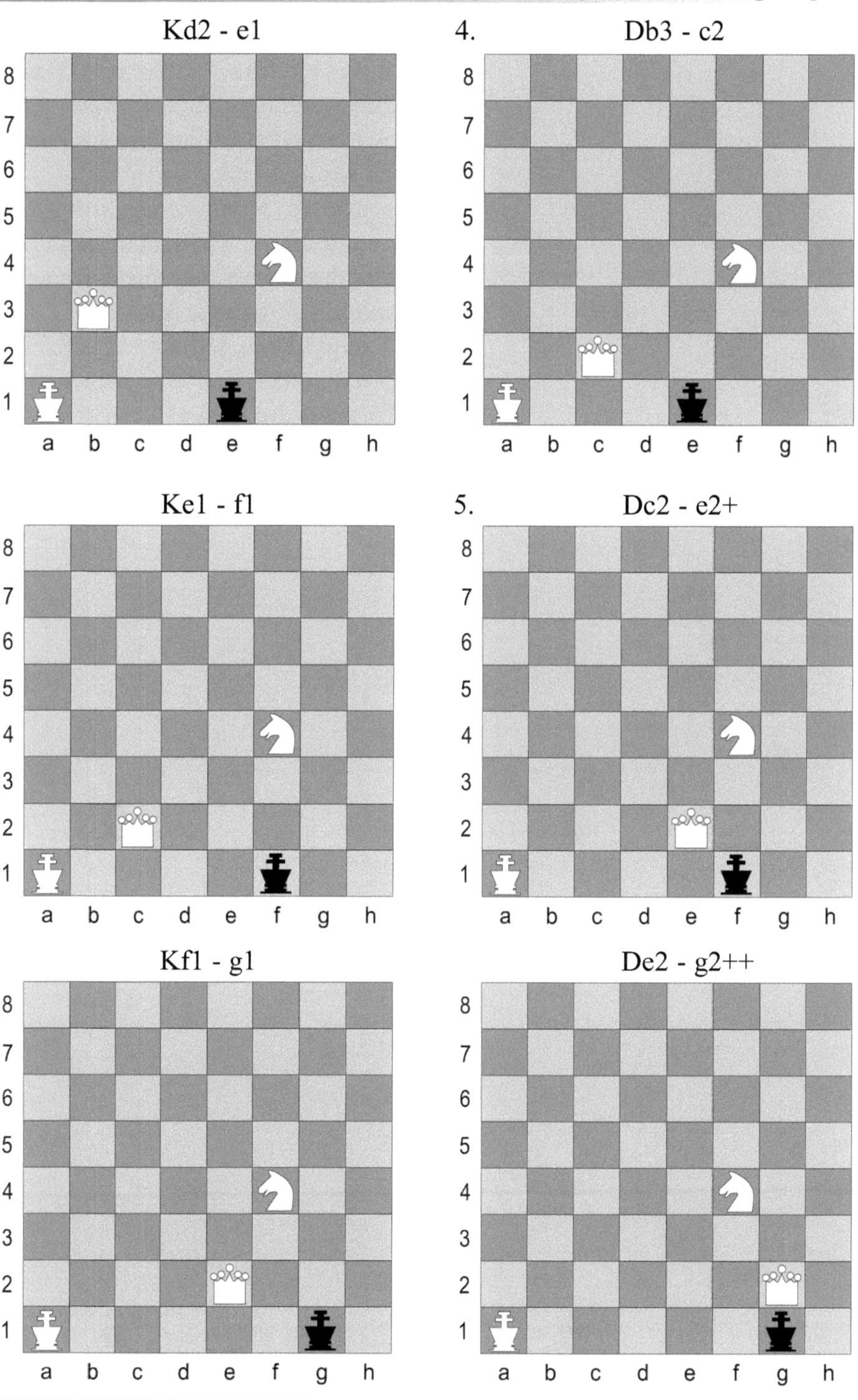

König gegen König, Turm und Läufer

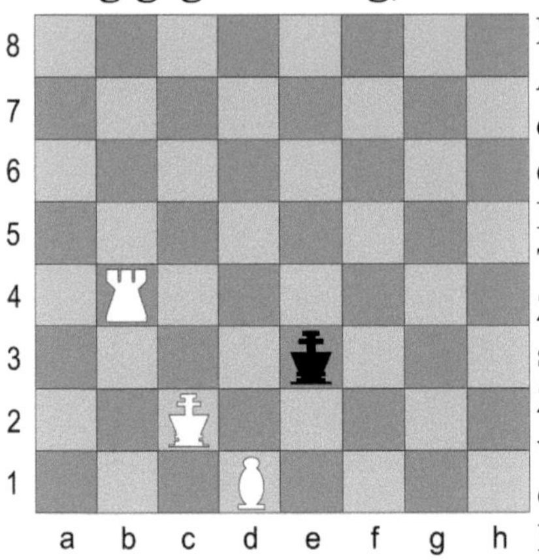

Es gilt das Gleiche wie bei der Dame. Am leichtesten tut man sich, wenn man den gegnerischen König in Richtung eigenen König treibt.

Der schwarze König wird von dem Turm eingesperrt. Mit jedem weiteren Zug wird der Bewegungsspielraum vom schwarzen König eingeschränkt.

Zum Schluss kann der schwarze König wieder nur an den Brettrand ziehen. Mit dem Turmzug auf Feld g1 wird Schwarz Matt gesetzt.

Ke3 - f2

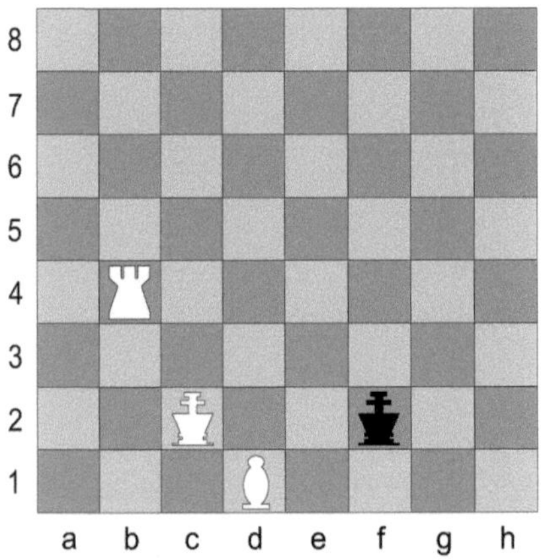

2. Tb4 - g4

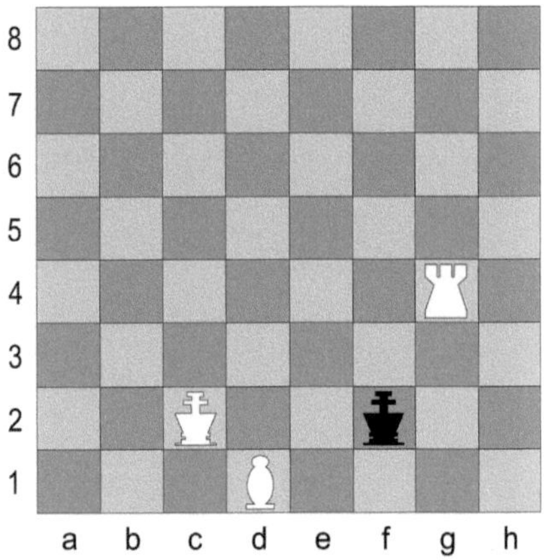

Kf2 - f1

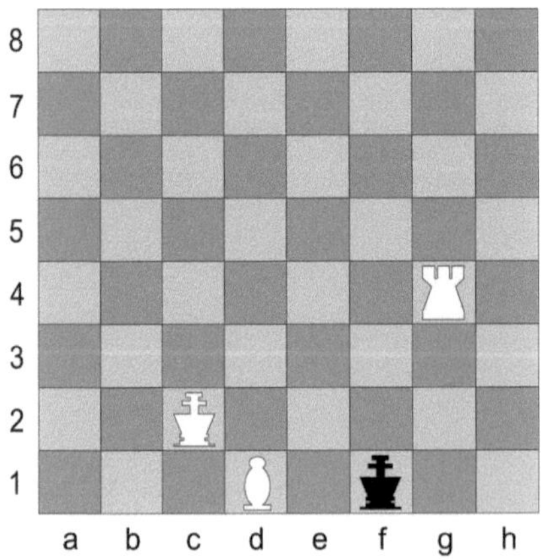

3. Kc2 - d2

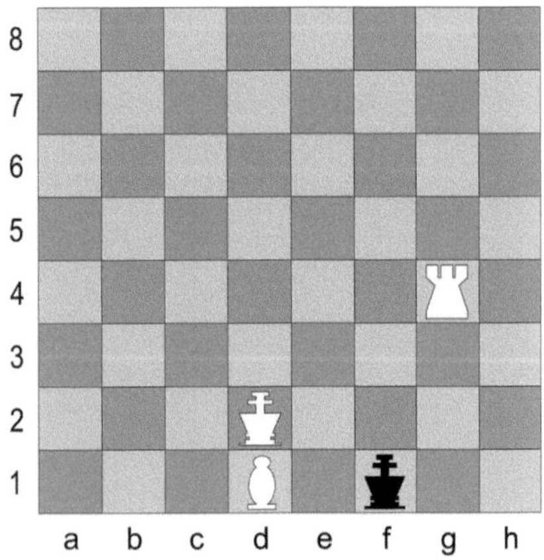

Kf1 - f2

4. Kd2 - d3

Kf2 - f1

5. Kd3 - e3

Kf1 - e1

6. Tg4 - g1++

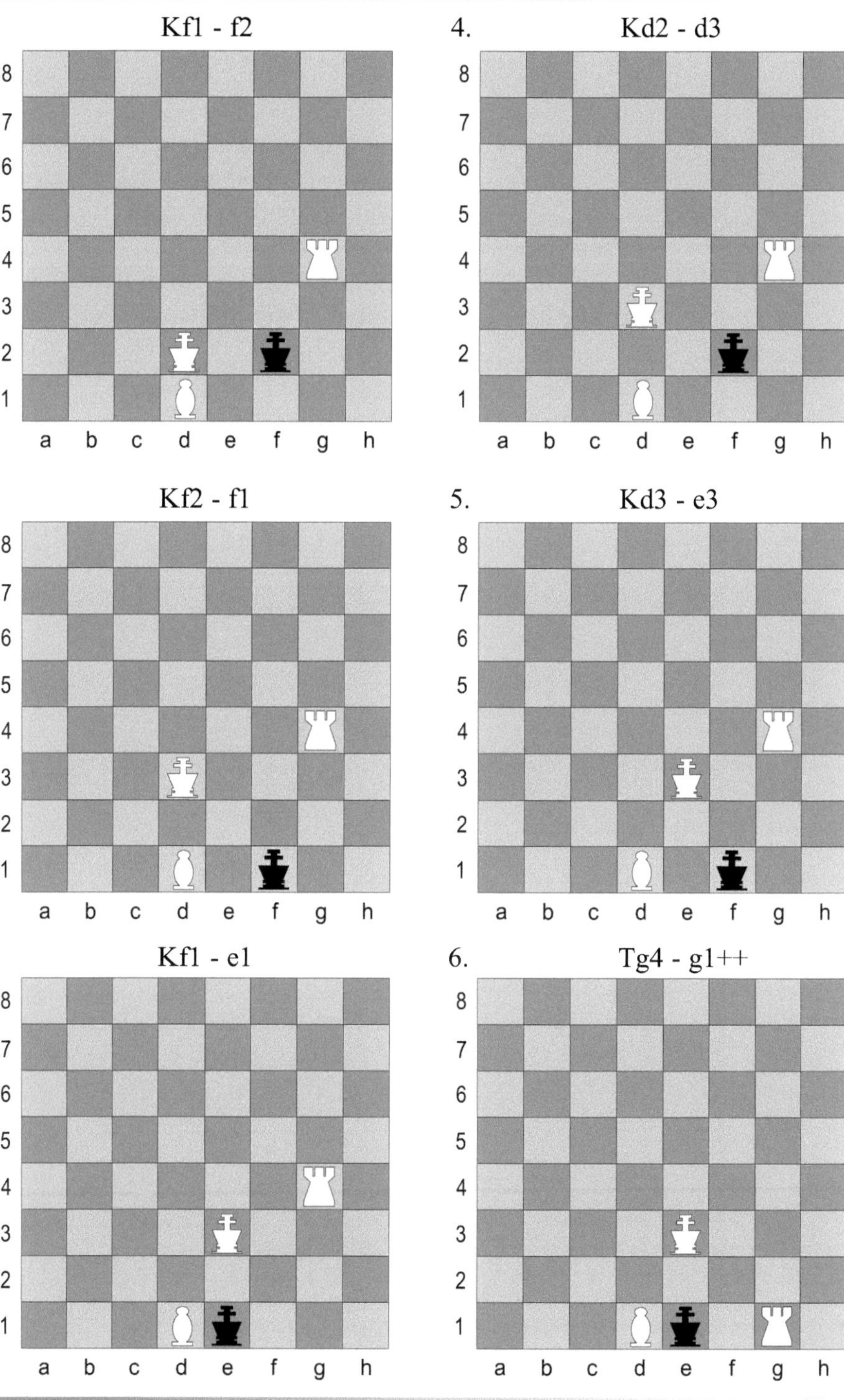

König gegen König, Turm und Springer

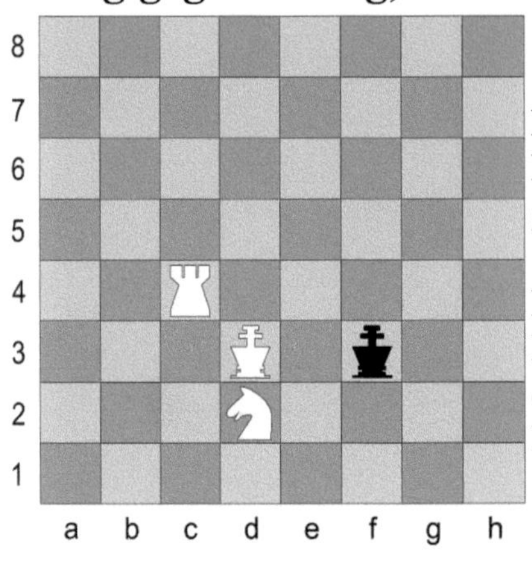

Der Turm sperrt den König in die untere Hälfte des Schachbrettes ein und verringert seine Zugmöglichkeiten.

Der Springer im 5. Zug drängt den König nun in die Brettecke. Der Turm, durch den Springer gedeckt, setzt dann Matt.

Kf3 - g3

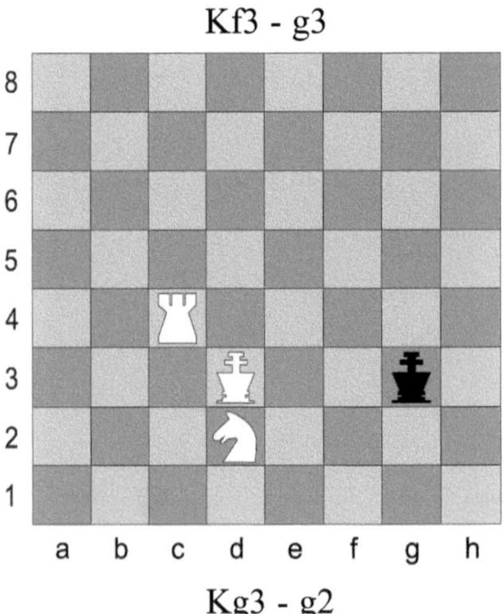

2. Kd3 - e3

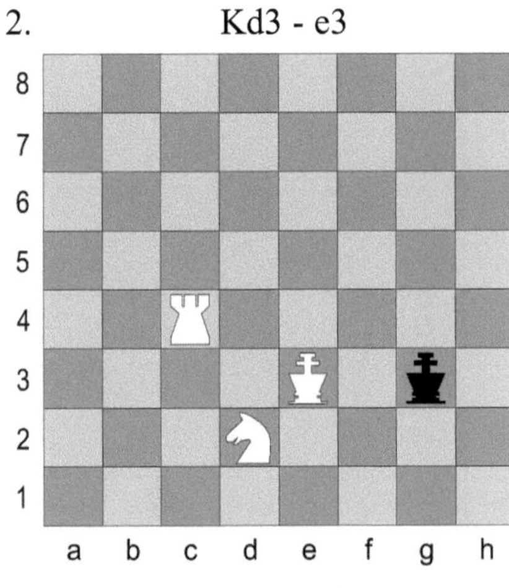

Kg3 - g2

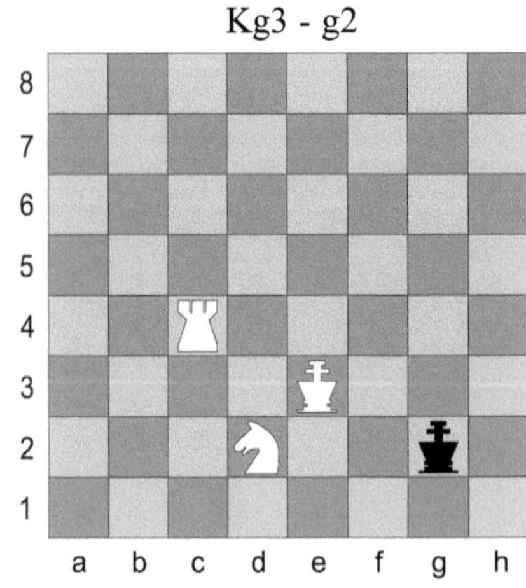

3. Tc4 - g4+

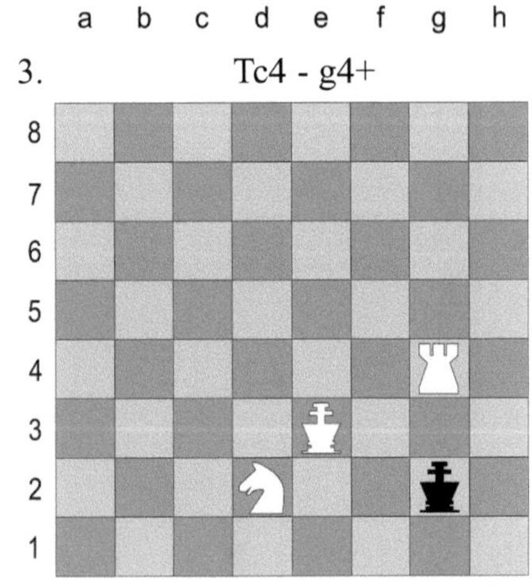

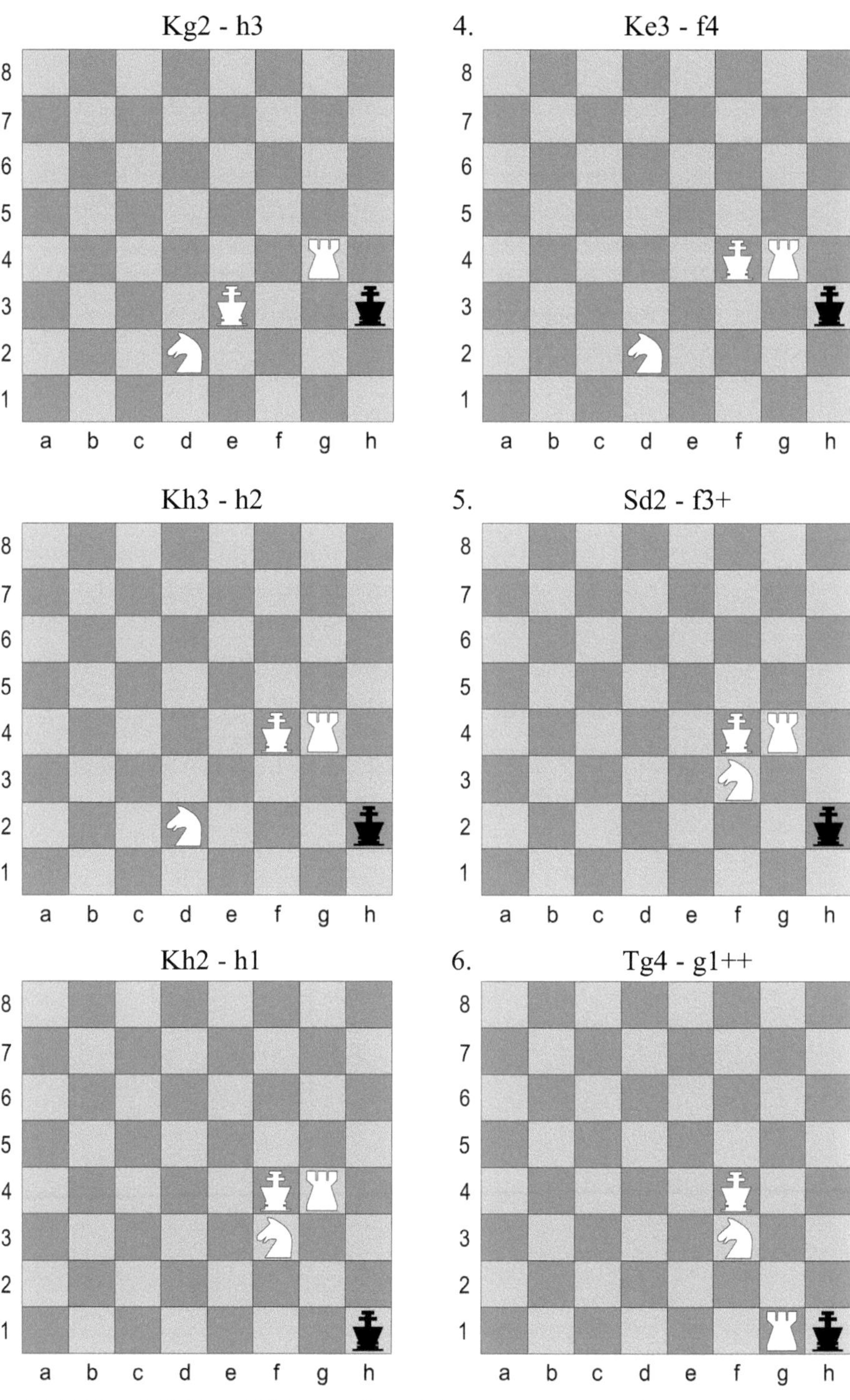
Kg2 - h3
4.   Ke3 - f4
Kh3 - h2
5.   Sd2 - f3+
Kh2 - h1
6.   Tg4 - g1++

Dame gegen Bauer

Die Rand- und Läuferbauern (a-, c-, f- und h-Bauer) halten Remis. Ein Bauer kann aber nur Remis halten, wenn er auf der vorletzten Reihe (7. bzw. 2. Reihe) steht und sein eigener König den Bauern unterstützt. Der gegnerische König muss auch noch weit genug vom eigenen Bauern entfernt sein. Nur bei diesen Voraussetzungen ist ein Remis zu erreichen.

Die Springerbauern (b- und g-Bauer) und die Mittelbauern (d- und e-Bauer) verlieren dieses Endspiel.

Folgende Grundsätze sollte man sich merken:
- Die Dame gewinnt, wenn sie im ersten Zug Schach bieten oder den Bauern fesseln kann.

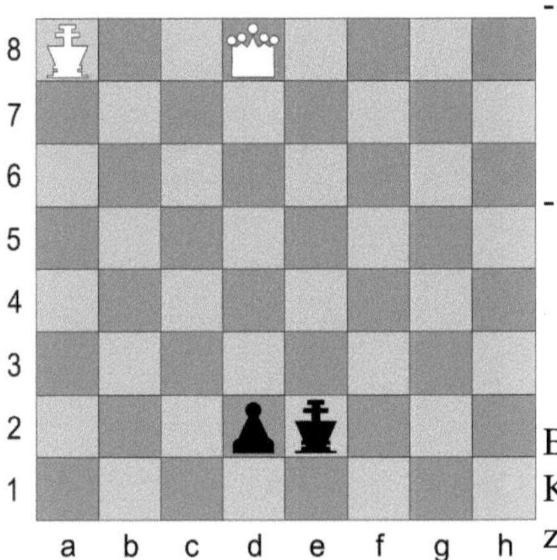

- Gelangt die Dame auf ein Feld vor dem Bauern, hat sie das Endspiel gewonnen. Der gegnerische König kann sie von dort nicht vertreiben.
- Ausnahme: Weiß kann auch gegen einen Randbauern gewinnen, wenn er auf dem Feld a5 oder h5, Schwarz auf dem Feld a4 oder h4, oder näher steht.

Bei diesem Beispiel muss der schwarze König vor seinen eigenen Bauern gezwungen werden, also auf das Feld d1.

| 1. | Dd8 - e8+ | Ke2 - f2 |

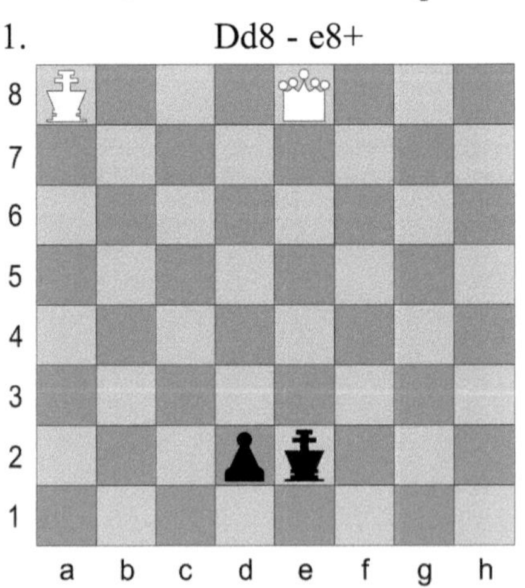

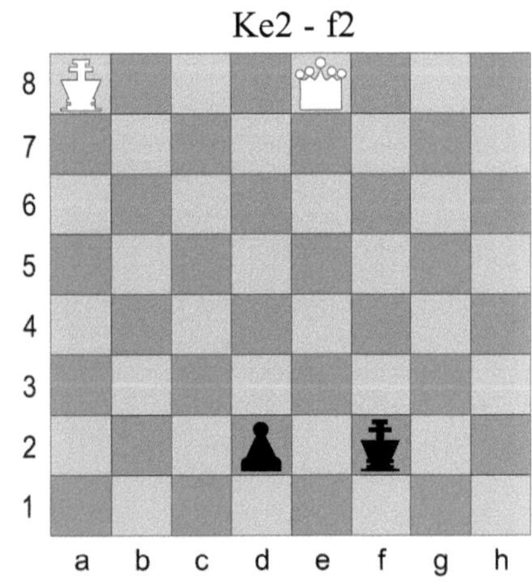

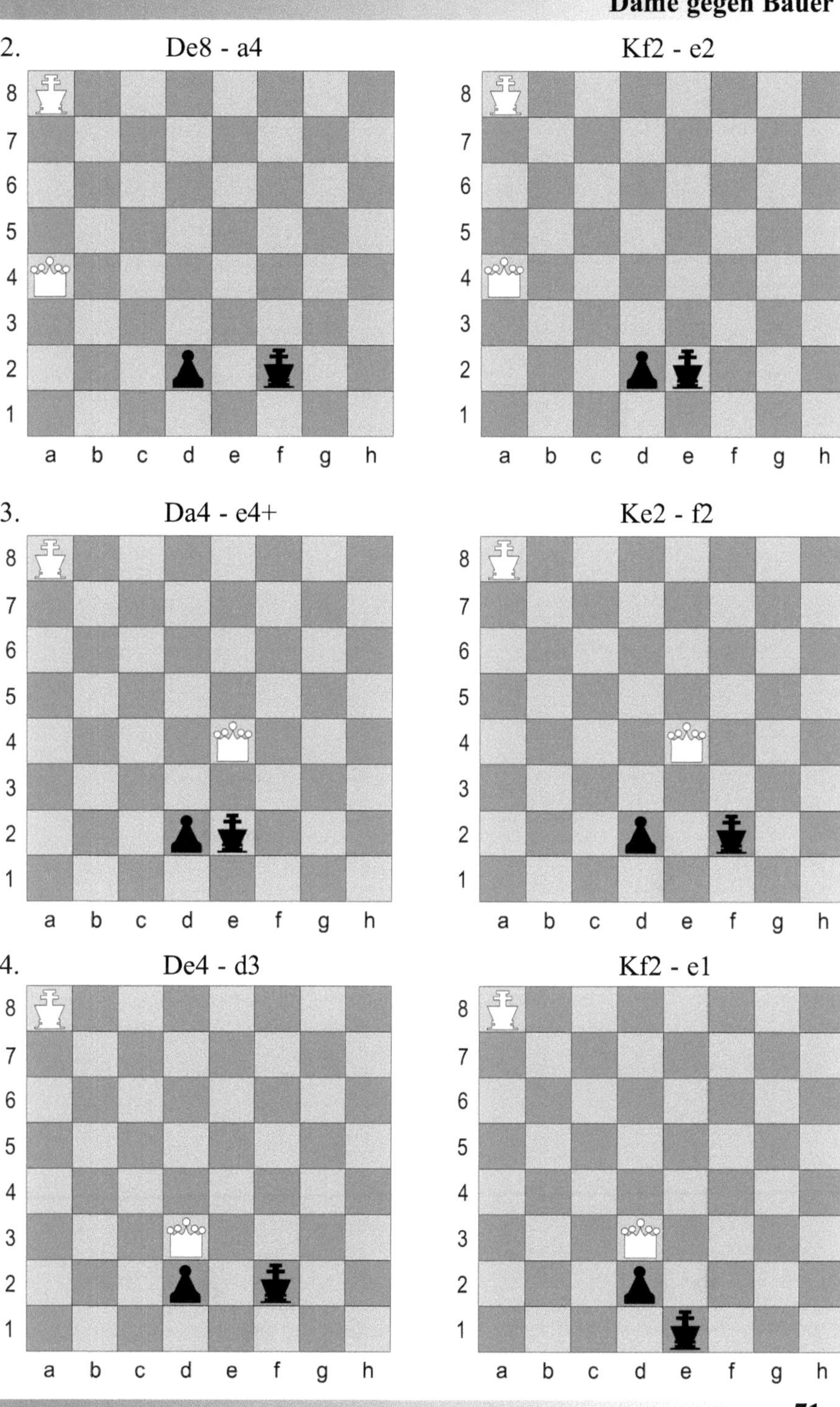

Dame gegen Bauer

2.
De8 - a4
Kf2 - e2

3.
Da4 - e4+
Ke2 - f2

4.
De4 - d3
Kf2 - e1

5. Dd3 - e3+   Ke1 - d1

6. Ka8 - a7   Kd1 - c2

7. De3 - e2   Kc2 - c1

8. De2 - c4+   Kc1 - b2

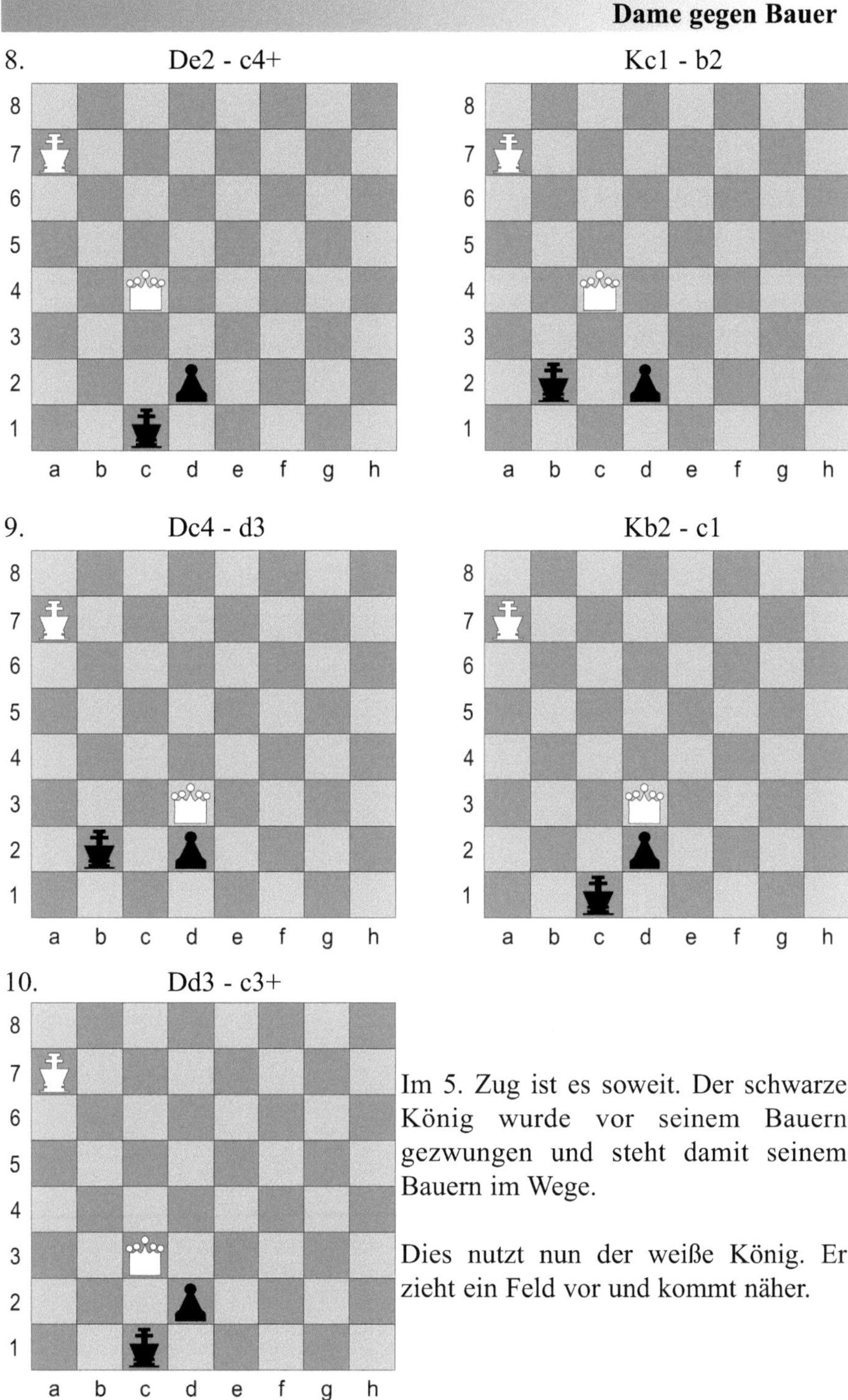

9. Dc4 - d3   Kb2 - c1

10. Dd3 - c3+

Im 5. Zug ist es soweit. Der schwarze König wurde vor seinem Bauern gezwungen und steht damit seinem Bauern im Wege.

Dies nutzt nun der weiße König. Er zieht ein Feld vor und kommt näher.

Im 10. Zug ist es wieder so weit. Der schwarze König wurde vor seinem Bauern gedrängt. Der weiße König kommt wieder einen Schritt näher.

Und so geht es nun weiter um Zug für Zug. Bis der weiße König die 4. Reihe erreicht hat.

Kc1 - d1

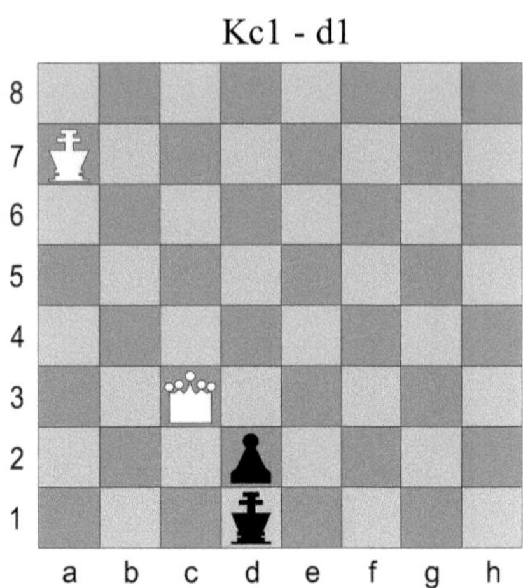

11.   Ka7 - b6 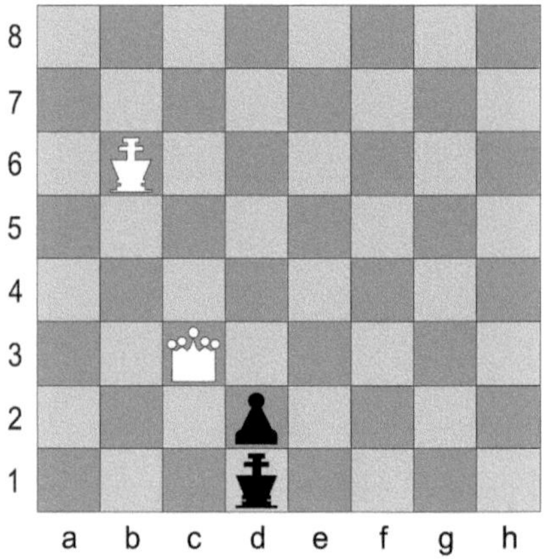   Kd1 - e2

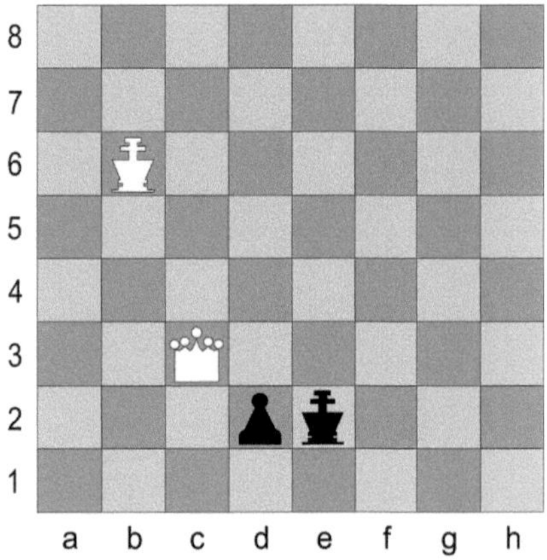

12.   Dc3 - c2 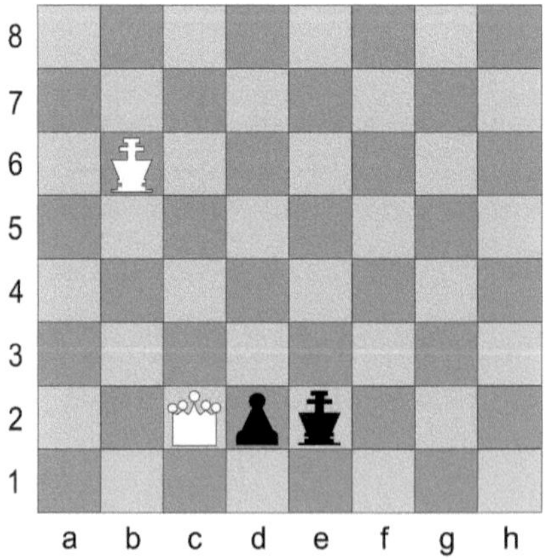   Ke2 - e1

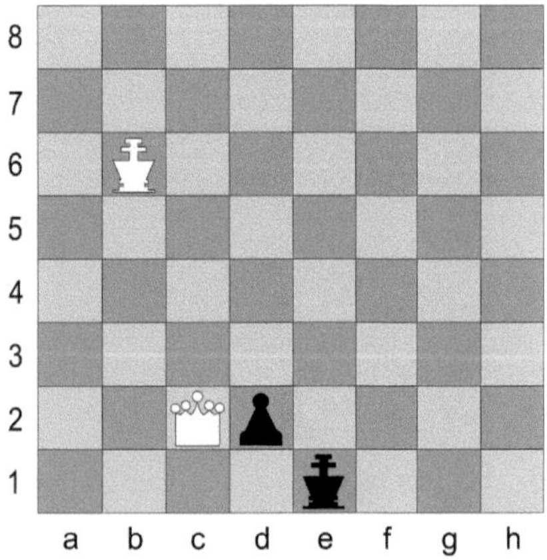

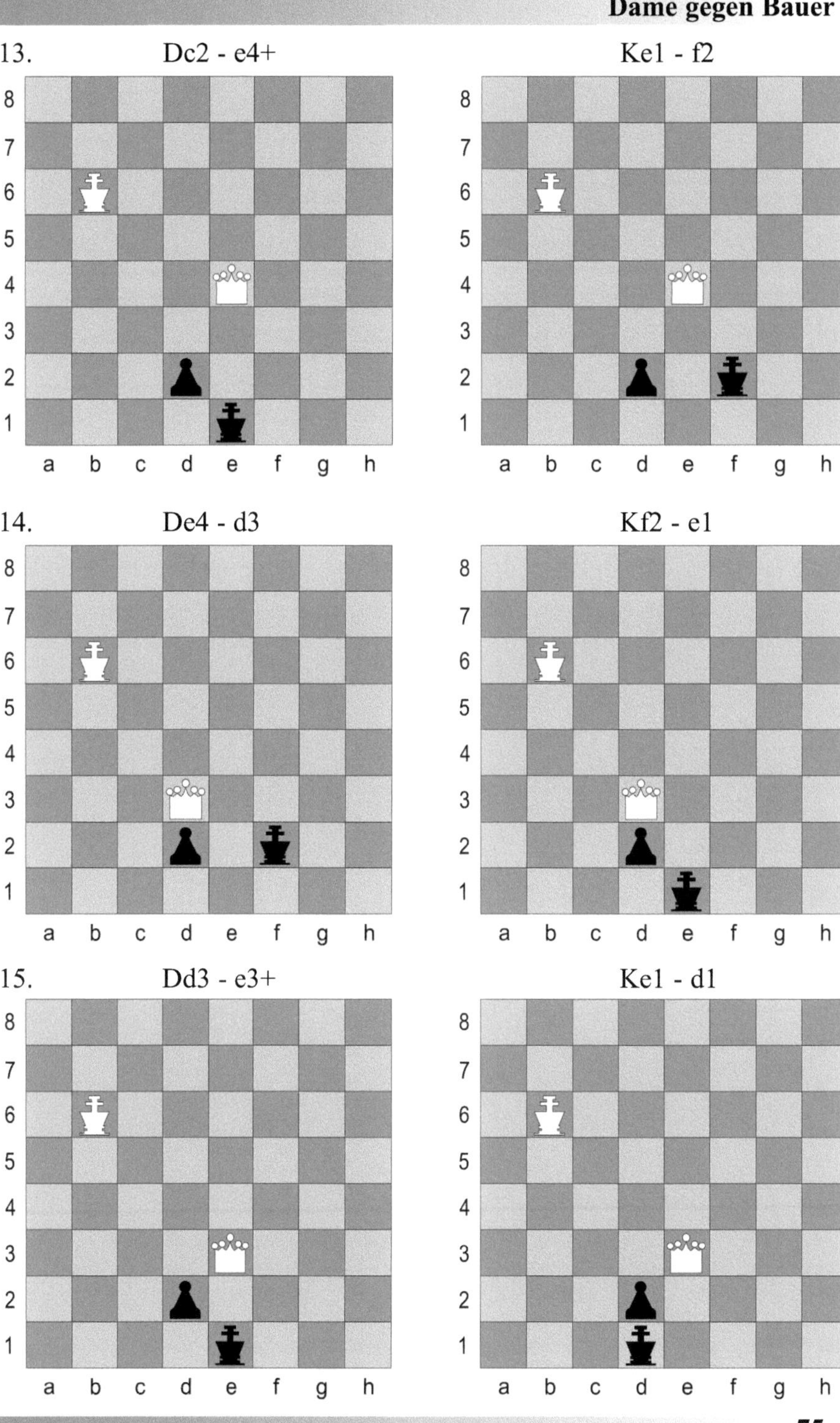

13.   Dc2 - e4+   Ke1 - f2
14.   De4 - d3   Kf2 - e1
15.   Dd3 - e3+   Ke1 - d1

16.　　Kb6 - c5　　　　　　　Kd1 - c2

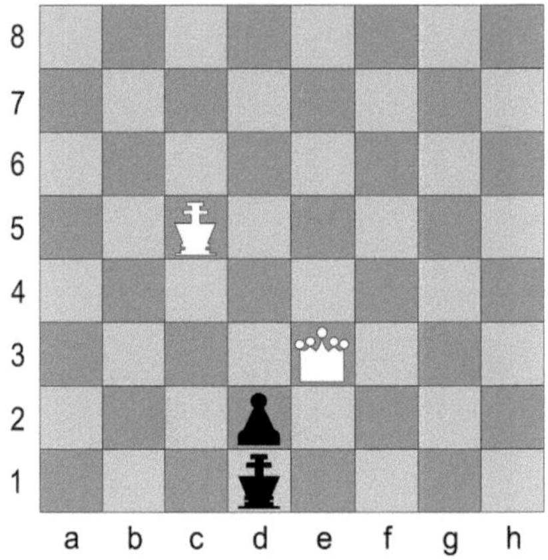

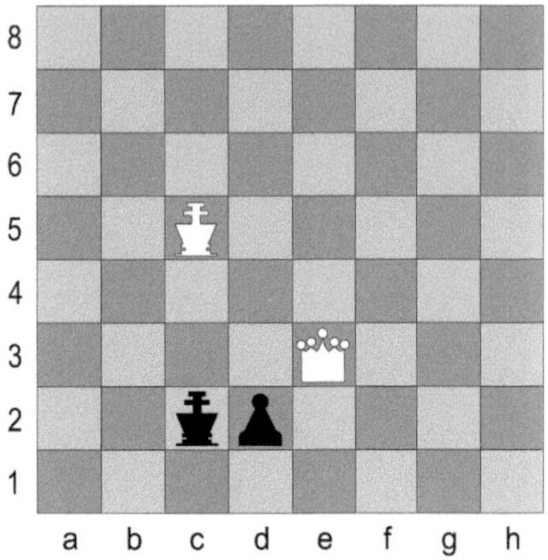

17.　　De3 - e2 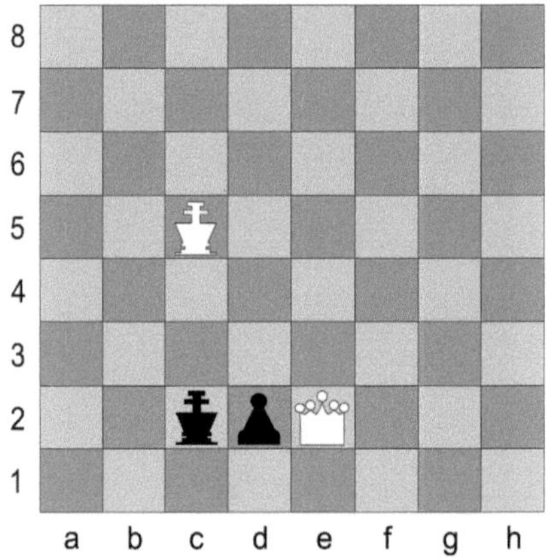　　　　　　　Kc2 - c1

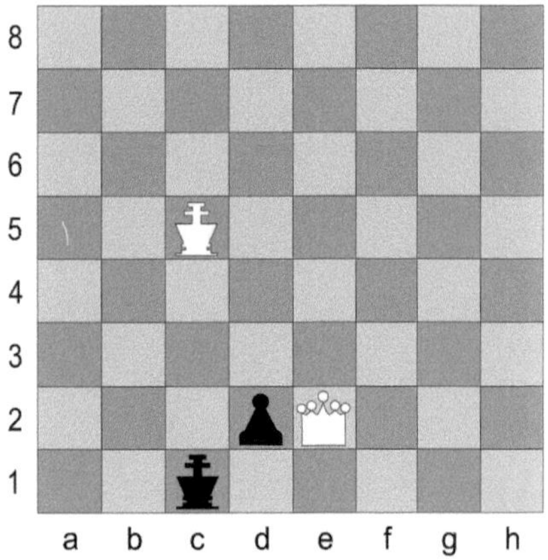

18.　　De2 - c4+ 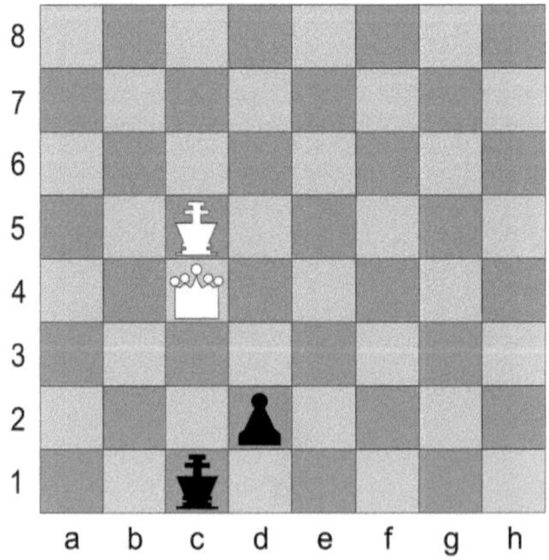　　　　　　Kc1 - b2

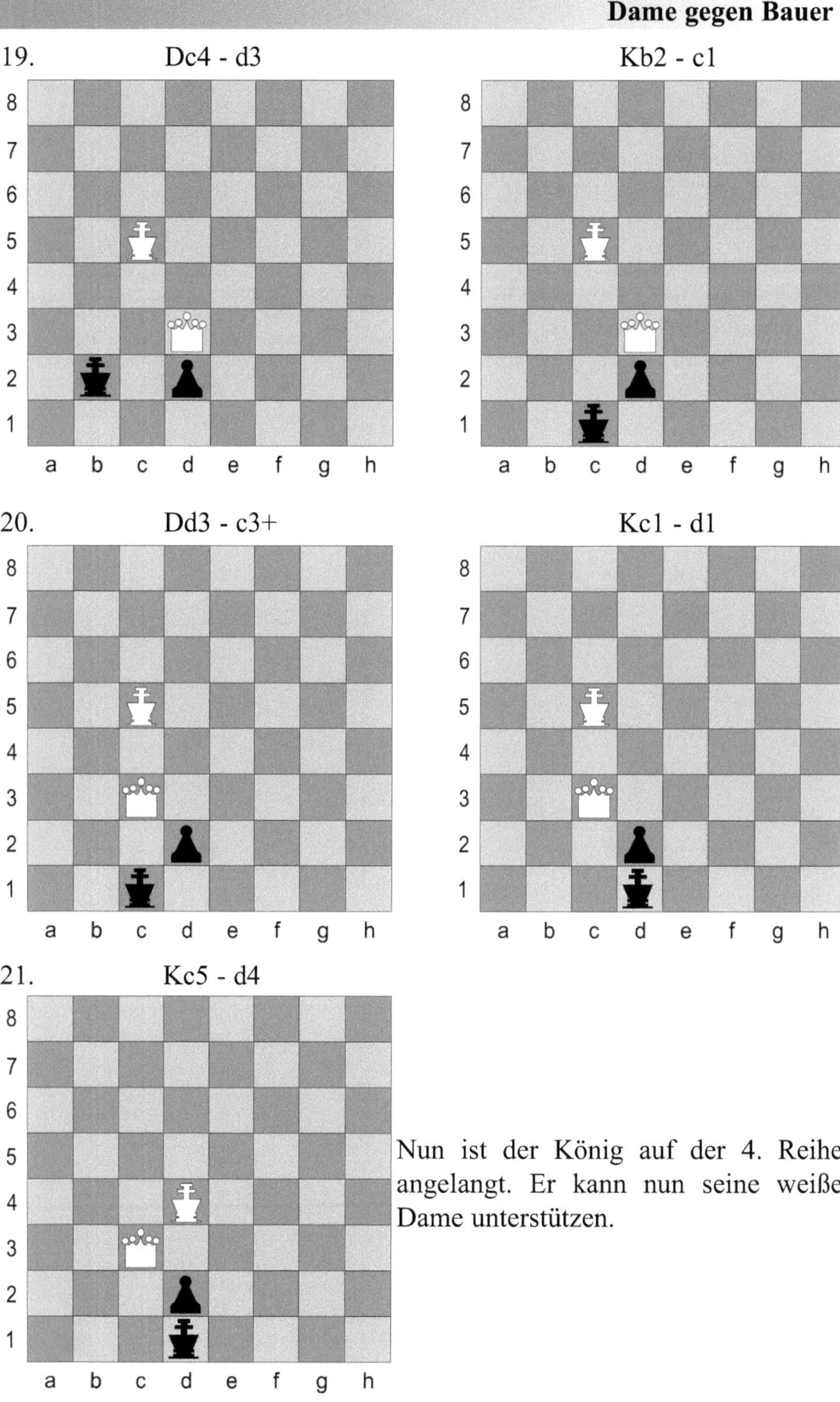

19. Dc4 - d3   Kb2 - c1

20. Dd3 - c3+   Kc1 - d1

21. Kc5 - d4

Nun ist der König auf der 4. Reihe angelangt. Er kann nun seine weiße Dame unterstützen.

Nachdem die weiße Dame dem schwarzen König Schach geboten hat, kann er nur noch nach rechts flüchten.

Würde er auf das Feld d1 ziehen, wäre er noch schneller Matt. Die Dame kann ohne Probleme jetzt den schwarzen Bauer schlagen.

Kd1 - e2

22.   Dc3 - e3+

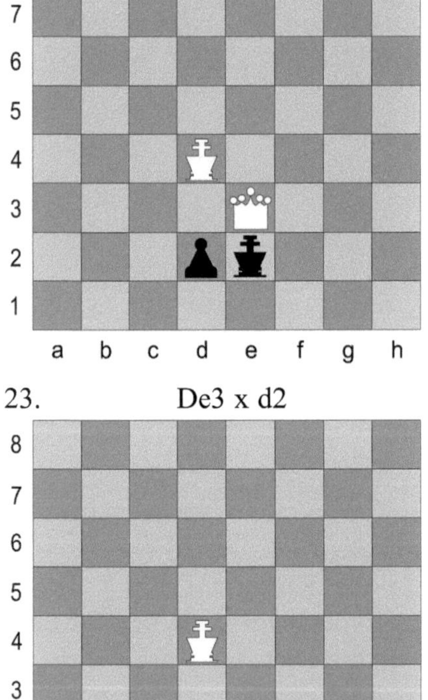

Ke2 - f1

23.   De3 x d2

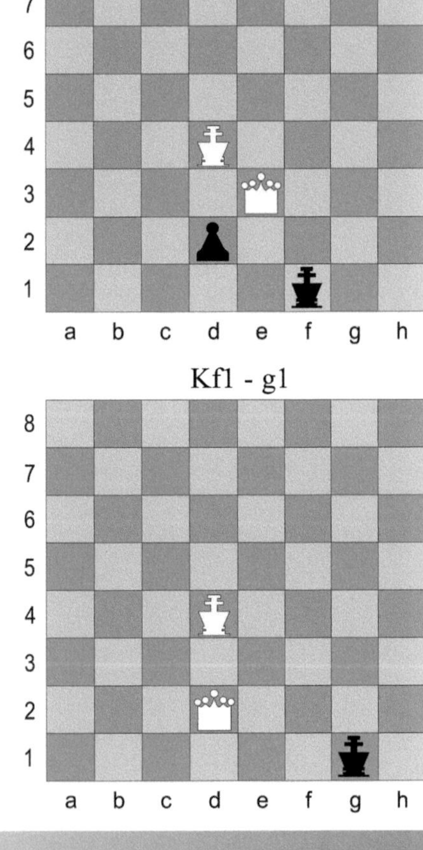

Kf1 - g1

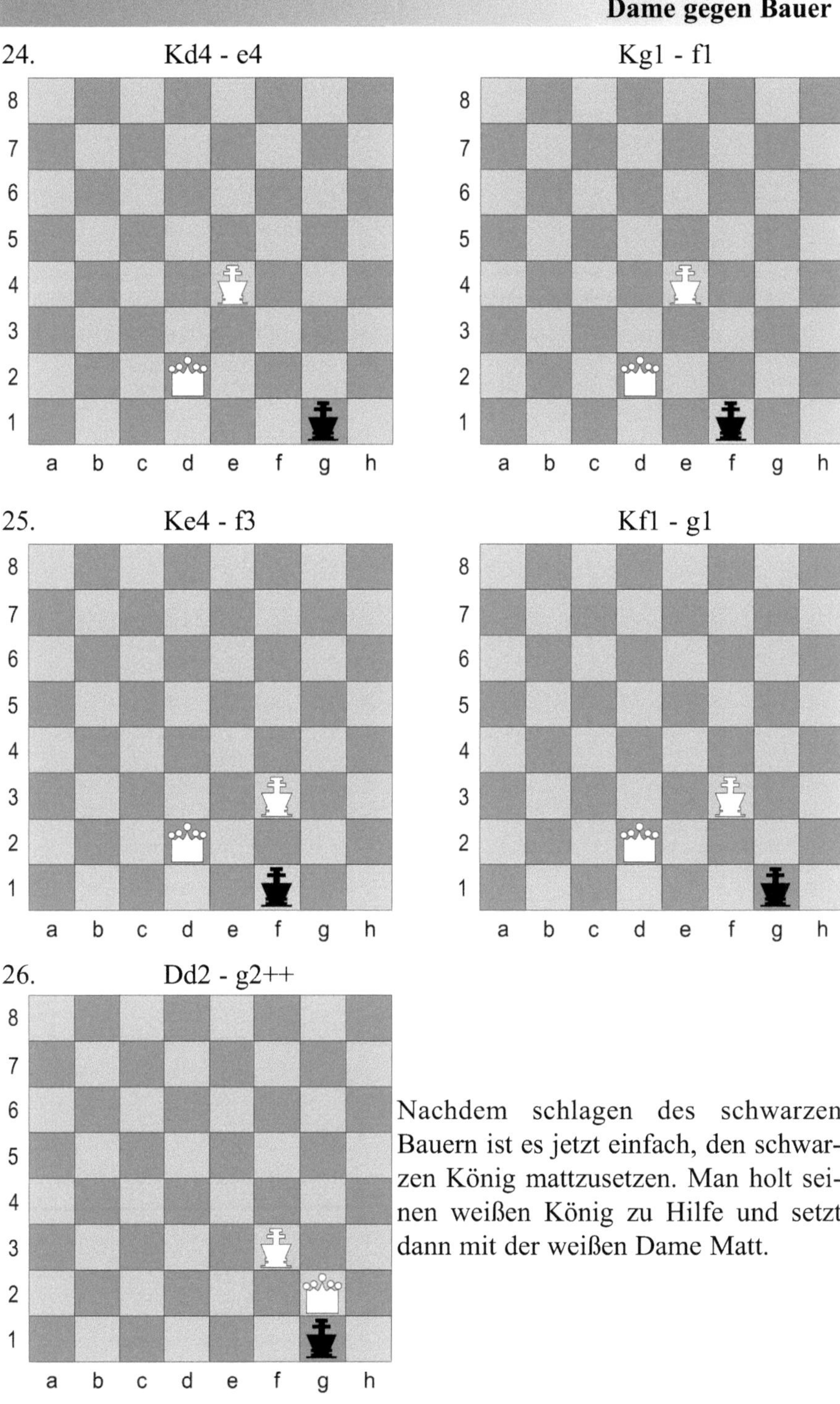

24.   Kd4 - e4

Kg1 - f1

25.   Ke4 - f3

Kf1 - g1

26.   Dd2 - g2++

Nachdem schlagen des schwarzen Bauern ist es jetzt einfach, den schwarzen König mattzusetzen. Man holt seinen weißen König zu Hilfe und setzt dann mit der weißen Dame Matt.

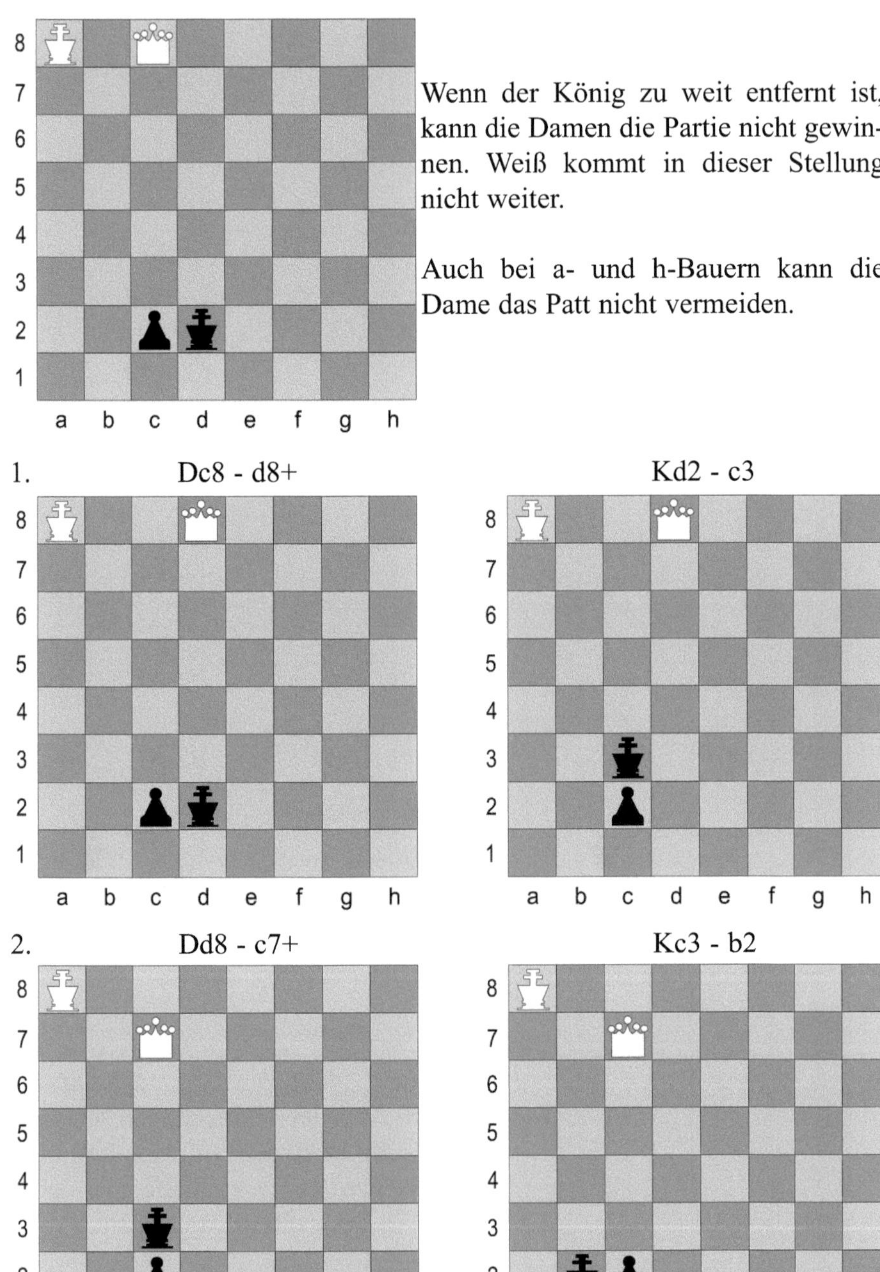

Wenn der König zu weit entfernt ist, kann die Damen die Partie nicht gewinnen. Weiß kommt in dieser Stellung nicht weiter.

Auch bei a- und h-Bauern kann die Dame das Patt nicht vermeiden.

1. Dc8 - d8+   Kd2 - c3

2. Dd8 - c7+   Kc3 - b2

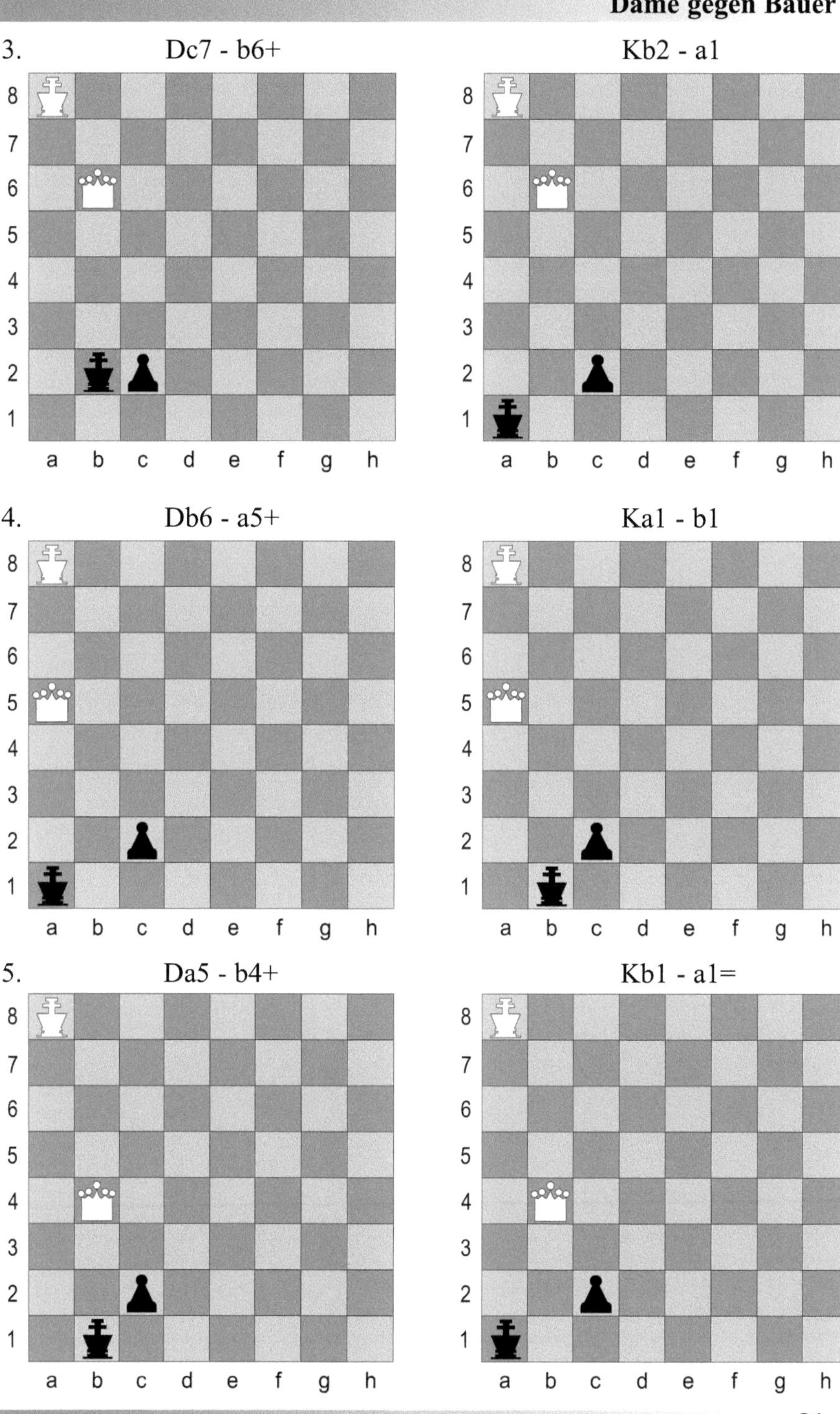

3. Dc7 - b6+
Kb2 - a1
4. Db6 - a5+
Ka1 - b1
5. Da5 - b4+
Kb1 - a1=

Weiteres Beispiel: Anstatt bei seinen Bauern zu bleiben, geht der schwarze König in die Brettecke. Schlägt die Dame den Bauern, ist die Partie Patt.

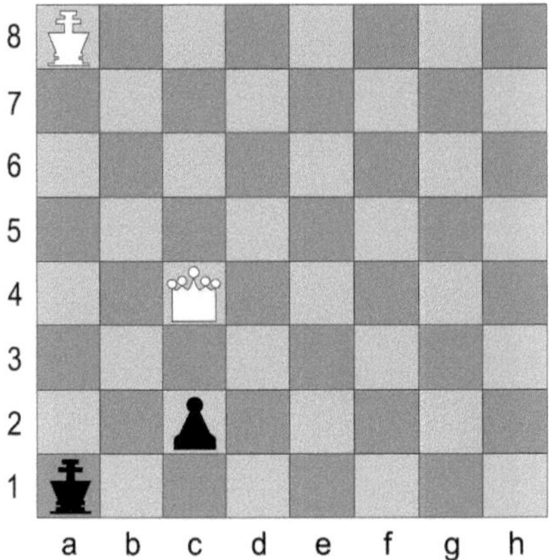

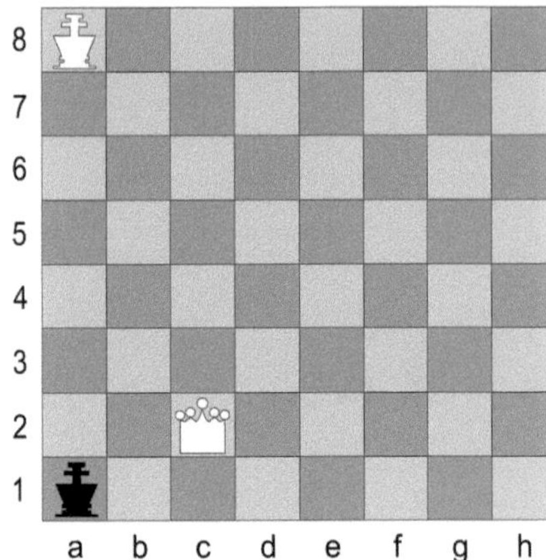

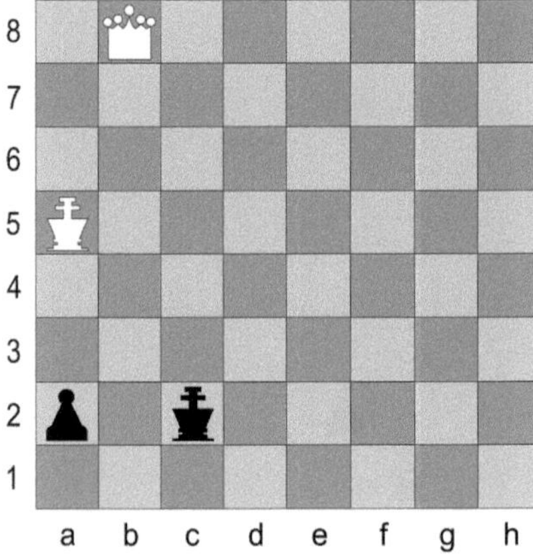

Hier die Ausnahme von der Regel: Weiß kann auch gegen einen Randbauern gewinnen, wenn er auf dem Feld a5 oder näher steht. Diese Ausnahme funktioniert auch bei den c- und f-Bauern um noch zu gewinnen, falls der König den Bauern in drei Zügen erreichen kann.

1.   Db8 - e5   Kc2 - b1

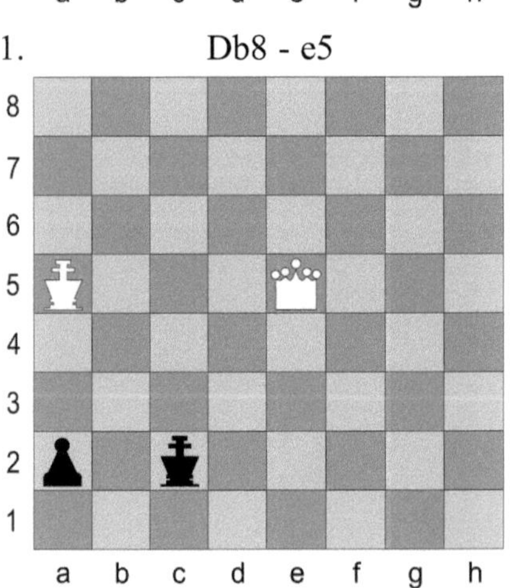

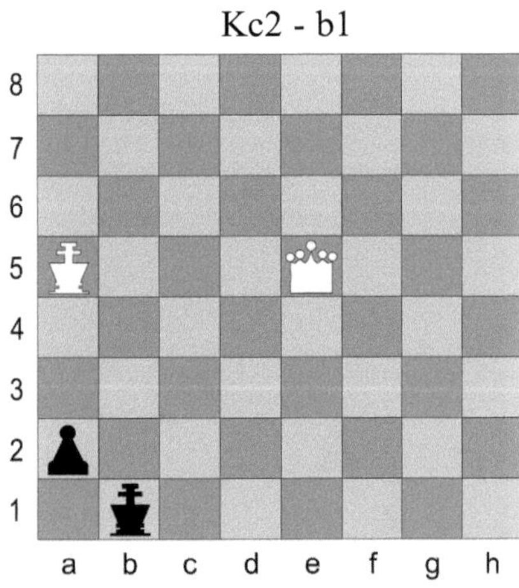

2. De5 - e4+   Kb1 - c1

3. De4 - d4   Kc1 - b1

4. Dd4 - d1+   Kb1 - b2

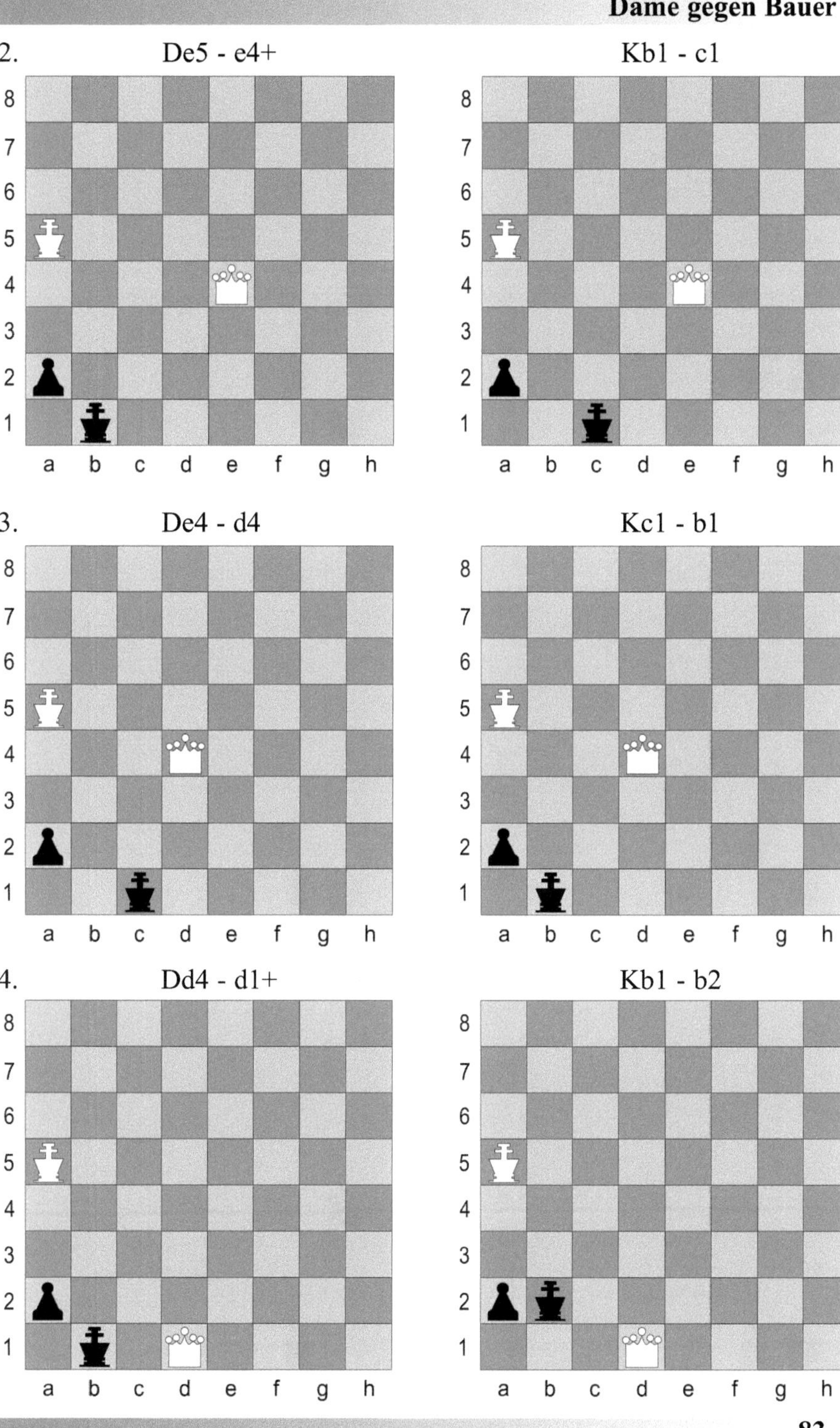

5. Ka5 - b4 | a2 - a1D

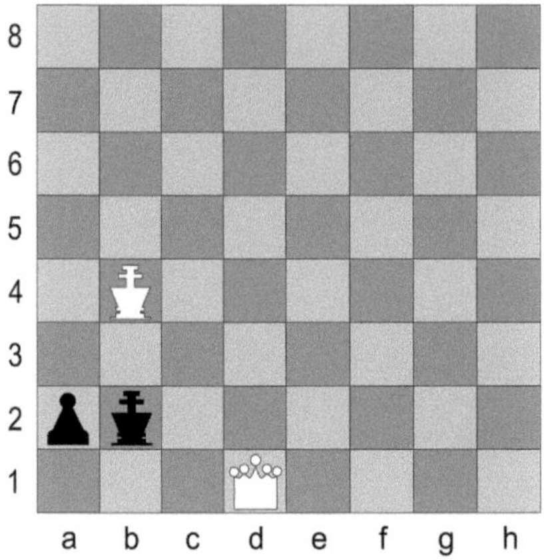

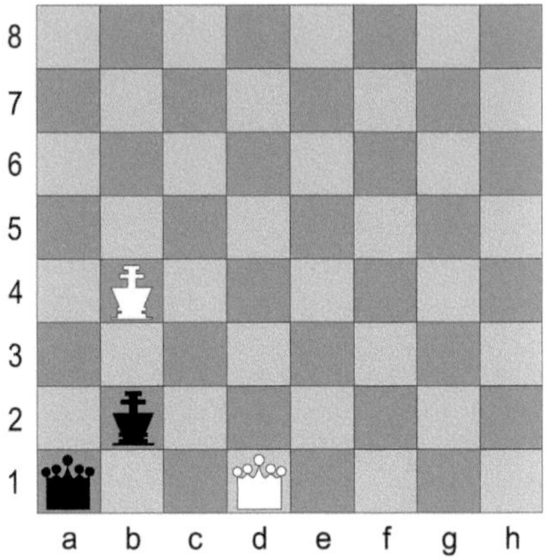

6. Dd1 - d2+ 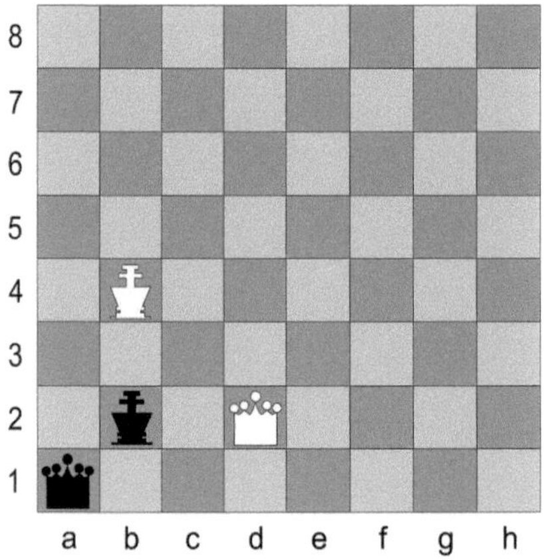 | Kb2 - b1

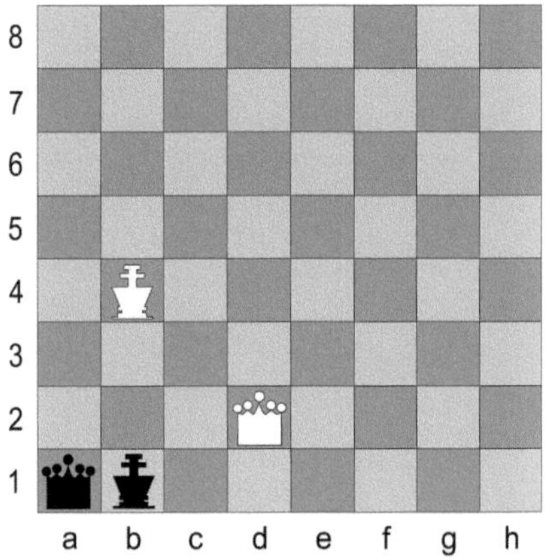

7. Kb4 - b3 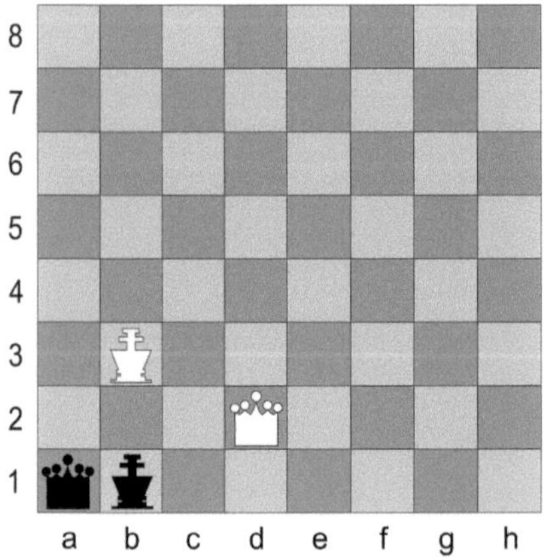 | Da1 - a4+

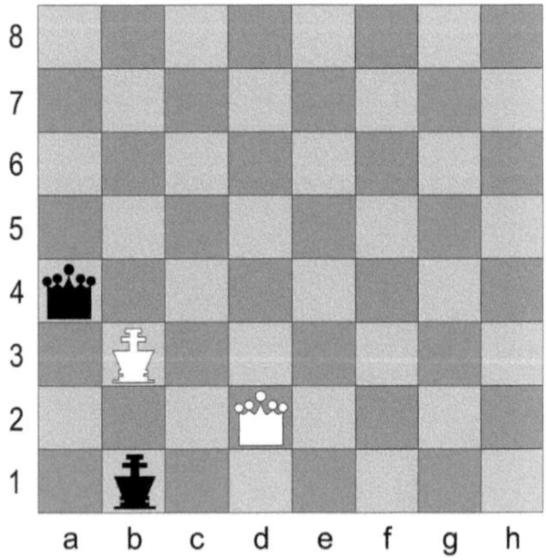

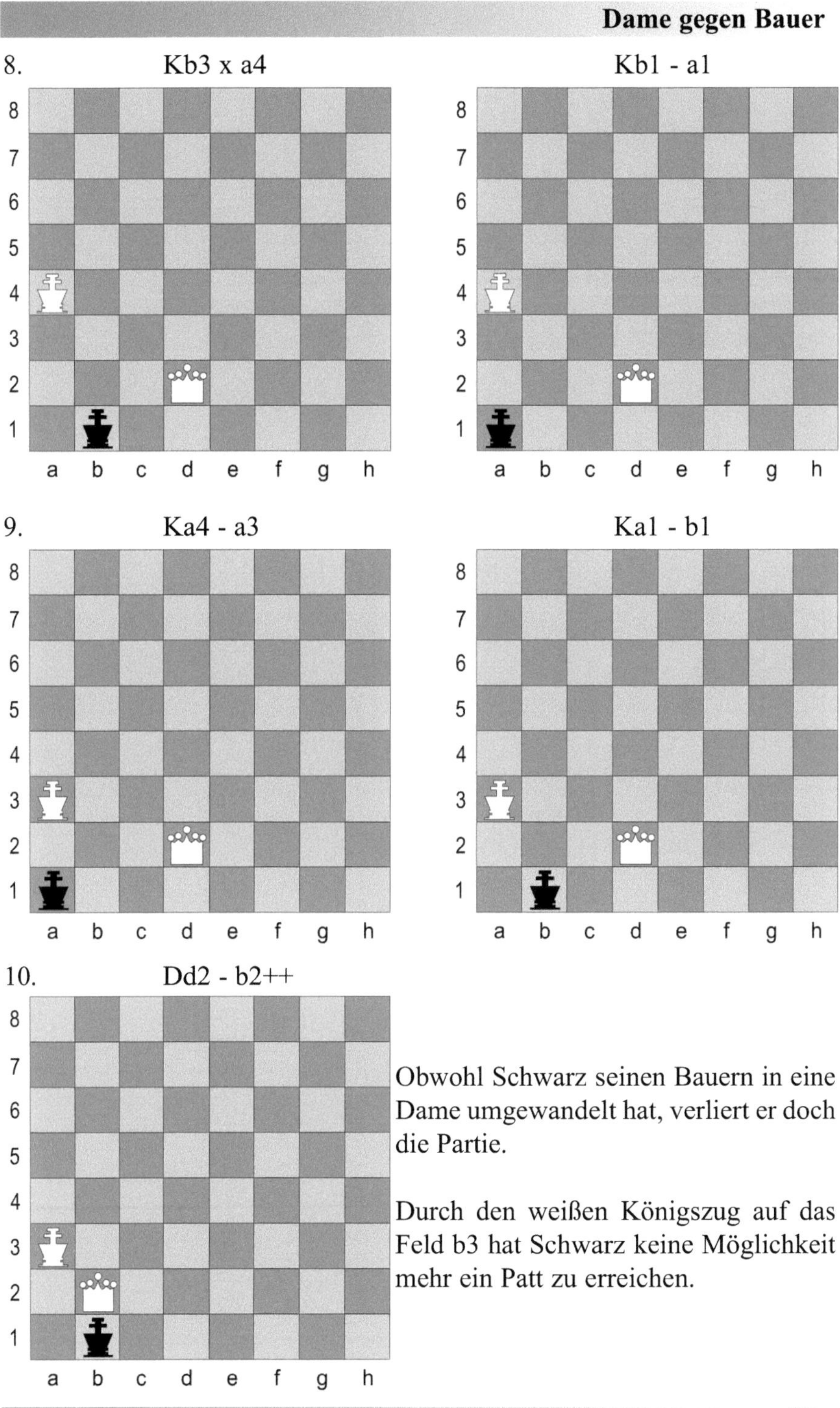

8.   Kb3 x a4   Kb1 - a1

9.   Ka4 - a3   Ka1 - b1

10.   Dd2 - b2++

Obwohl Schwarz seinen Bauern in eine Dame umgewandelt hat, verliert er doch die Partie.

Durch den weißen Königszug auf das Feld b3 hat Schwarz keine Möglichkeit mehr ein Patt zu erreichen.

Dame gegen Bauer

Der Gewinnbereich

Weiß gewinnt, wenn der weiße König sich innerhalb des gekennzeichneten Bereichs befindet.

Wenn der verteidigende König auf der falschen Seite des Bauern steht, ist der Gewinnbereich wesentlich größer.

Der Gewinnbereich beim Läuferbauern.

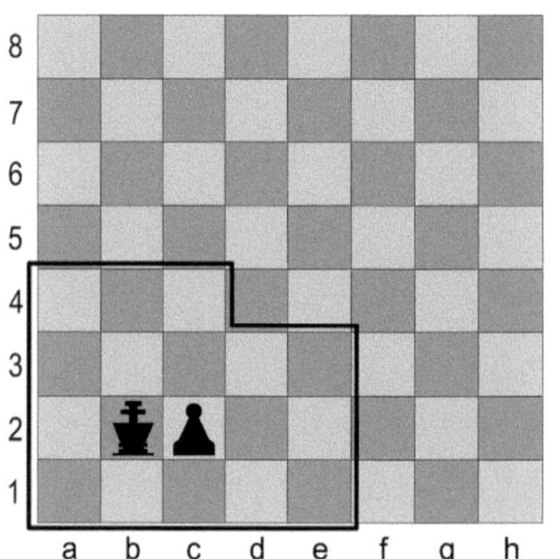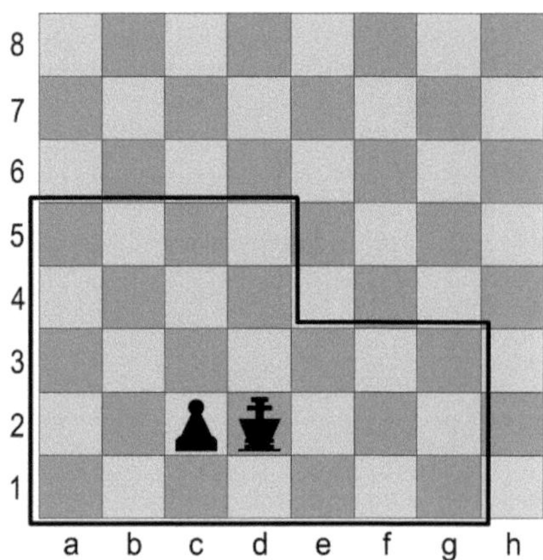

Der Gewinnbereich beim Randbauern.

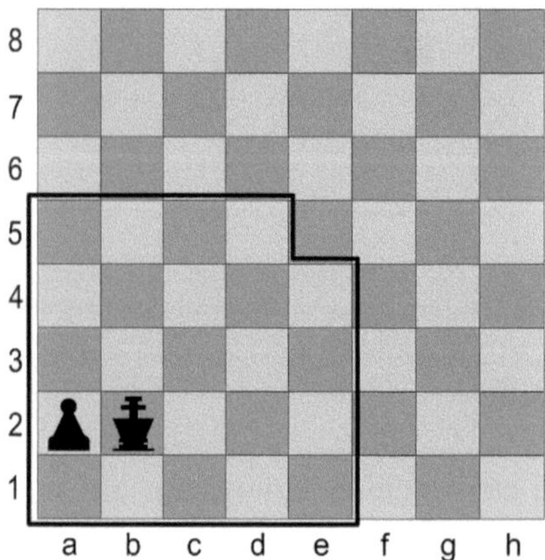

Turm gegen Bauer

Der Turm hat nur Schwierigkeiten, wenn der gegnerische König seinen Bauer unterstützen kann und der eigene König weit weg steht.

Folgende Grundsätze sollte man sich merken:

-   Ist der Bauer noch 4 Felder vom Umwandlungsfeld entfernt, kann er nicht alleine vorwärts ziehen. Er braucht die Unterstützung vom König.

-   Befindet sich der König hinter seinen Bauern und der Turm versperrt den König den Weg über die 4. Reihe (Schwarz 5. Reihe), gewinnt Weiß.

-   Ist der König (mit Turm) vor dem Bauern, dann gewinnt er die Partie.

1.	Th1 - h5	b5 - b4

2.	Kh8 - g7	b4 - b3

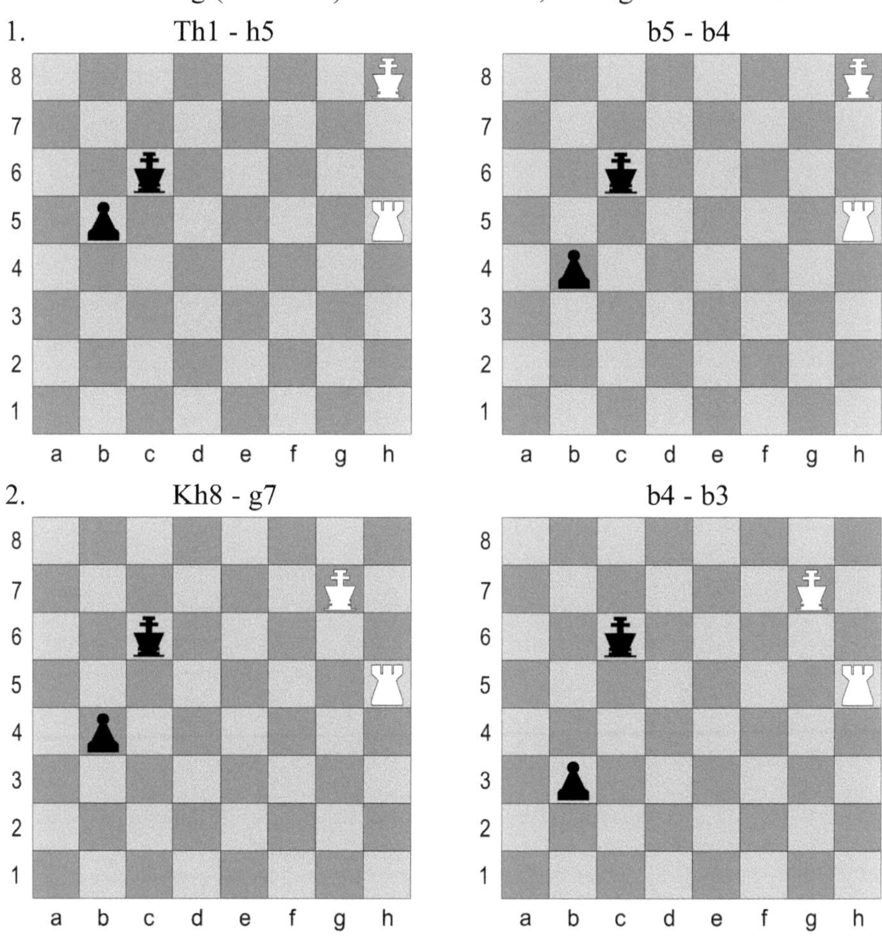

3. Th5 - h3

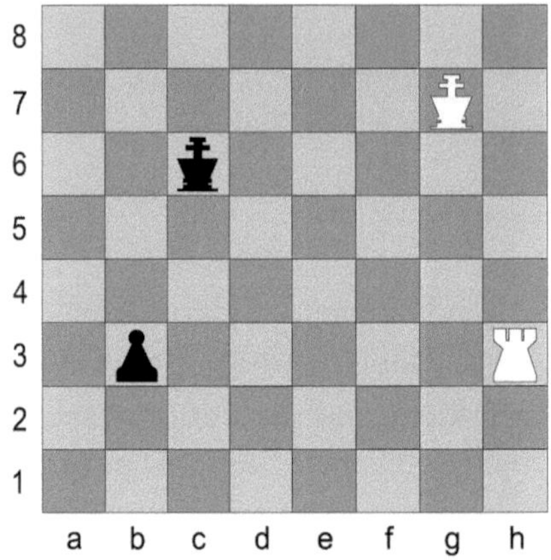

b3 - b2

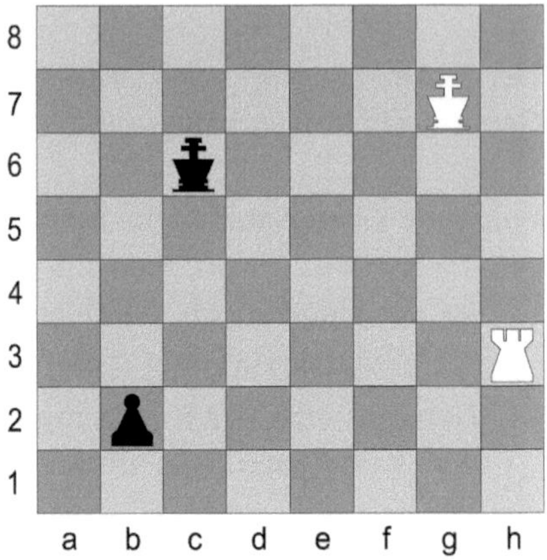

4. Th3 - b3

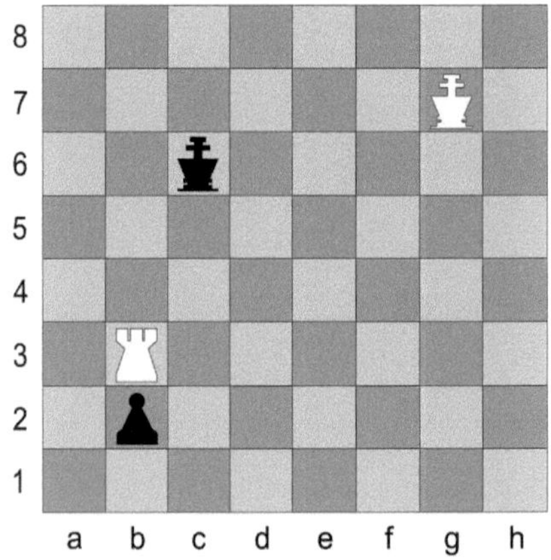

Kc6 - d5

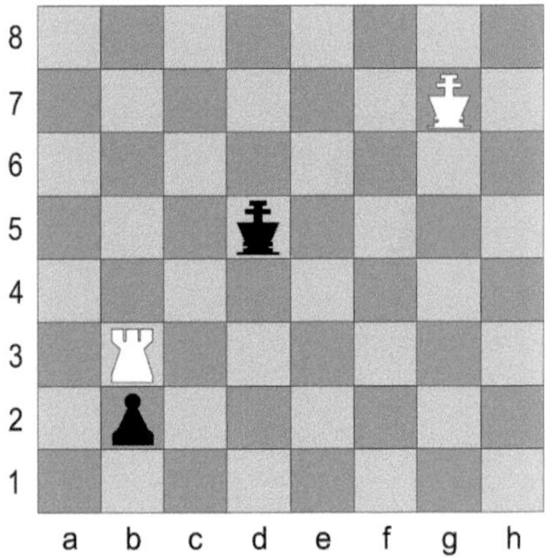

5. Tb3 x b2

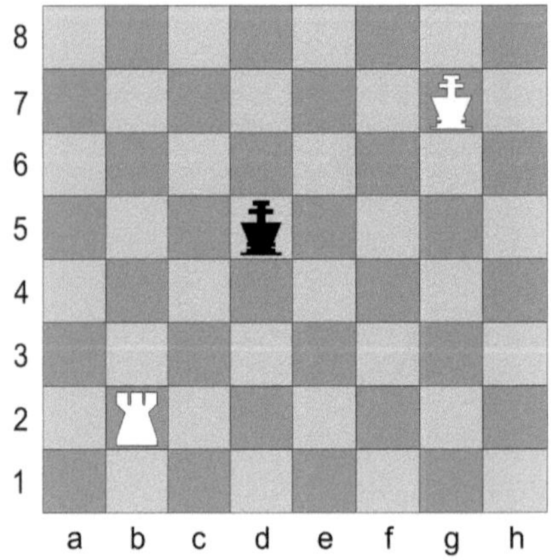

Der weiße Turm versperrt dem schwarzen König den Weg über die 5. Reihe.

Der Bauer kann alleine das Umwandlungsfeld nicht mehr erreichen und wird vom Turm geschlagen.

Danach folgt das typische Endspiel Turm gegen König.

1. Th1 - h5   Kc6 - b6

2. Kh8 - g7   Kb6 - a5

3. Th5 - h8   b5 - b4

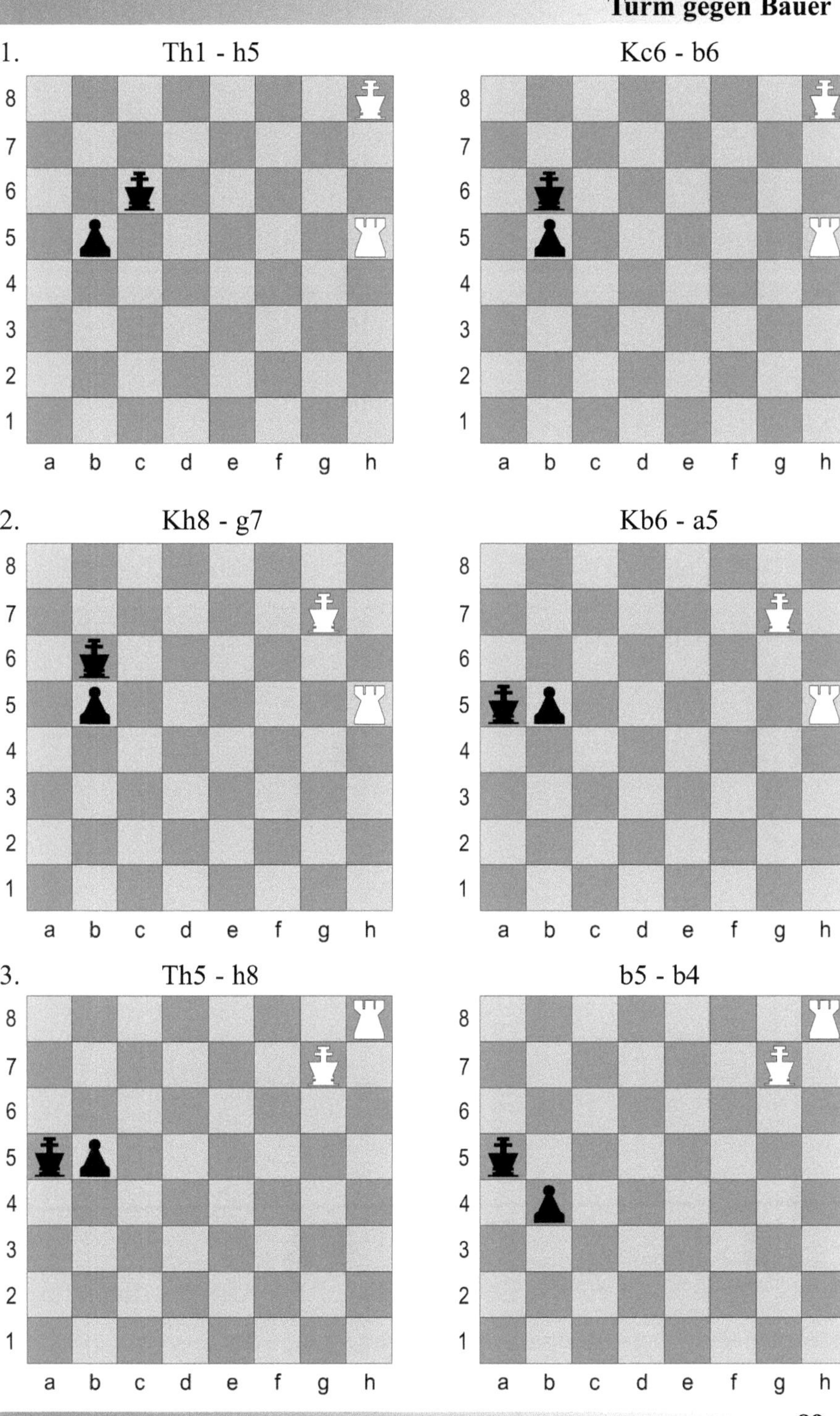

4. Kg7 - f6

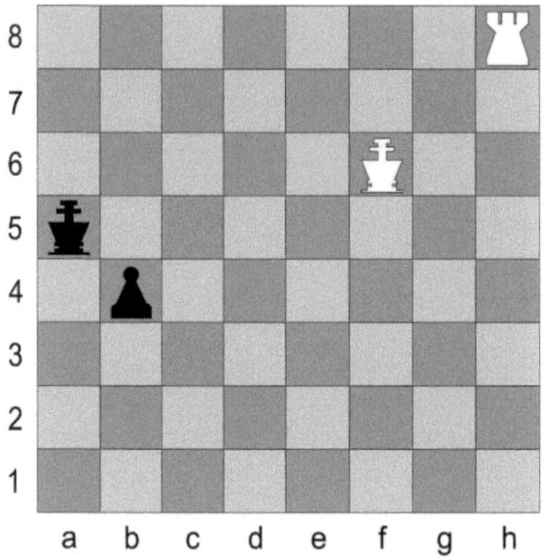

Ka5 - a4

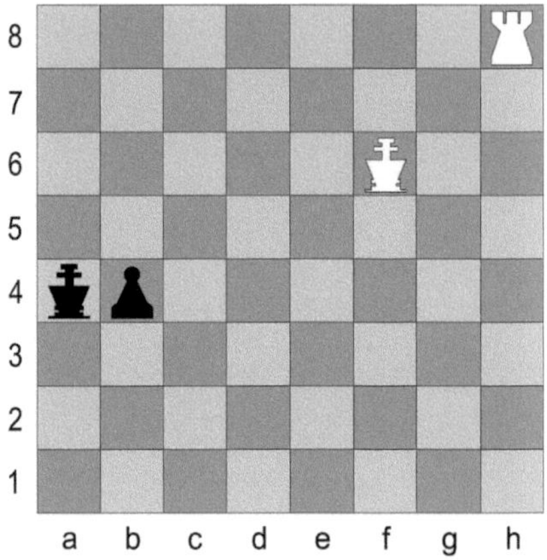

5. Kf6 - e5

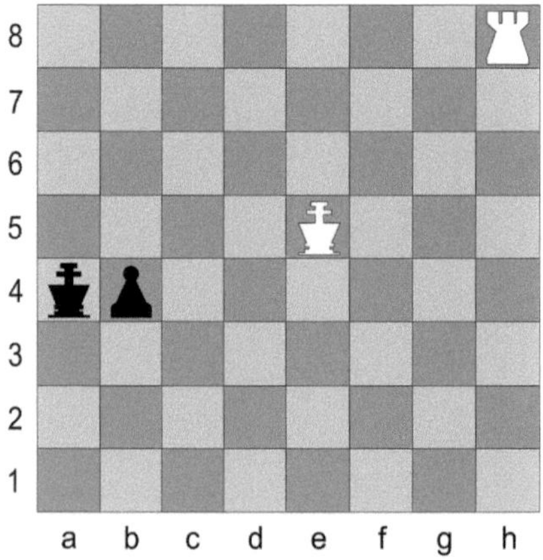

b4 - b3

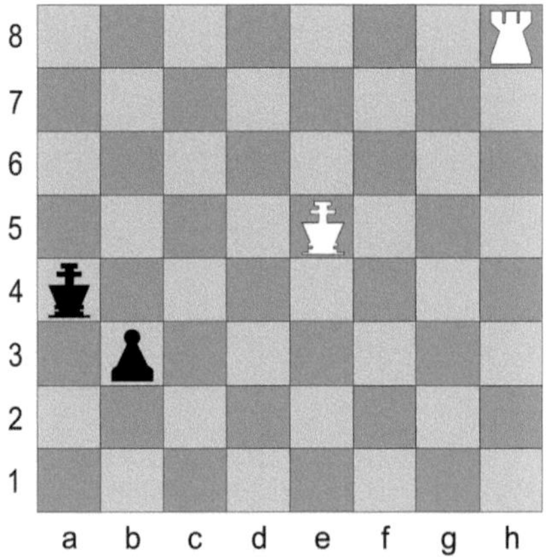

6. Th8 - b8

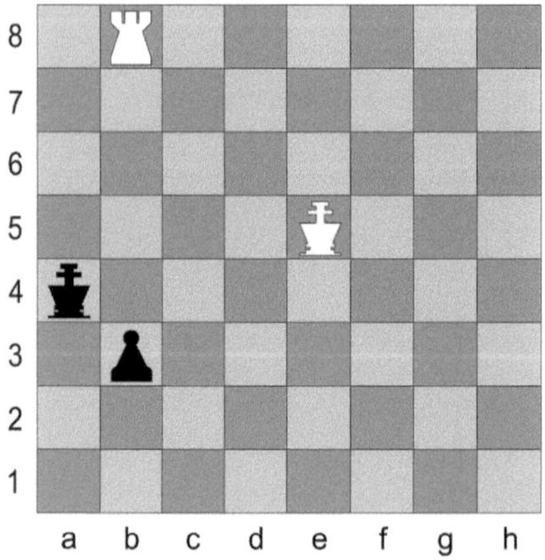

Ka4 - a3

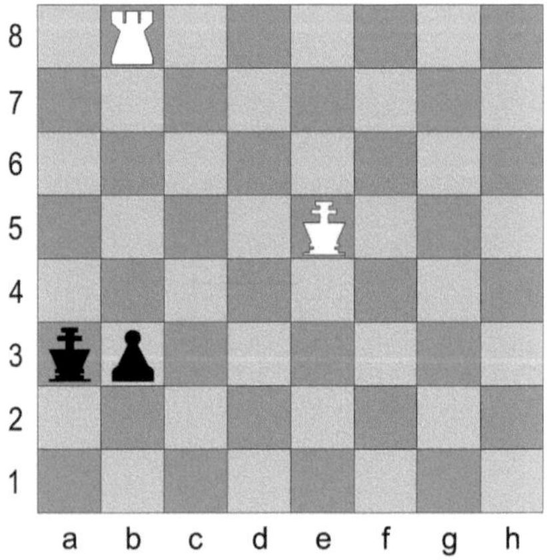

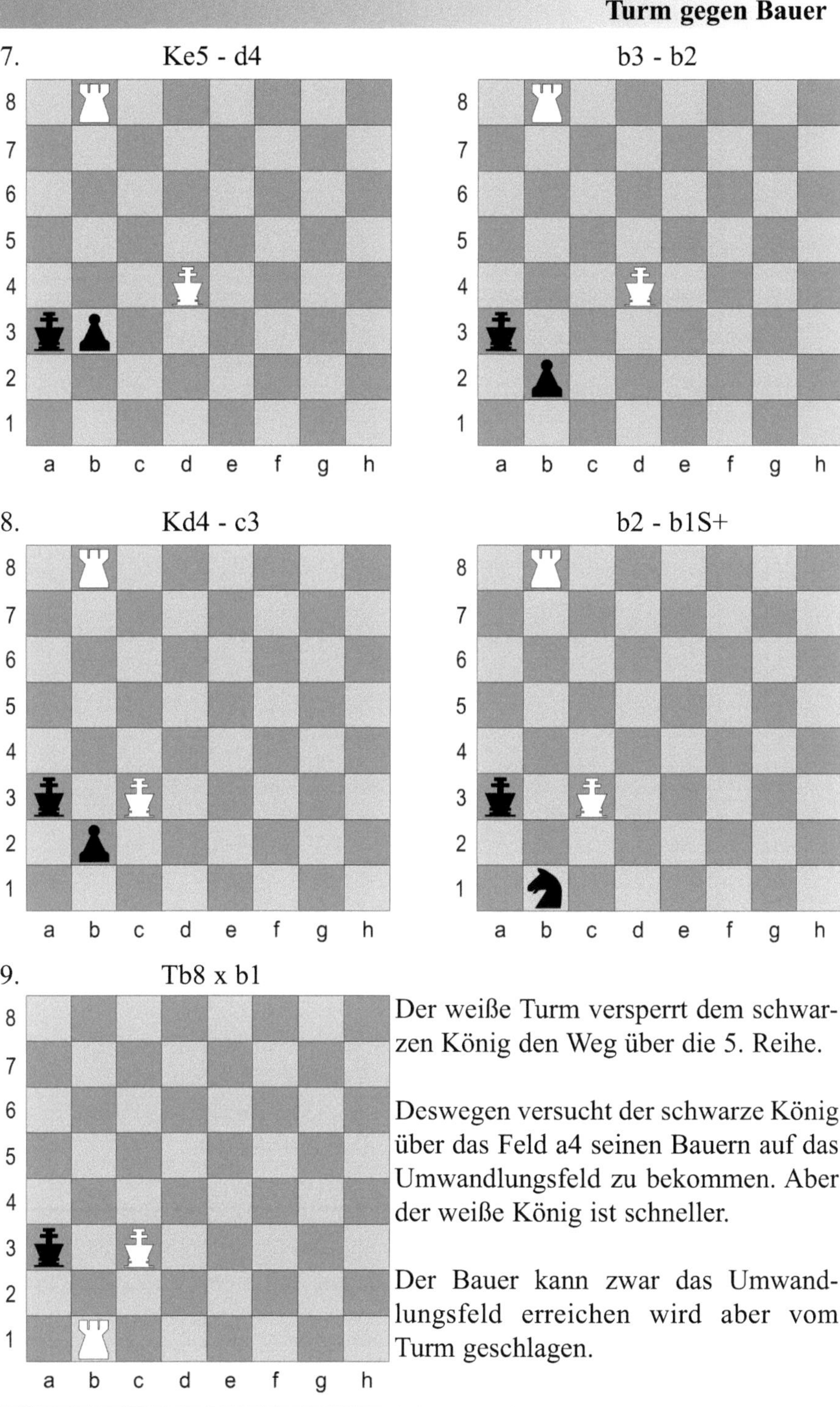

7. Ke5 - d4   b3 - b2

8. Kd4 - c3   b2 - b1S+

9. Tb8 x b1

Der weiße Turm versperrt dem schwarzen König den Weg über die 5. Reihe.

Deswegen versucht der schwarze König über das Feld a4 seinen Bauern auf das Umwandlungsfeld zu bekommen. Aber der weiße König ist schneller.

Der Bauer kann zwar das Umwandlungsfeld erreichen wird aber vom Turm geschlagen.

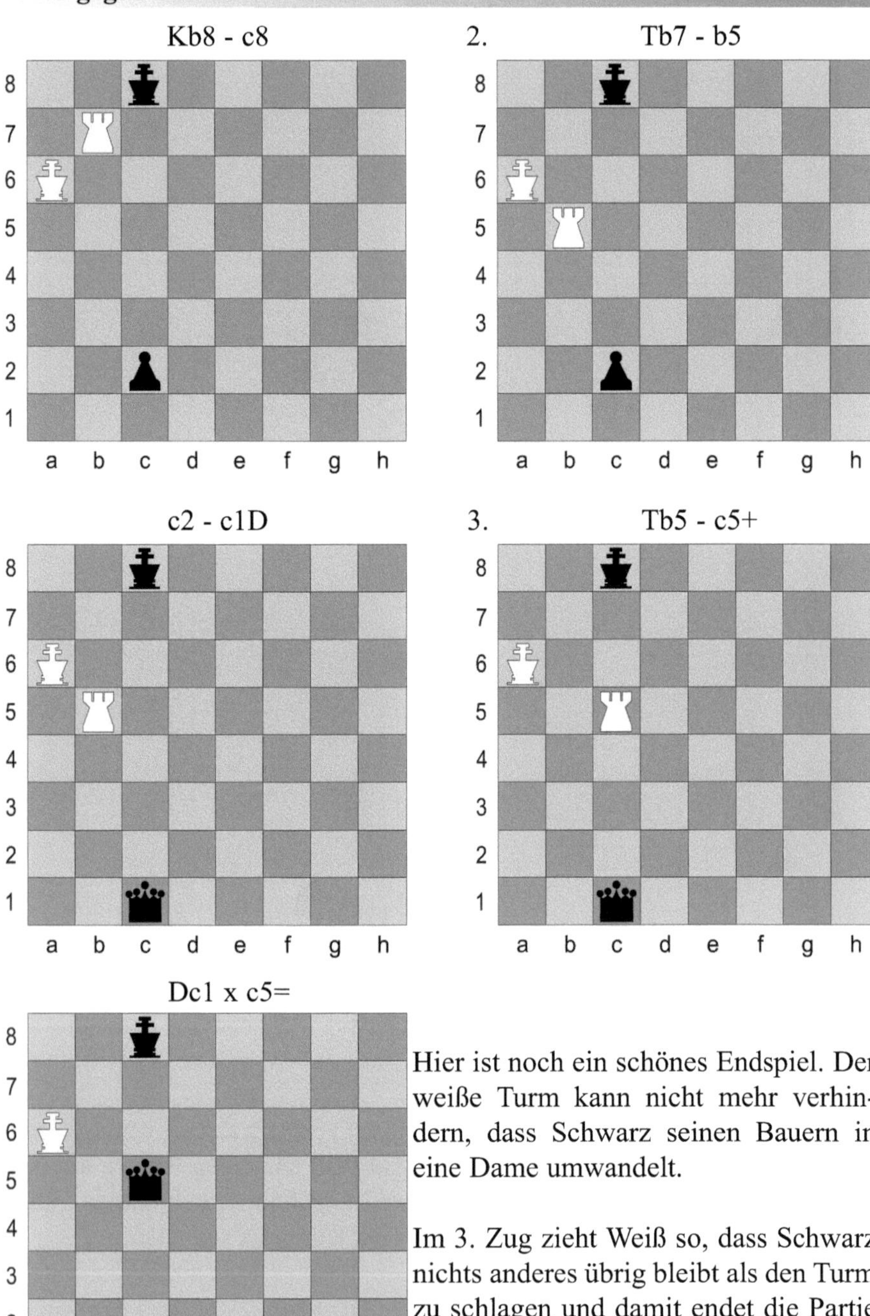

Hier ist noch ein schönes Endspiel. Der weiße Turm kann nicht mehr verhindern, dass Schwarz seinen Bauern in eine Dame umwandelt.

Im 3. Zug zieht Weiß so, dass Schwarz nichts anderes übrig bleibt als den Turm zu schlagen und damit endet die Partie Patt.

Läufer gegen Bauer

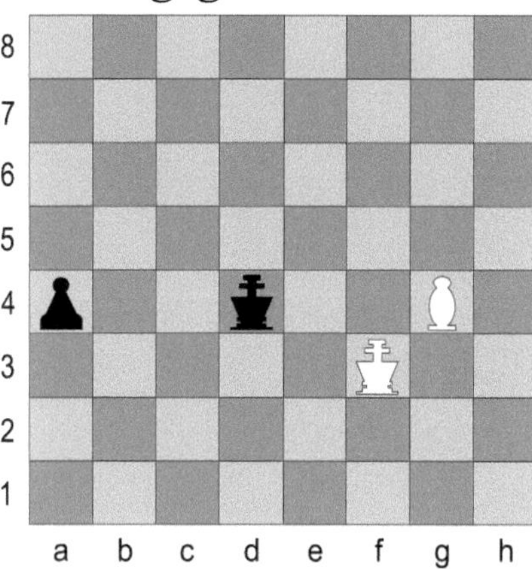

Ein einzelner Läufer kann nicht mattsetzen. Er kann höchstens ein Remis erreichen.

Vorteil des Läufers: Er kann vom einen Ende des Schachbrettes das andere Ende beherrschen. Sobald er ein Feld des Bauern zum Umwandlungsfeld oder das Umwandlungsfeld selbst beherrscht, hat er sein Ziel erreicht.

Kd4 - e5

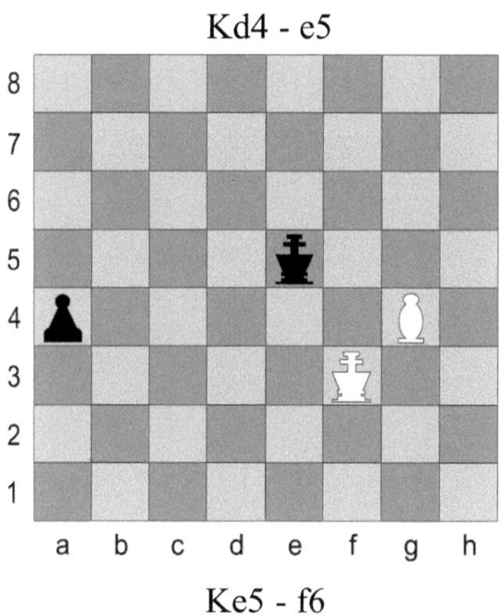

2. Lg4 - h5

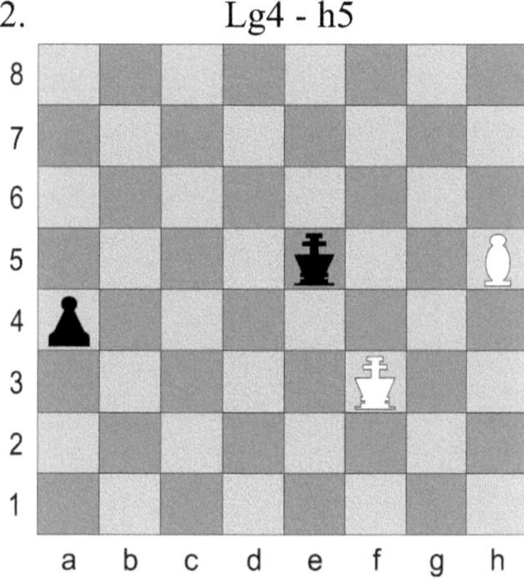

Ke5 - f6

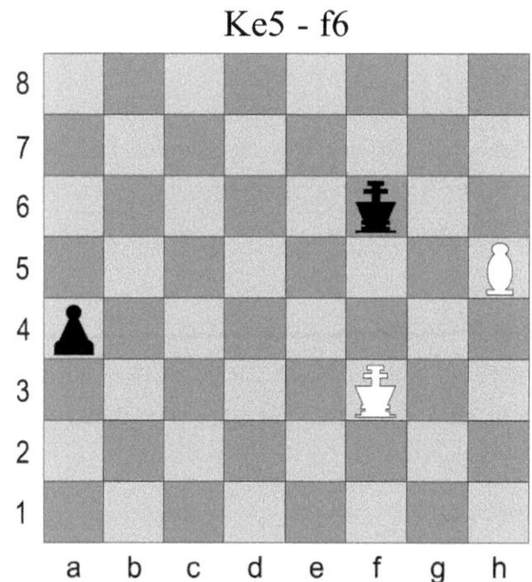

3. Kf3 - e3

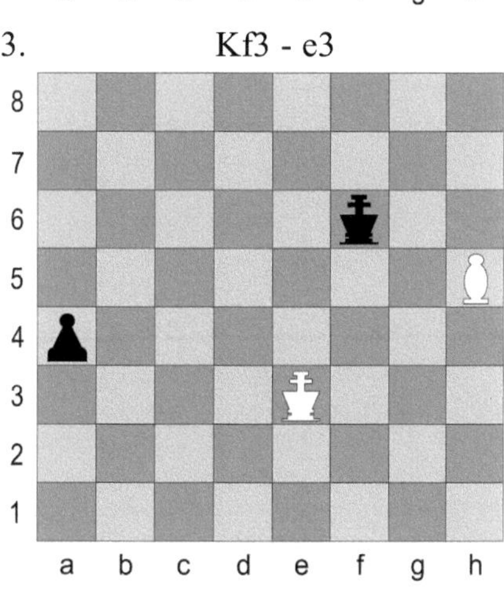

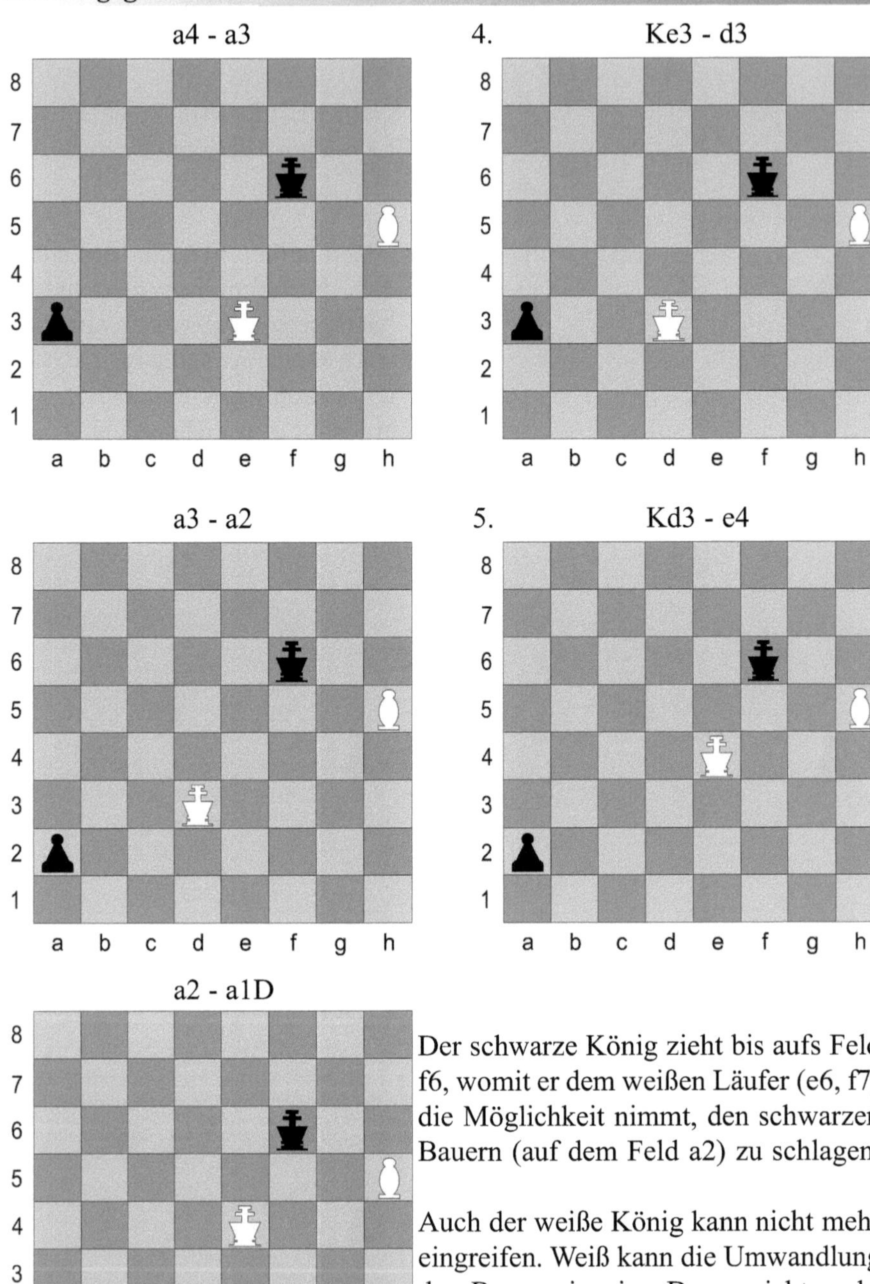

a4 - a3

4. Ke3 - d3

a3 - a2

5. Kd3 - e4

a2 - a1D

Der schwarze König zieht bis aufs Feld f6, womit er dem weißen Läufer (e6, f7) die Möglichkeit nimmt, den schwarzen Bauern (auf dem Feld a2) zu schlagen.

Auch der weiße König kann nicht mehr eingreifen. Weiß kann die Umwandlung des Bauern in eine Dame nicht mehr verhindern.

1. Ka1 - b1   f4 - f3

2. Kb1 - c1   f3 - f2

3. Kc1 - c2   f2 - f1D

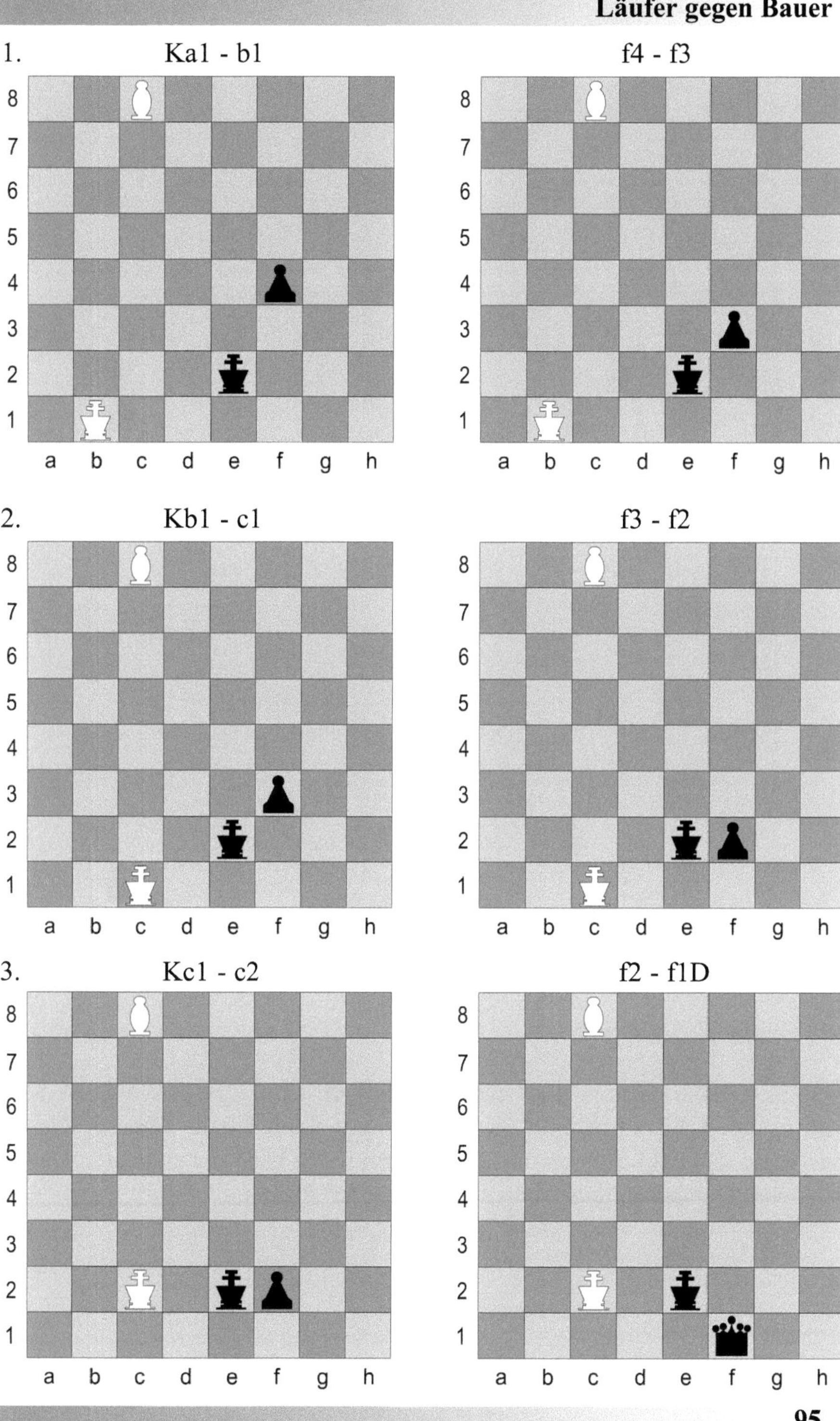

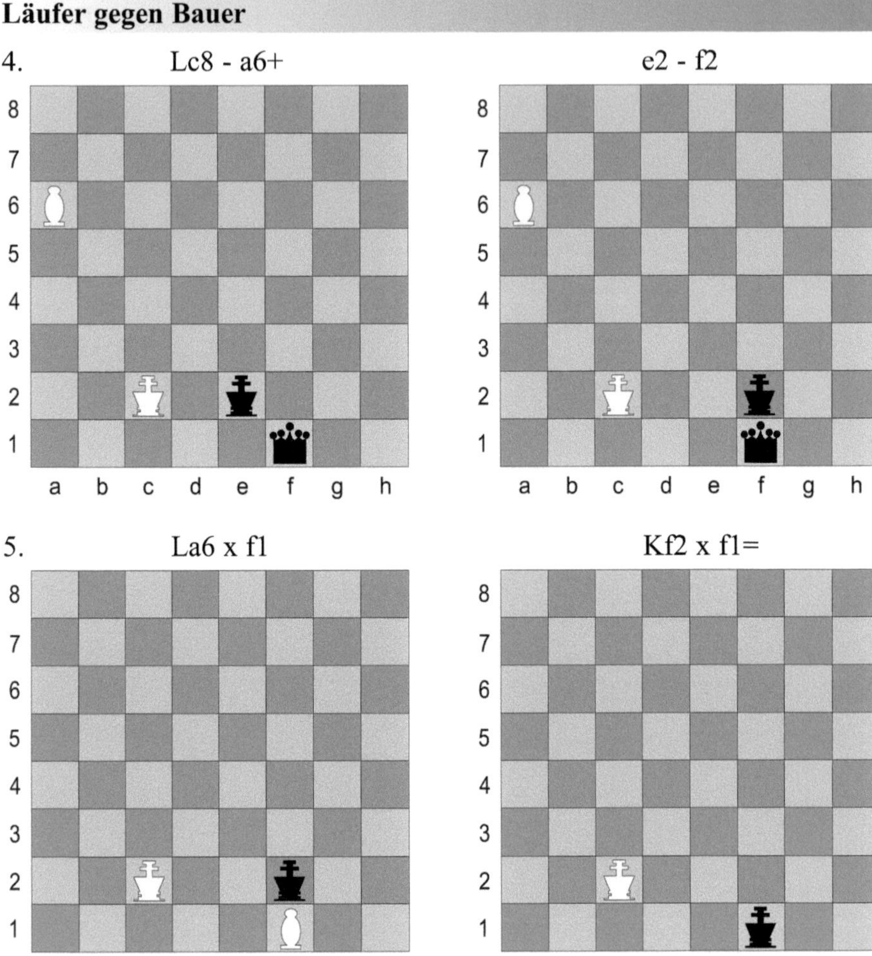

Der weiße König hat keine Möglichkeit den schwarzen Bauern an der Umwandlung zu hindern.

Erst als Schwarz seinen Bauern umwandelt zur Dame, zieht Weiß mit dem Läufer auf das Feld a6 und bietet dem schwarzen König Schach. Dieser muss nun das Feld räumen und der weiße Läufer kann die schwarze Dame schlagen. Danach schlägt Schwarz den Läufer. Remis.

Springer gegen Bauer

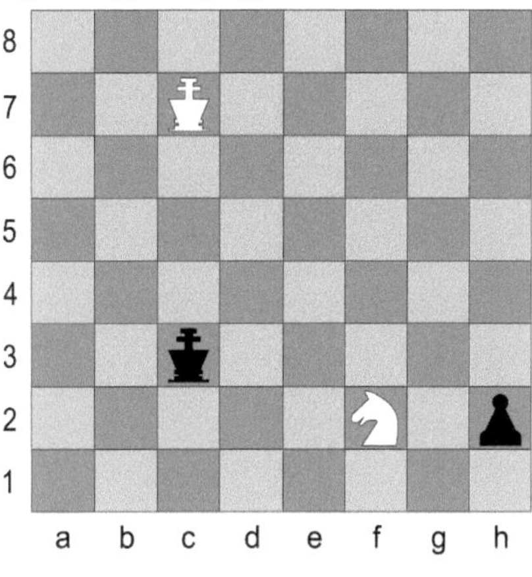

Für den Springer gilt das Gleiche wie für den Läufer. Ein einzelner Springer kann nicht mattsetzen. Er kann höchstens ein Remis erreichen.

Deswegen muss er auch das Umwandlungsfeld oder ein Feld des Bauern zum Umwandlungsfeld beherrschen.

Je näher der Bauer am Brettrand steht, desto schwieriger wird es für den Springer.

1. Kc7 - d6   Kc3 - d2

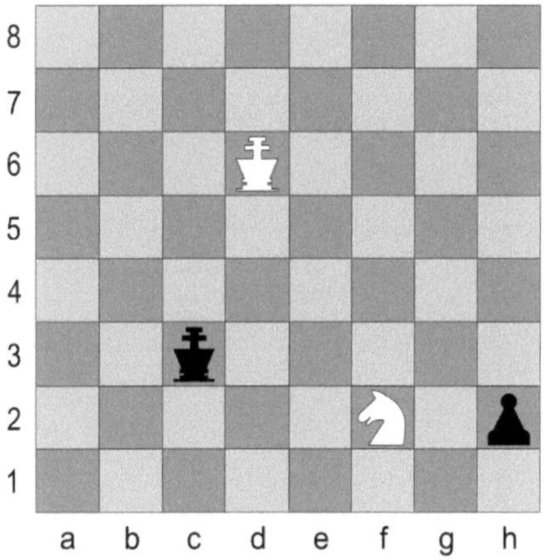

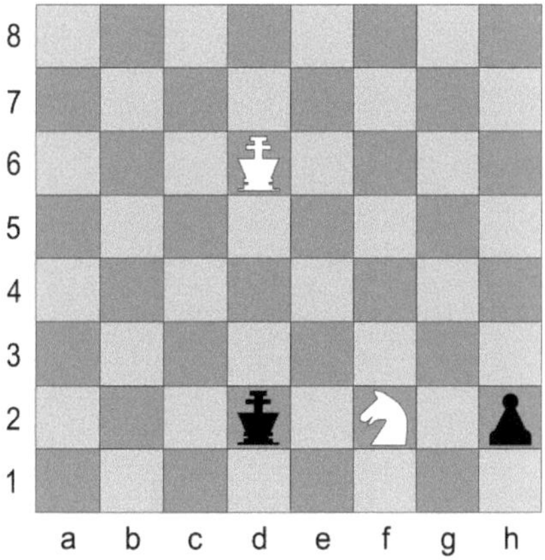

2. Kd6 - e5 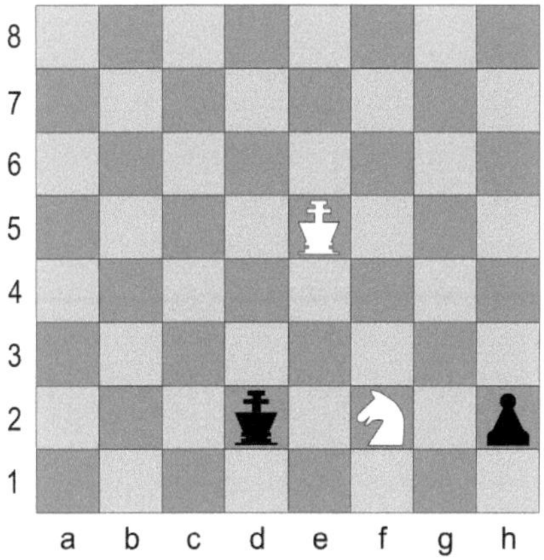   Kd2 - e2

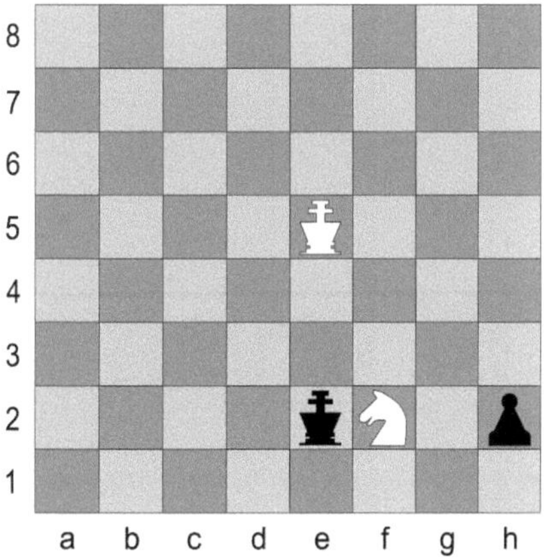

3.   Sf2 - h1   Ke2 - f1

4.   Ke5 - f4   Kf1 - g2

5.   Sh1 - g3=

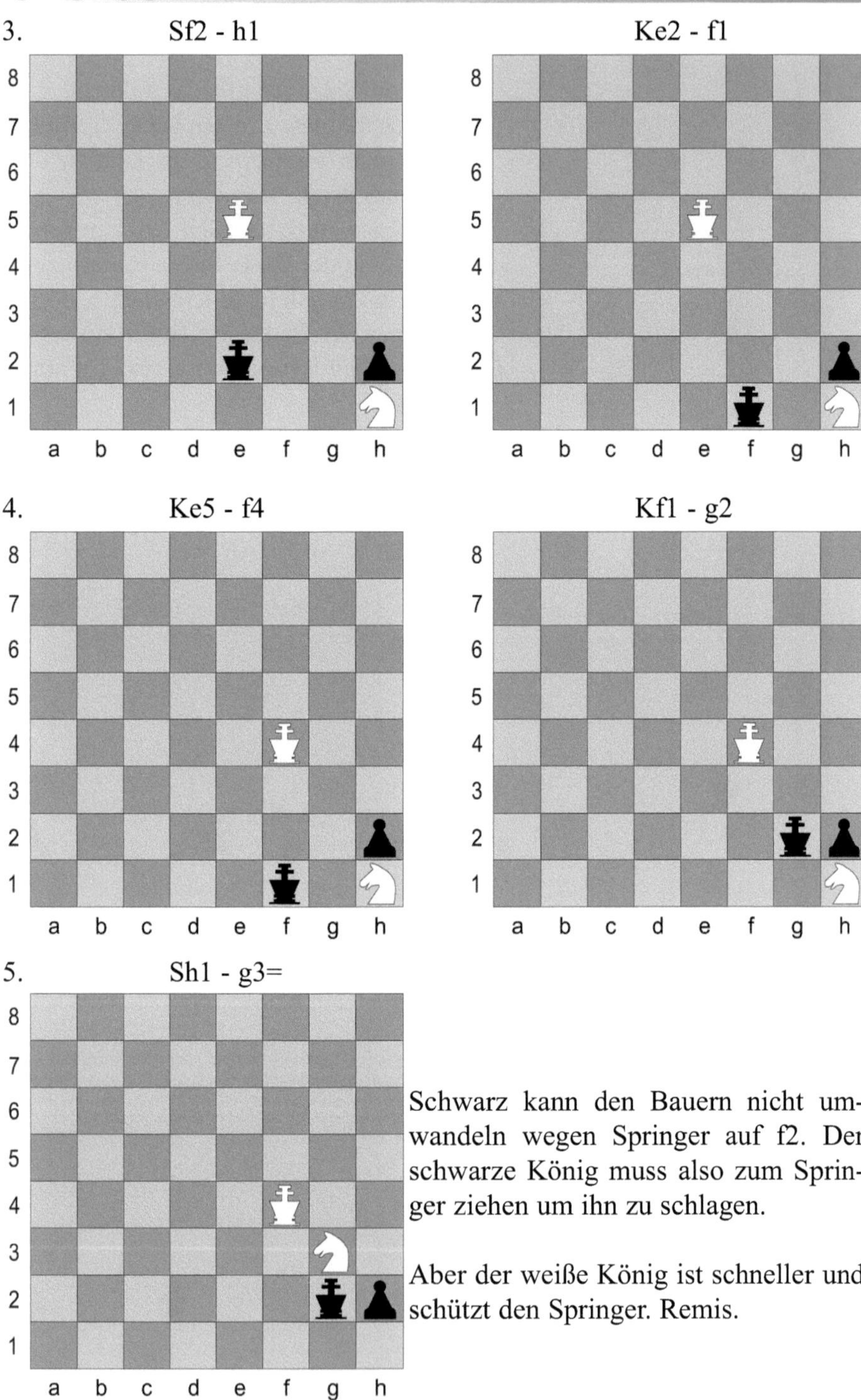

Schwarz kann den Bauern nicht umwandeln wegen Springer auf f2. Der schwarze König muss also zum Springer ziehen um ihn zu schlagen.

Aber der weiße König ist schneller und schützt den Springer. Remis.

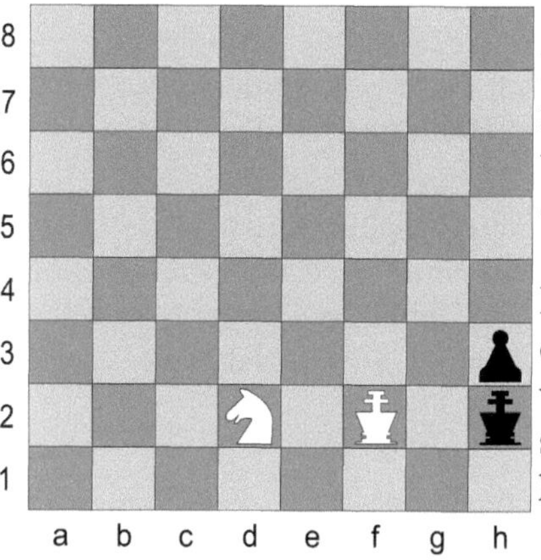

Eine Ausnahme gibt es: Wenn der gegnerische König in der Brettecke steht und sein Bauer ihm den Weg versperrt, dann kann man ihn mattsetzen.

Der schwarze König kann nur noch auf das Feld h1 ziehen. Im nächsten Zug versperrt ihm der Springer das Feld h2, so dass er nur noch den Bauern ziehen kann. Danach setzt der Springer Matt.

Kh2 - h1

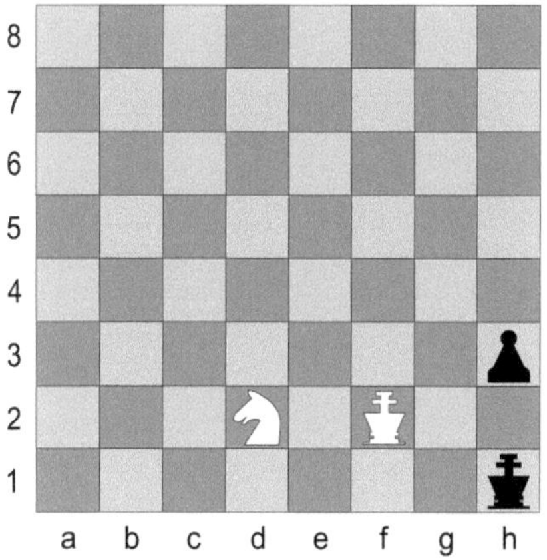

2. Sd2 - f1

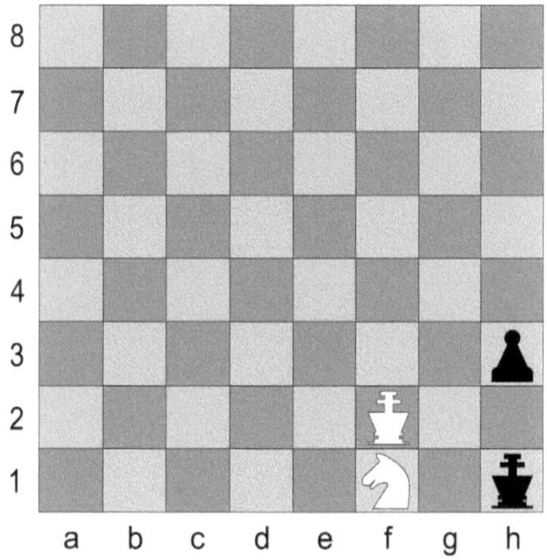

h3 - h2

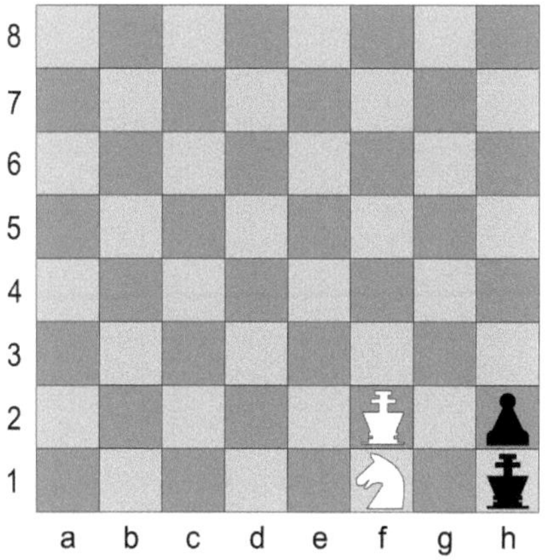

3. Sf1 - g3++

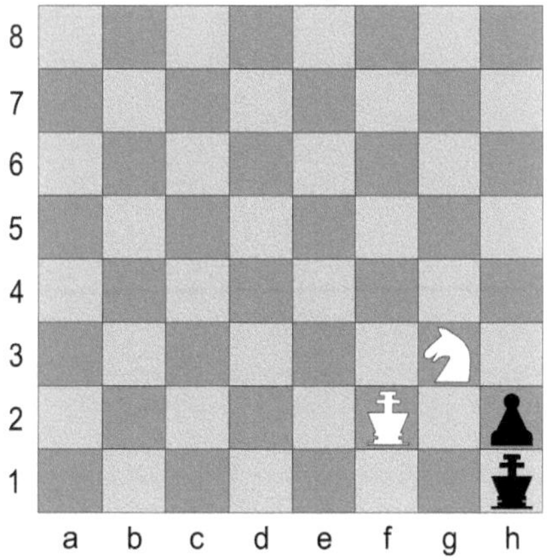

Dame gegen Turm

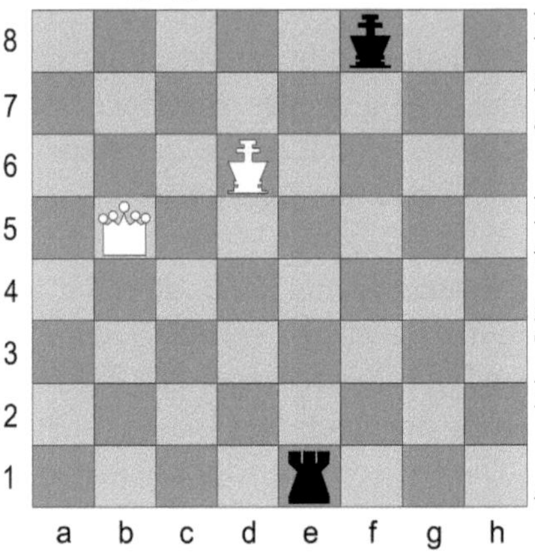

Die Dame gewinnt normalerweise gegen den Turm. Turm und König werden an den Brettrand gedrängt.

Die Dame möchte den Turm vom König trennen, um ihn dann durch Schachgebot zu schlagen. Deshalb sollte der Turm immer in der Nähe des eigenen Königs bleiben.

Auch hier wieder: Die Patt Gefahr.

1. **Db5 - f5+**

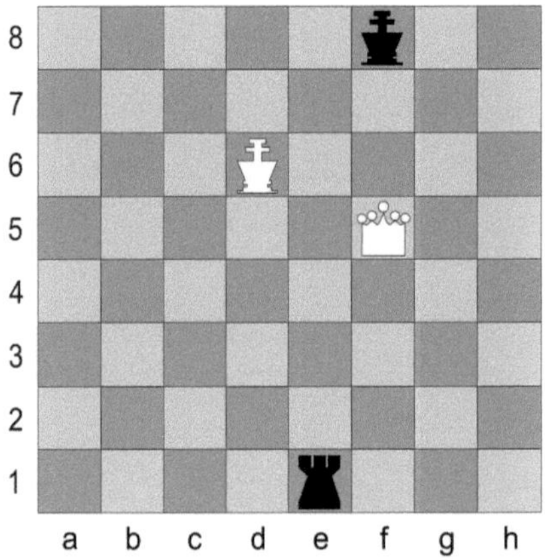

Kf8 - e8

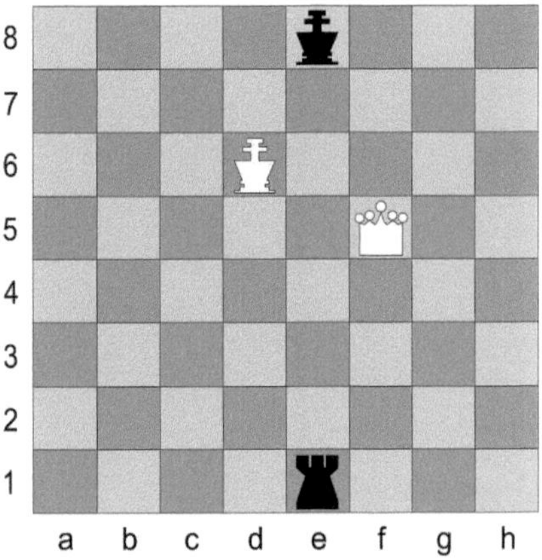

2. **Df5 - h5+**

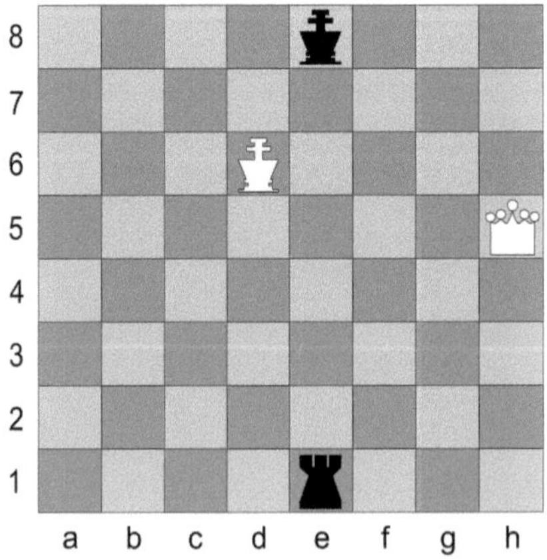

Ke8 - f8

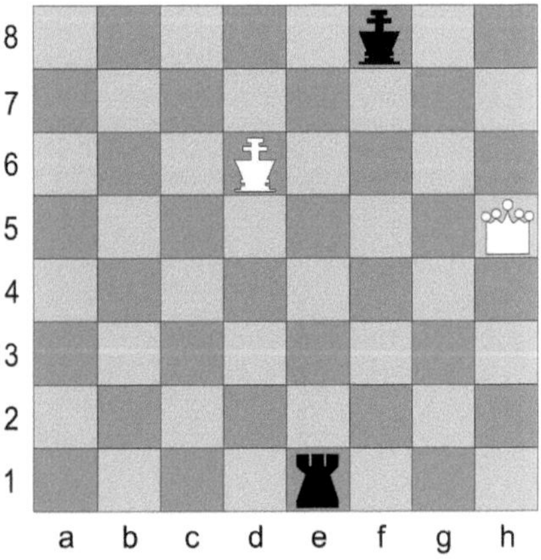

3. Dh5 - f3+   Kf8 - e8

4. Df3 - g3   Te1 - d1+

5. Kd6 - e6

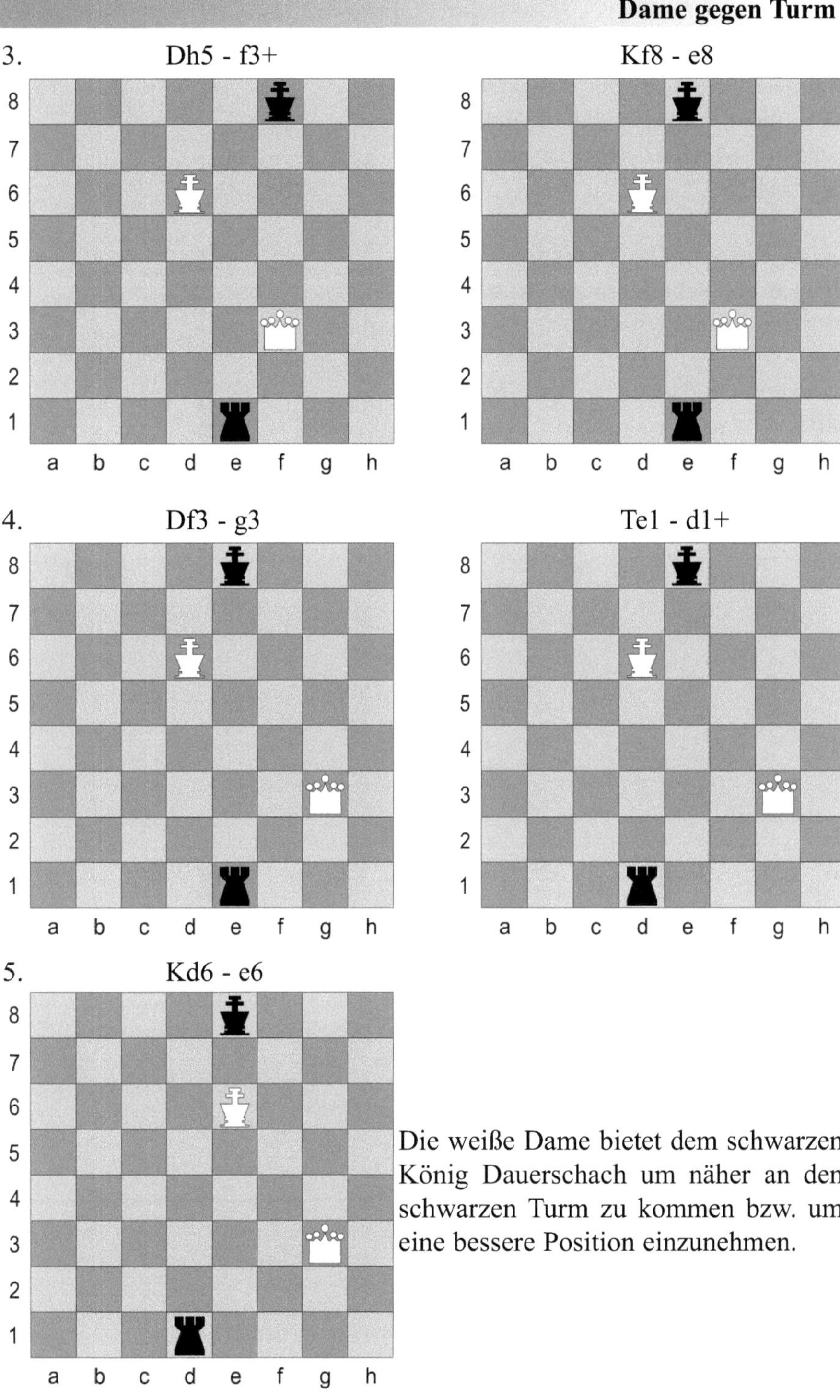

Die weiße Dame bietet dem schwarzen König Dauerschach um näher an den schwarzen Turm zu kommen bzw. um eine bessere Position einzunehmen.

Nun ist es passiert. Der schwarze Turm kann nicht auf das Feld e1 ziehen um Schach zu bieten, wegen weißer Dame auf Feld g3.

Im nächsten Zug bietet die weiße Dame Schach und schlägt darauf im nächsten Zug den schwarzen Turm.

Schwarz ist danach schnell Matt gesetzt.

Ke8 - f8

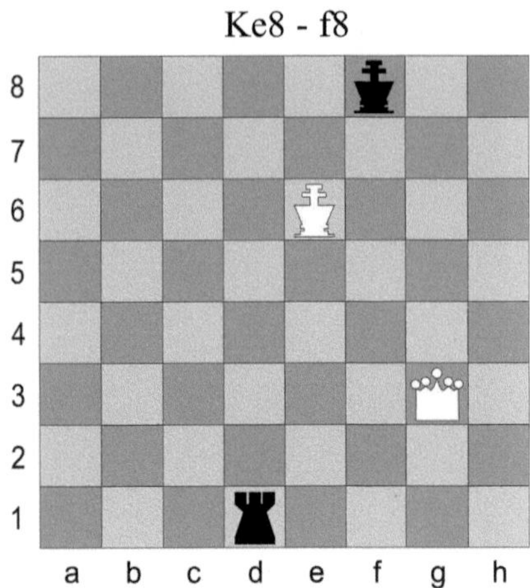

6.

Dg3 - f3+

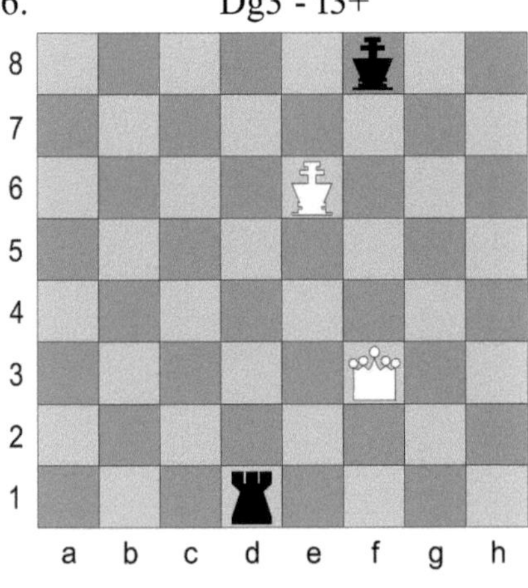

Kf8 - g8

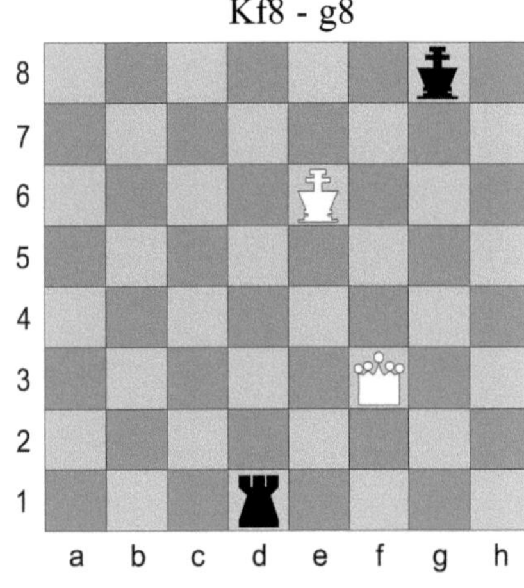

7.

Df3 x d1

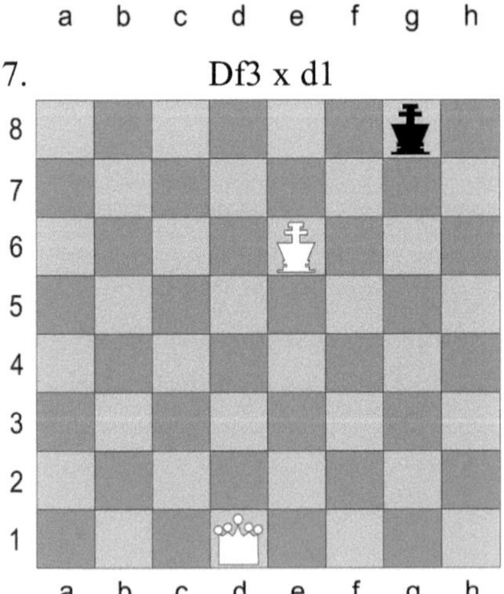

Kg8 - g7

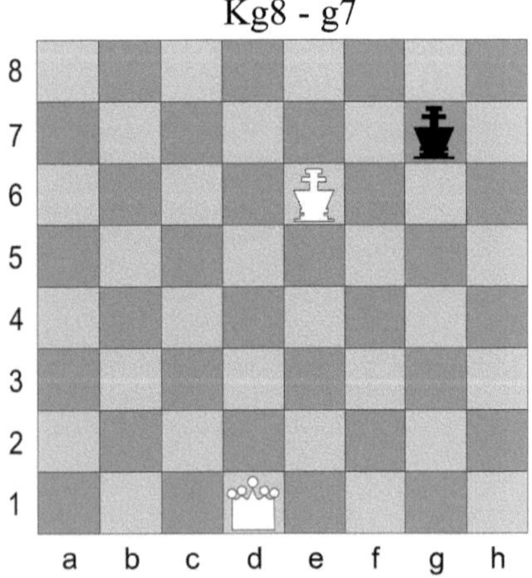

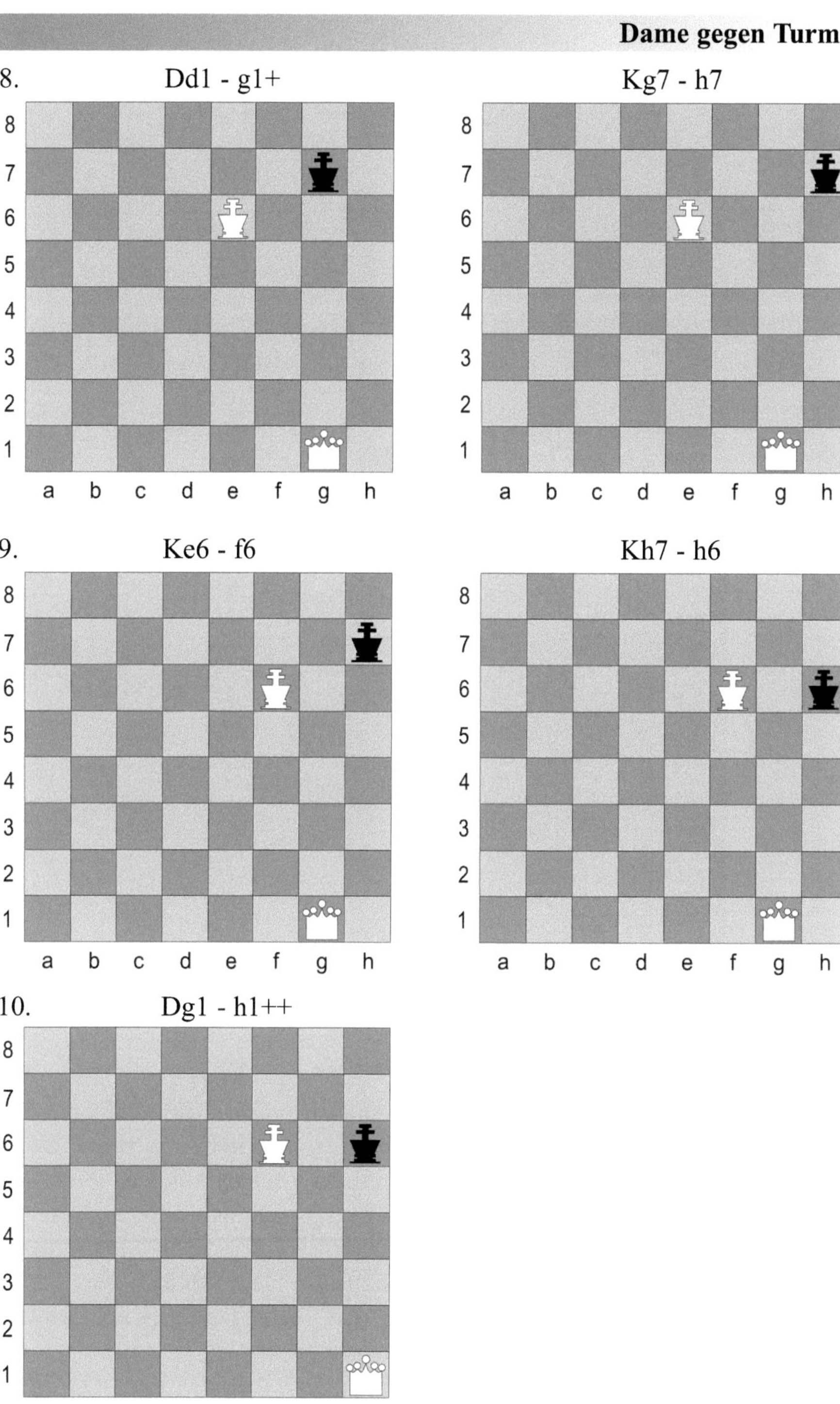

8. Dd1 - g1+
Kg7 - h7
9. Ke6 - f6
Kh7 - h6
10. Dg1 - h1++

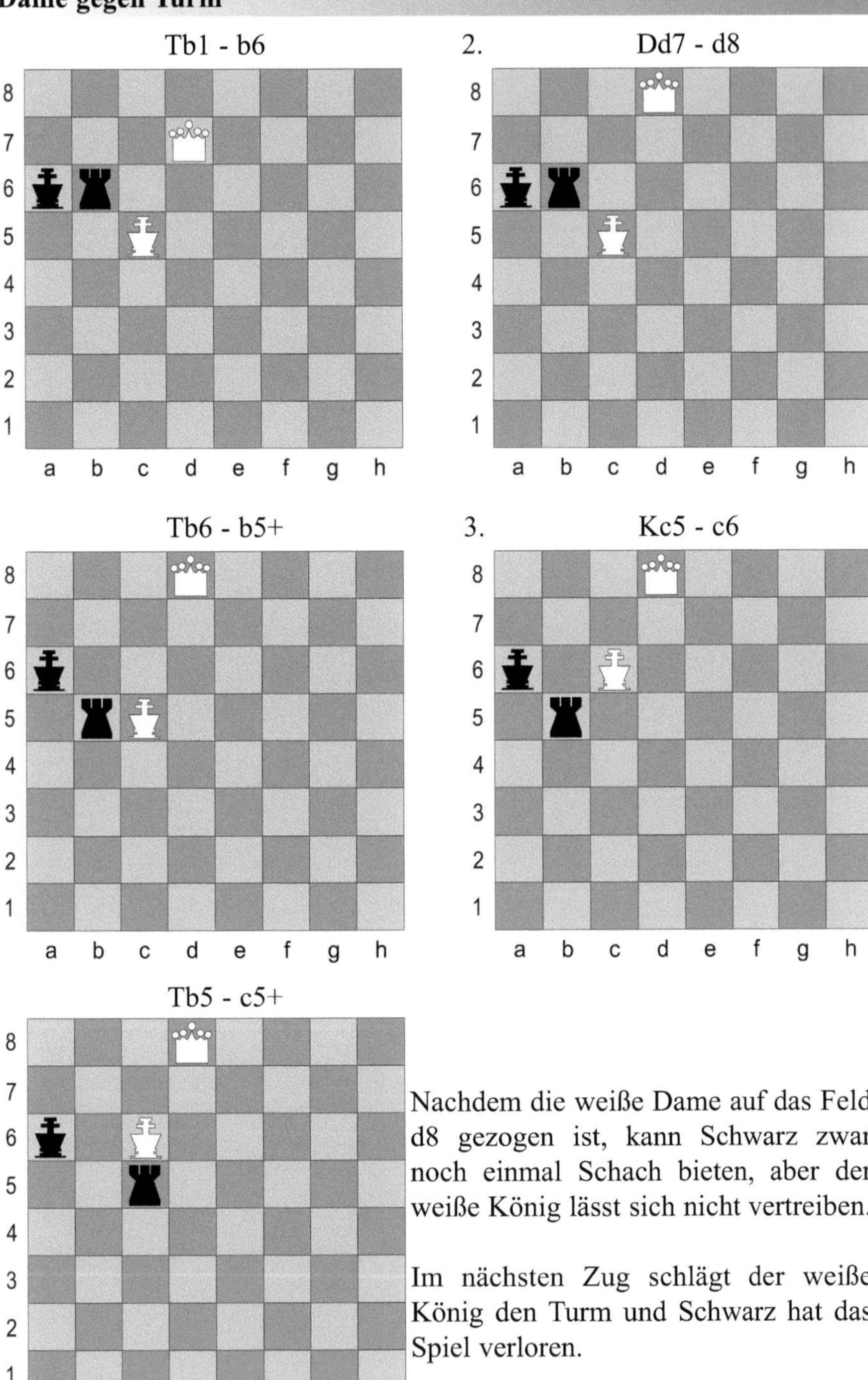

Nachdem die weiße Dame auf das Feld d8 gezogen ist, kann Schwarz zwar noch einmal Schach bieten, aber der weiße König lässt sich nicht vertreiben.

Im nächsten Zug schlägt der weiße König den Turm und Schwarz hat das Spiel verloren.

1. **Dd1 - d6**

Tb7 - a7+

2. **Ka1 - b1**

Ta7 - b7+

3. **Kb1 - a1**

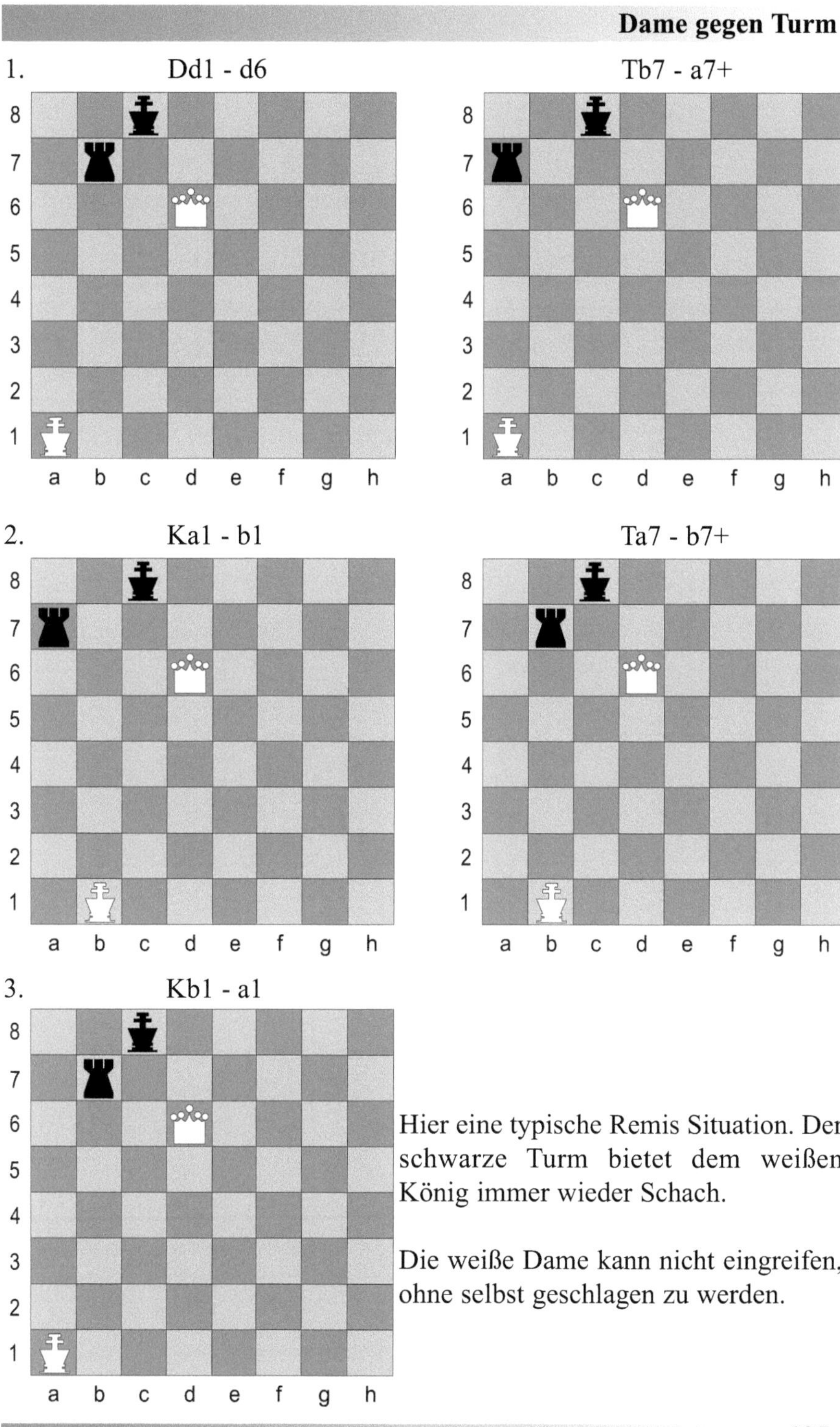

Hier eine typische Remis Situation. Der schwarze Turm bietet dem weißen König immer wieder Schach.

Die weiße Dame kann nicht eingreifen, ohne selbst geschlagen zu werden.

Dame gegen Läufer

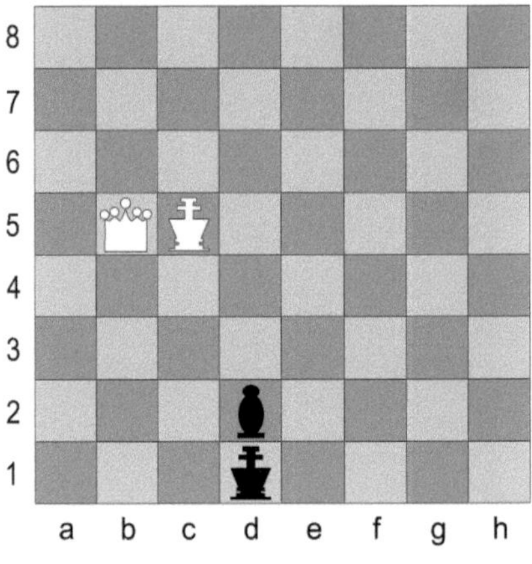

Das Endspiel Dame gegen Läufer ist fast immer gewonnen. Nur in seltensten Fällen kann man ein Remis oder Patt erreichen.

Der weiße König wird auf ein anderes farbiges Feld gezogen, dass der Läufer nicht erreichen kann. Danach wird der König in die Brettecke gedrängt, mit der gemeinsamen Hilfe von Dame und König.

1. Db5 - f1+

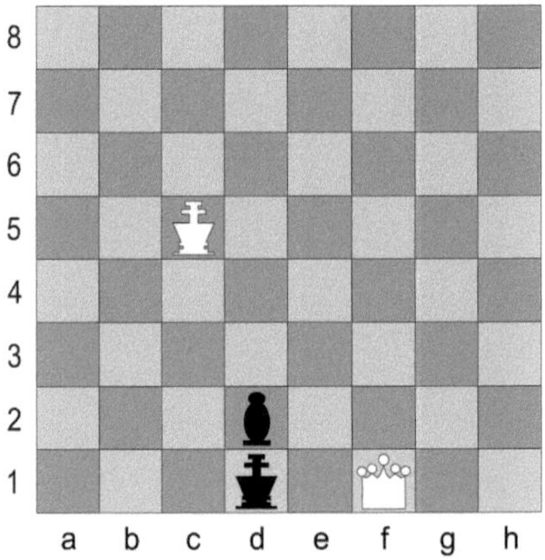

Kd1 - c2

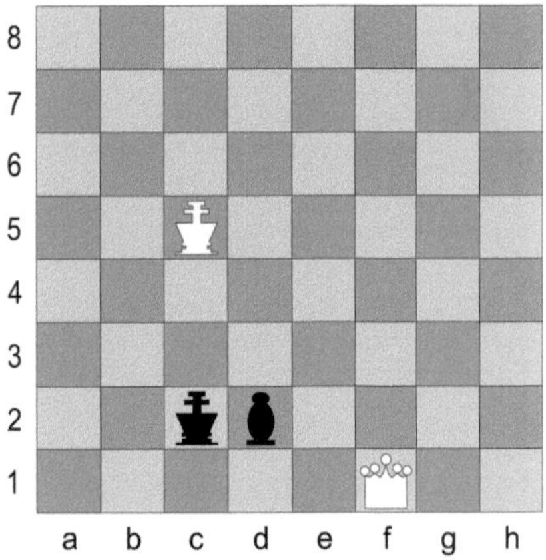

2. Kc5 - c4

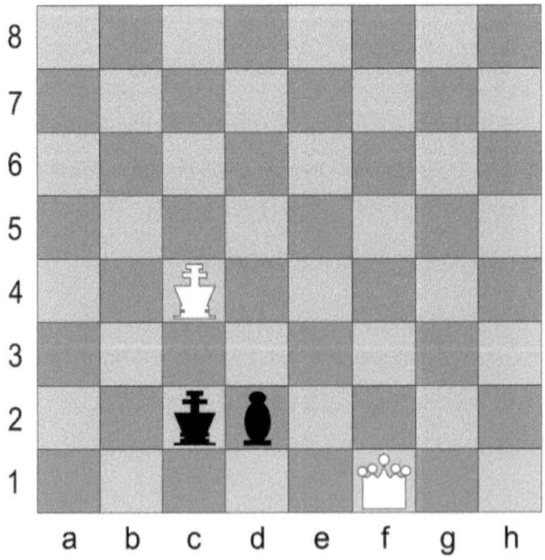

Kc2 - b2

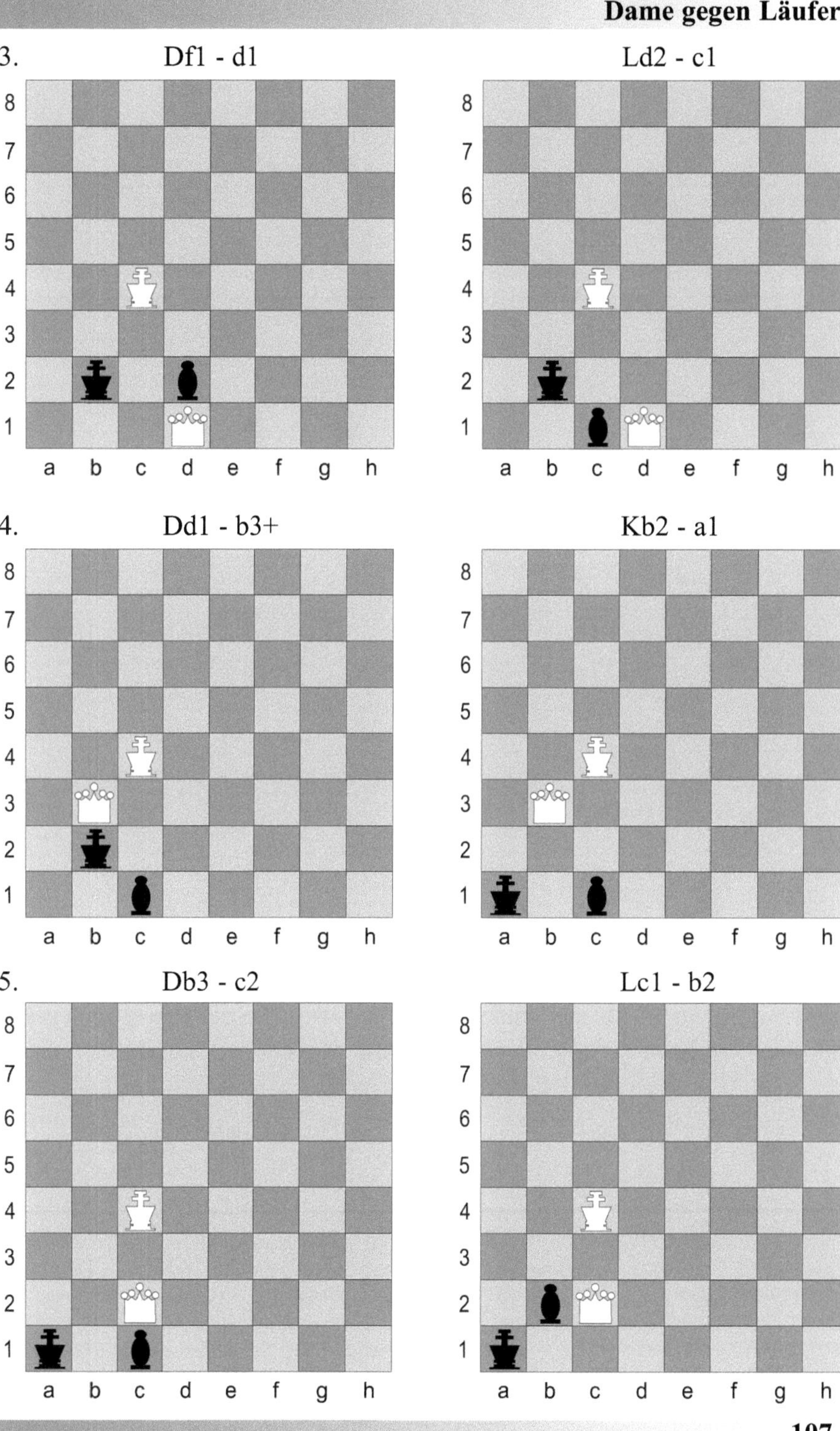

3. Df1 - d1
Ld2 - c1
4. Dd1 - b3+
Kb2 - a1
5. Db3 - c2
Lc1 - b2

6. Kc4 - b3

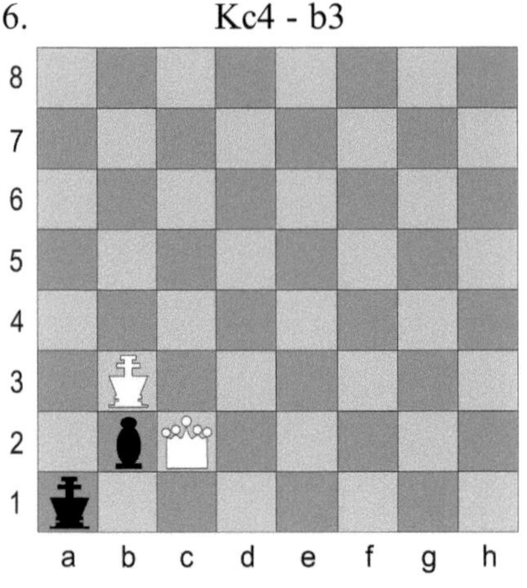

Lb2 - c1

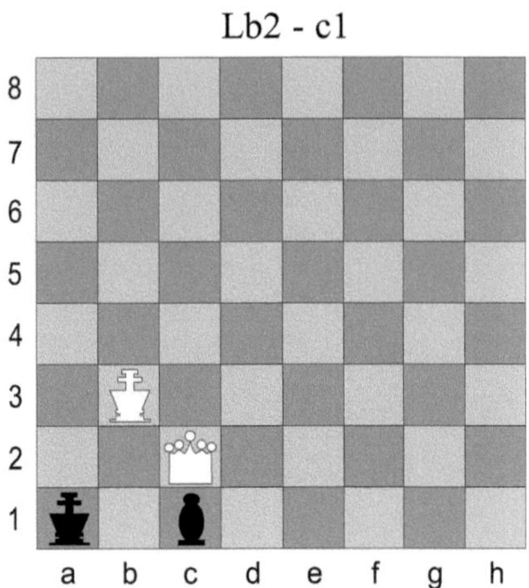

7. Dc2 - a2++

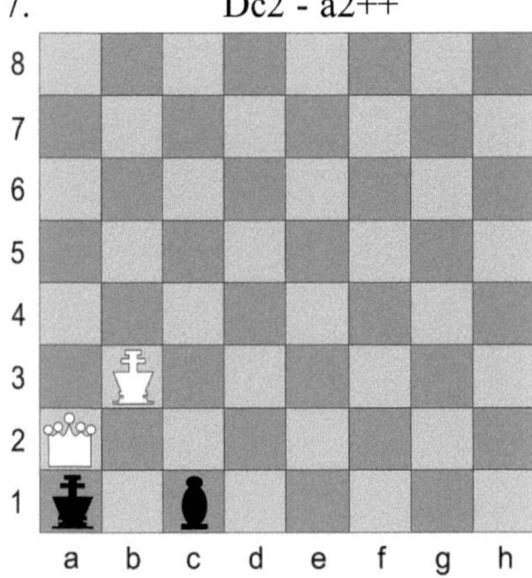

Der Läufer kann nichts ausrichten gegen die Dame. Da der König auch noch auf einem anderen farbigen Feld steht, kann er nicht mal Schach bieten.

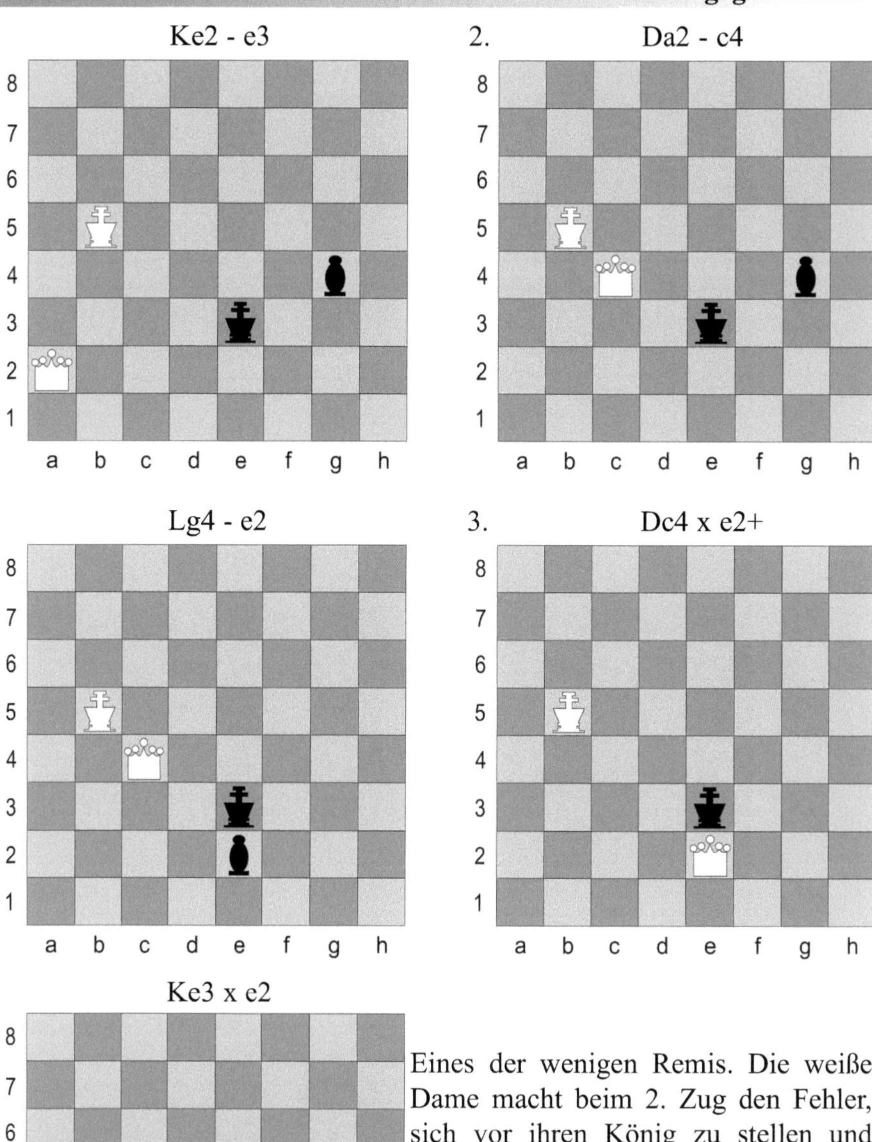

Ke2 - e3

2.   Da2 - c4

Lg4 - e2

3.   Dc4 x e2+

Ke3 x e2

Eines der wenigen Remis. Die weiße Dame macht beim 2. Zug den Fehler, sich vor ihren König zu stellen und zwar auf die Diagonale, die der schwarze Läufer beherrscht.

Im nächsten Zug von Schwarz hat Weiß keine Möglichkeit mehr, seine Dame in Sicherheit zu bringen, da sonst der eigene König im Schach stehen würde.

Dame gegen Springer

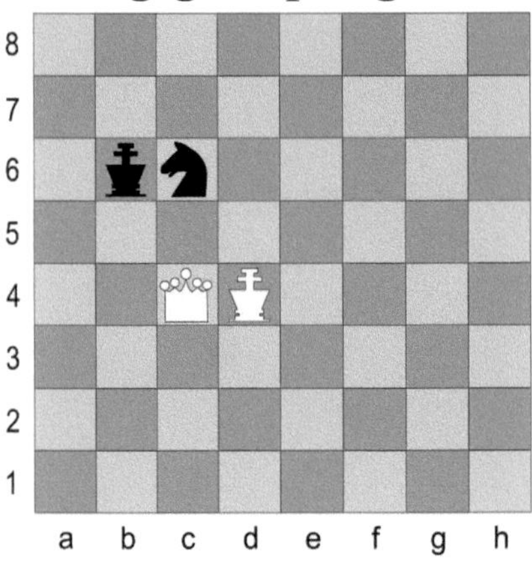

Das Endspiel Dame gegen Springer ist auch wie gegen Läufer, fast immer gewonnen. Nur in seltensten Fällen kann man ein Remis oder Patt erreichen.

Der König und Springer werden an den Brettrand gedrängt, danach wird der Springer vom König weggedrängt. Es wird dann der Springer geschlagen oder man setzt Matt.

1.   Kd4 - d5   Sc6 - a7

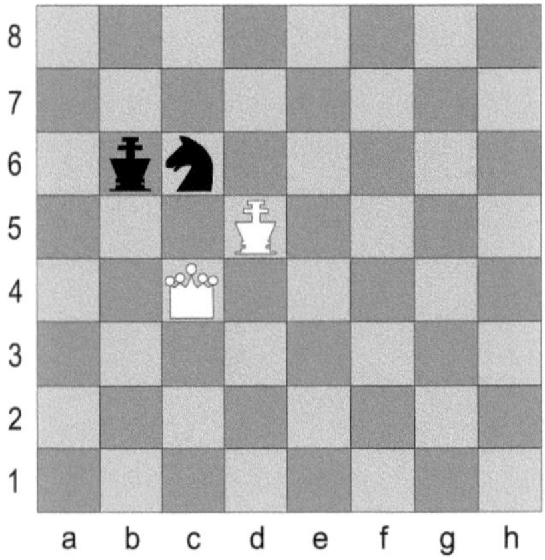

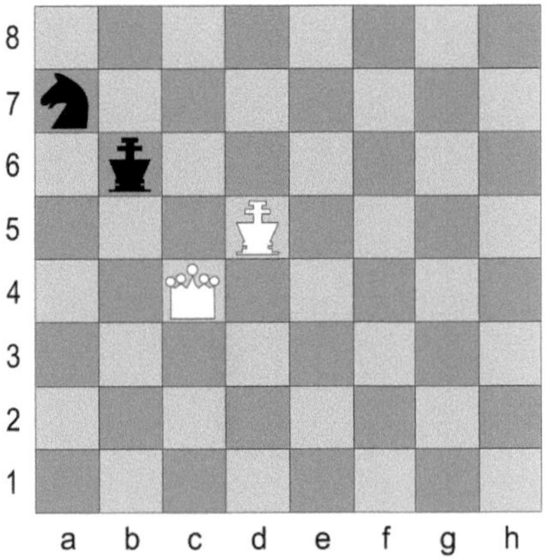

2.   Dc4 - a4 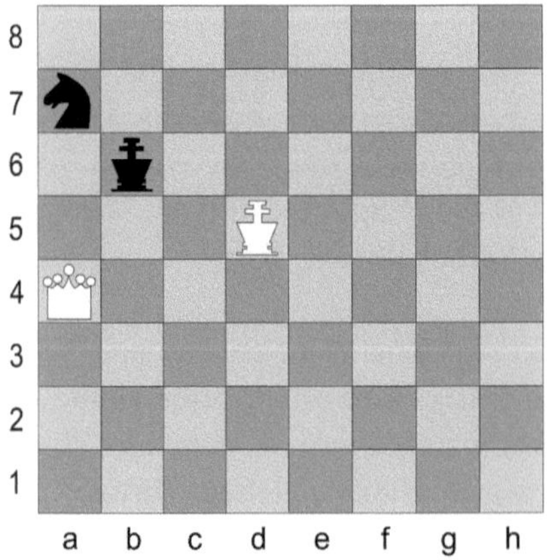   Kb6 - b7

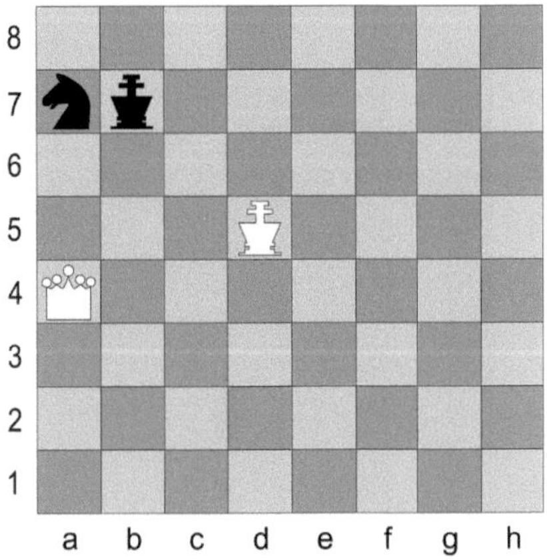

3. Kd5 - c5   Sa7 - b5

4. Da4 - e4+   Kb7 - c7

5. De4 - e7+   Kc7 - b8

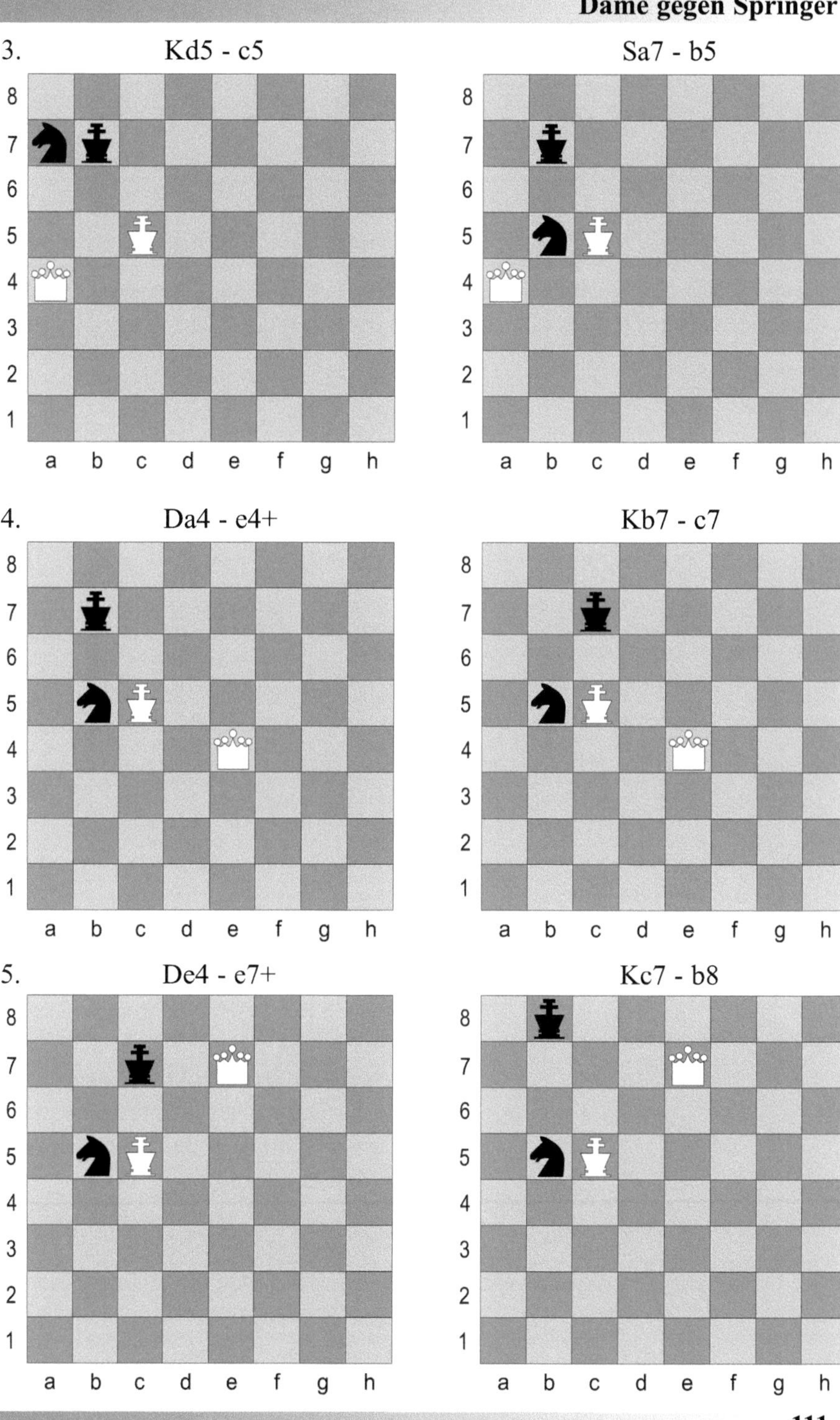

6. Kc5 x b5

Kb8 - a8

7. Kb5 - b6

Ka8 - b8

8. De7 - b7++

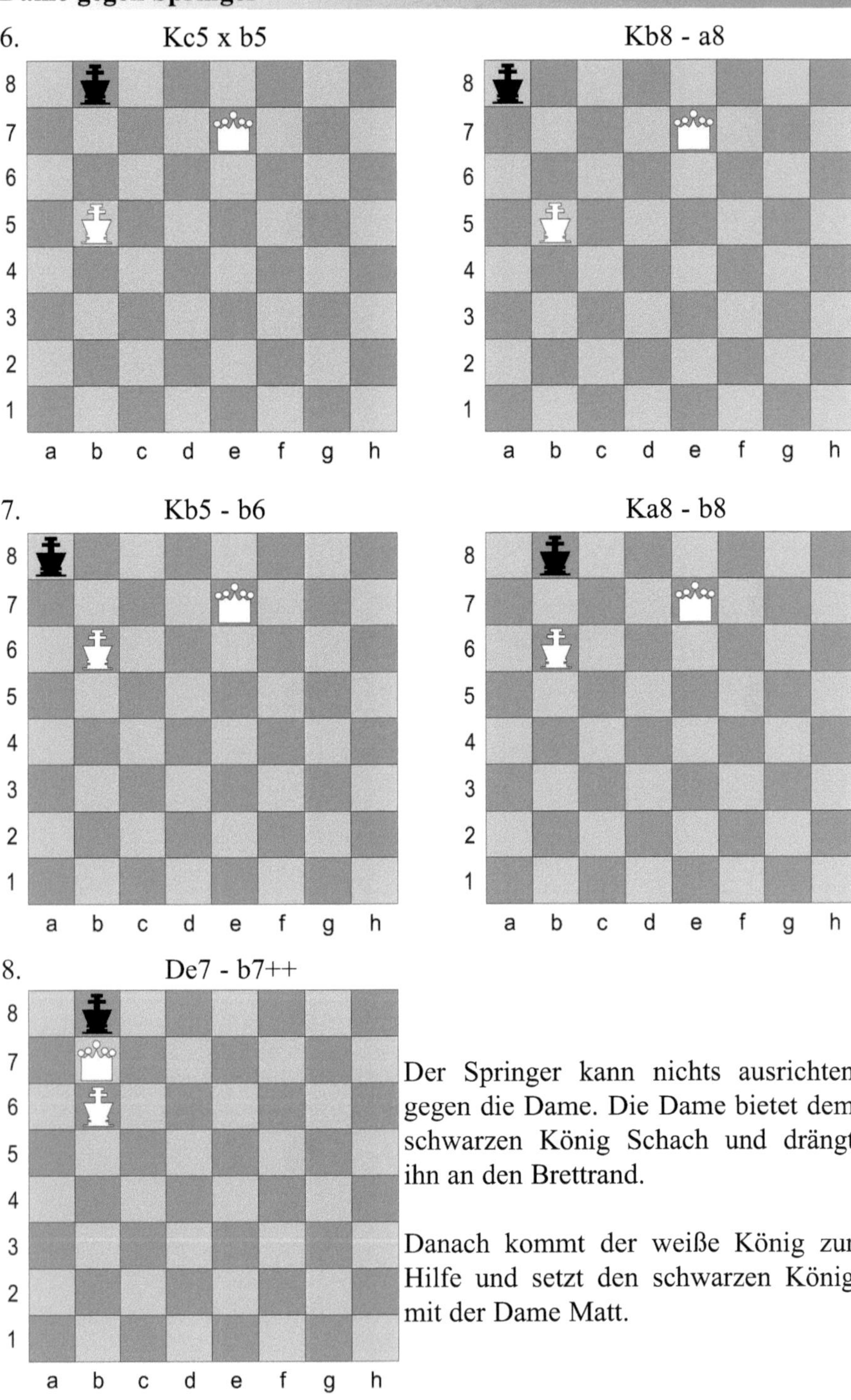

Der Springer kann nichts ausrichten gegen die Dame. Die Dame bietet dem schwarzen König Schach und drängt ihn an den Brettrand.

Danach kommt der weiße König zur Hilfe und setzt den schwarzen König mit der Dame Matt.

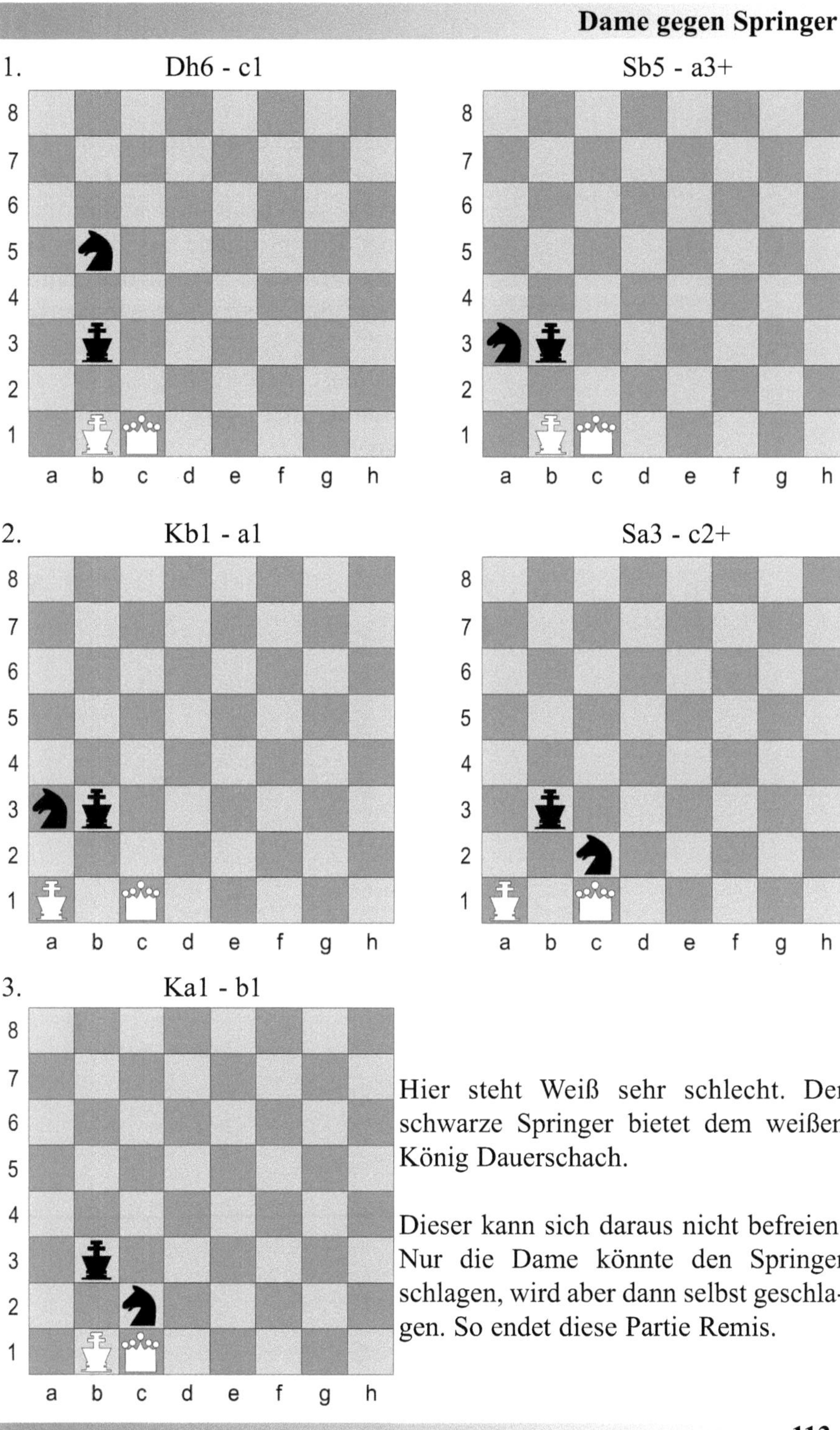

1. Dh6 - c1   Sb5 - a3+

2. Kb1 - a1   Sa3 - c2+

3. Ka1 - b1

Hier steht Weiß sehr schlecht. Der schwarze Springer bietet dem weißen König Dauerschach.

Dieser kann sich daraus nicht befreien. Nur die Dame könnte den Springer schlagen, wird aber dann selbst geschlagen. So endet diese Partie Remis.

Turm gegen Läufer

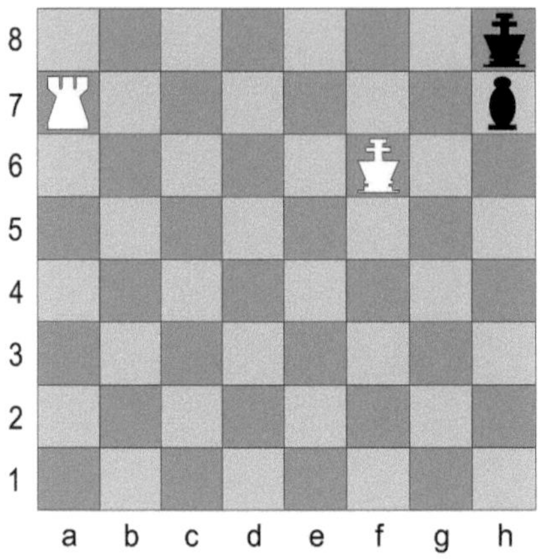

Dieses Endspiel endet meist Remis. Der König muss nur in die „richtige" Brettecke gehen. Damit meint man, dass der König in eine der Brettecken geht, die nicht die Feldfarbe des Läufers hat. Dort stehen sie dann nebeneinander.

Sollte dies nicht gelingen, hat der Turmspieler meist eine Möglichkeit zu gewinnen.

1. Ta7 - a8+

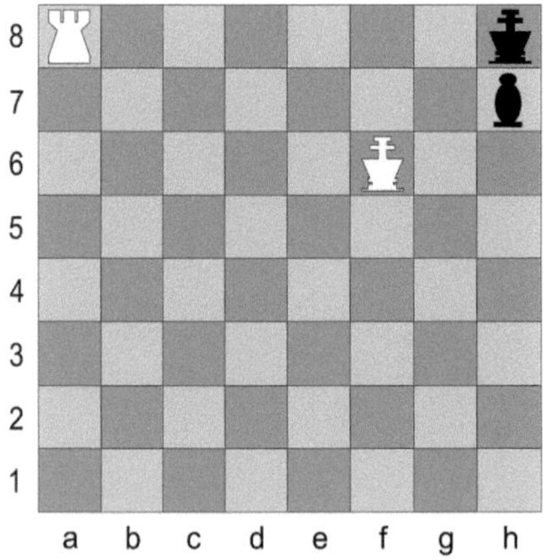

Lh7 - g8

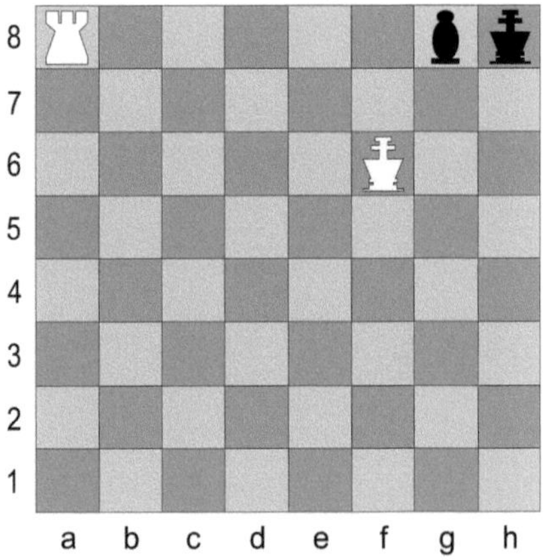

2. Kf6 - f5

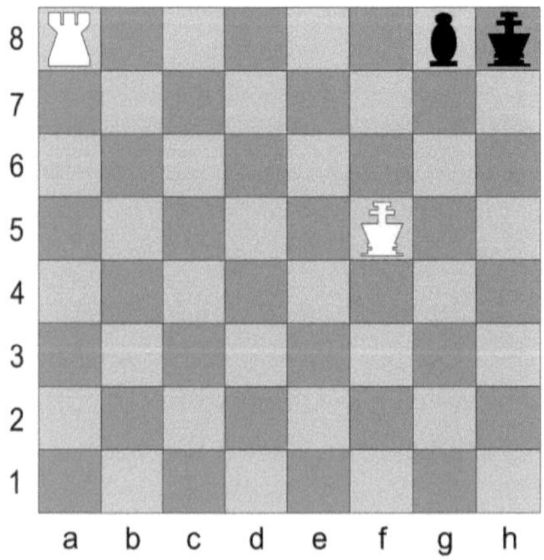

Kh8 - h7

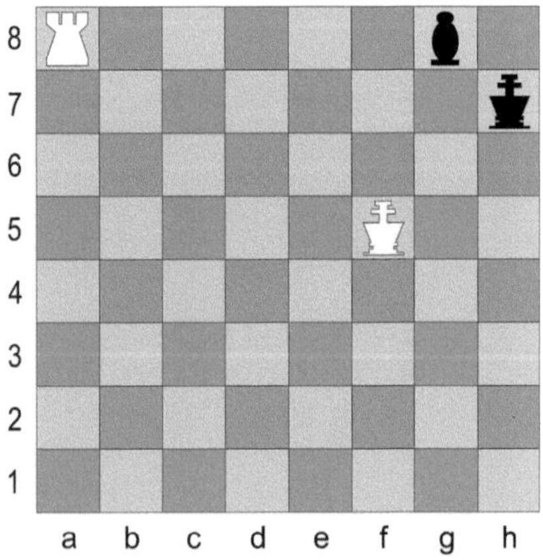

3.   Ta8 - a7+   Kh7 - h8

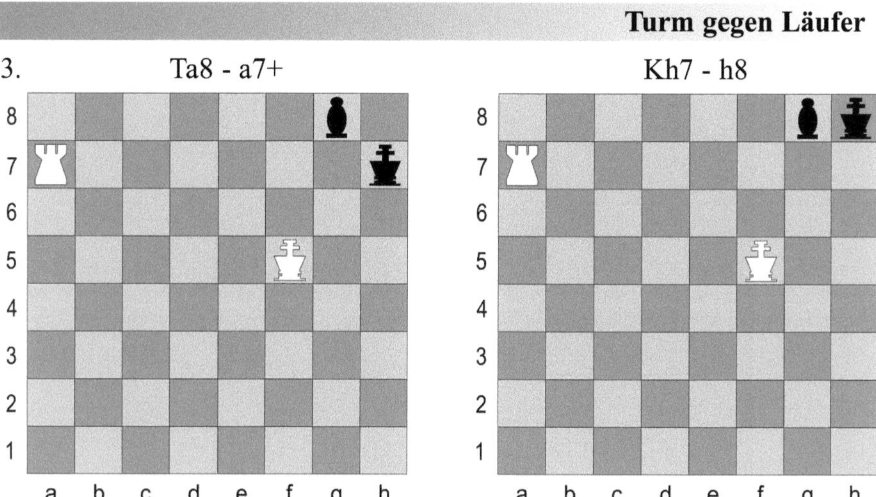

Hier steht der König in der richtigen Brettecke. Der weiße Spieler hat keine Möglichkeit das Spiel zu gewinnen. Denn der schwarze König geht nicht mehr aus der Brettecke.

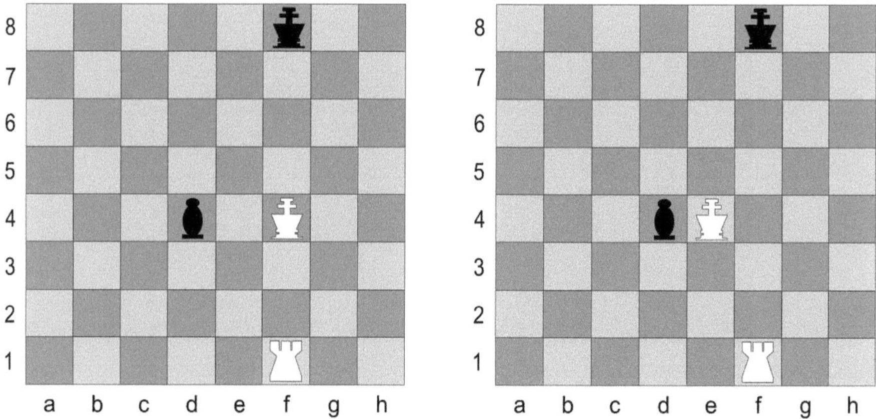

Bei diesem Beispiel hat der schwarze Spieler schlecht gespielt. Der weiße König zieht vom Feld f4 auf das Feld e4 und der schwarze König steht nun im Schach. Dadurch hat Schwarz seinen Läufer verloren und das Spiel.

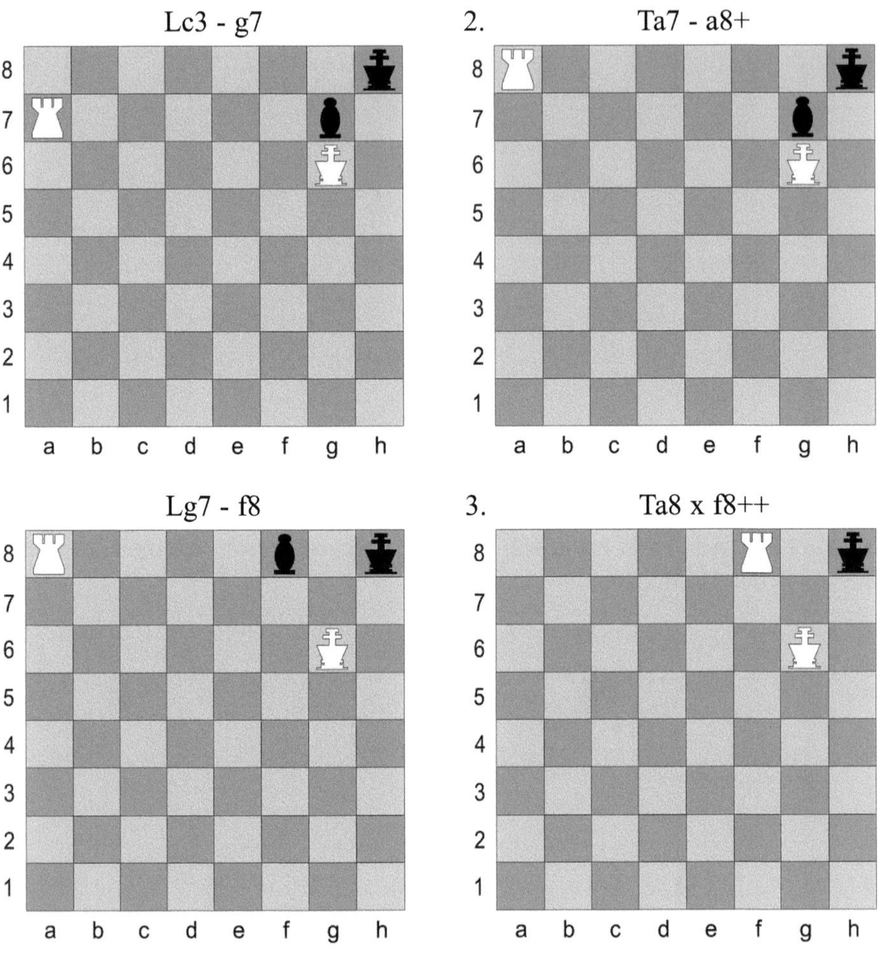

Hier steht der schwarze König in der „falschen" Brettecke. Nachdem der Turm Schach geboten hat, kann Schwarz nur den Läufer dazwischen ziehen. Da der König aber zu weit weg ist, wird der Läufer geschlagen und Schwarz ist Matt.

Folgende Grundsätze sollte man sich merken:

- Den König an den Brettrand drängen.

- Matt nur in der „falschen" Brettecke.

- Remis in der „richtigen" Brettecke.

Turm gegen Springer

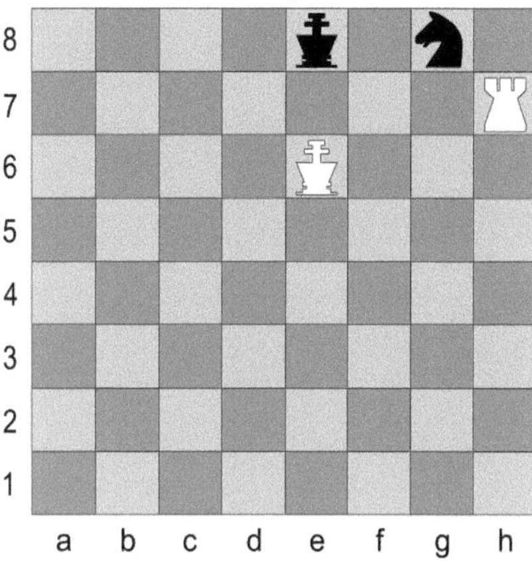

Auch das Endspiel Turm gegen Springer endet normalerweise Remis. König und Springer müssen hier nahe beieinander stehen.

Eine Möglichkeit für den Turm ist nur dann vorhanden, wenn der Springer zu weit vom König entfernt ist. Er könnte dann geschlagen werden.

1.   Ke6 - d6   Ke8 - f8

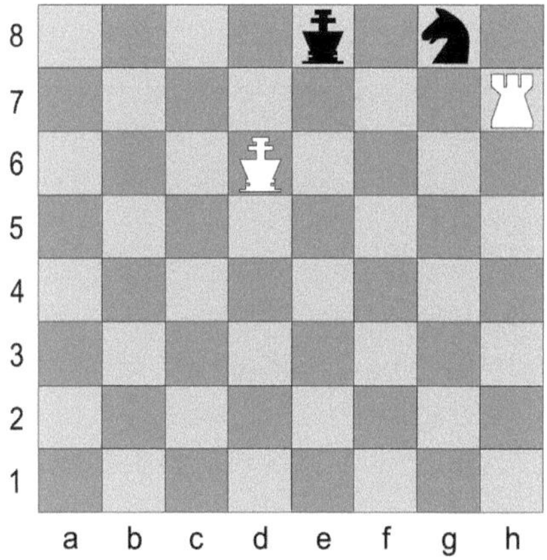

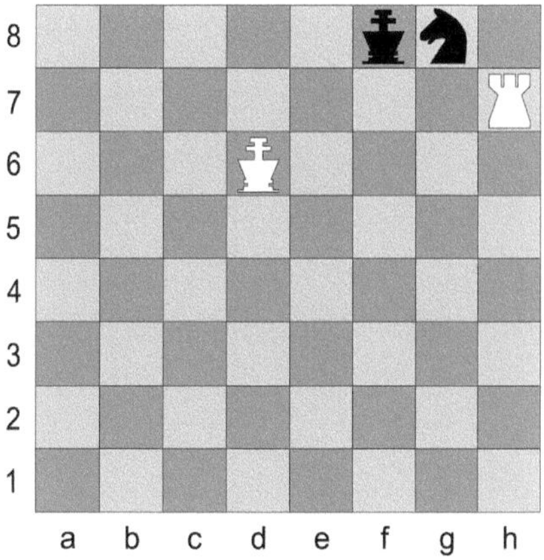

2.   Th7 - d7 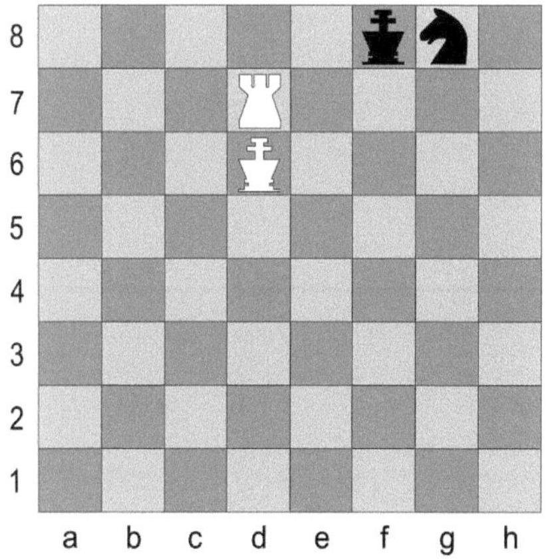   Kf8 - e8

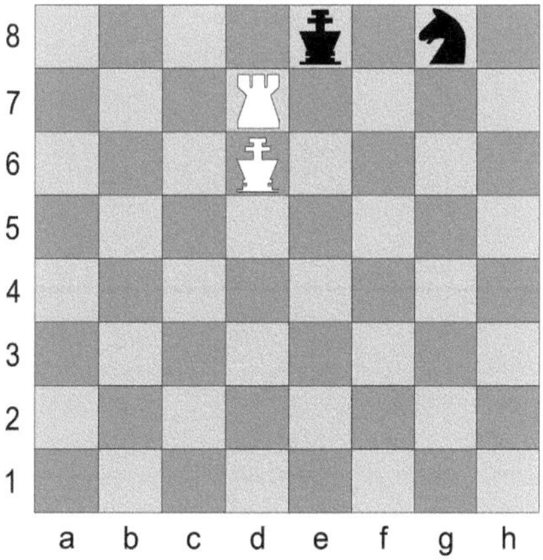

3.   Kd6 - e6   Ke8 -f8

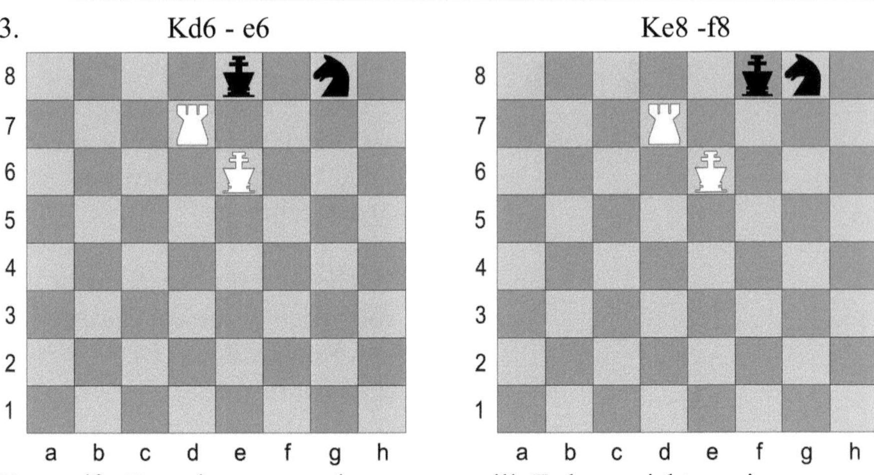

Der weiße Turm kann versuchen was er will. Er kann nicht gewinnen.

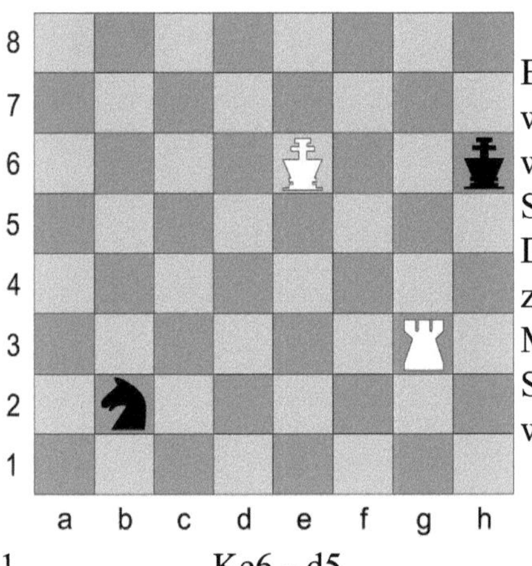

Bei diesem Beispiel ist der Springer zu weit weg vom schwarzen König. Der weiße König und der Turm greifen den Springer an.

Der schwarze König kommt nicht mehr zu seinem Springer.

Mit dem Turm Zug b4 ist der schwarze Springer verloren. Im nächsten Zug wird er vom weißen König geschlagen.

1.   Ke6 - d5   Sb2 - a4

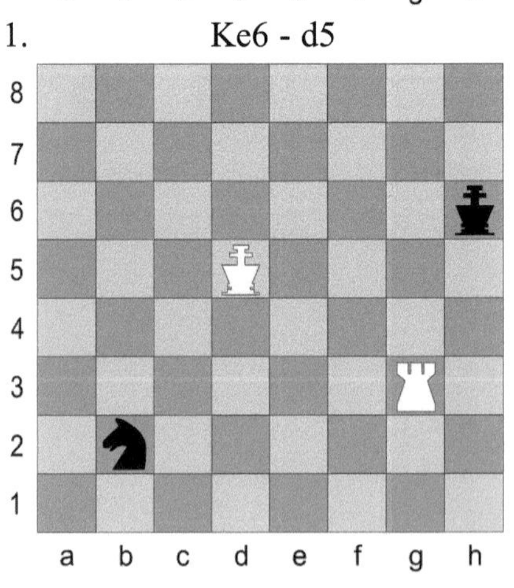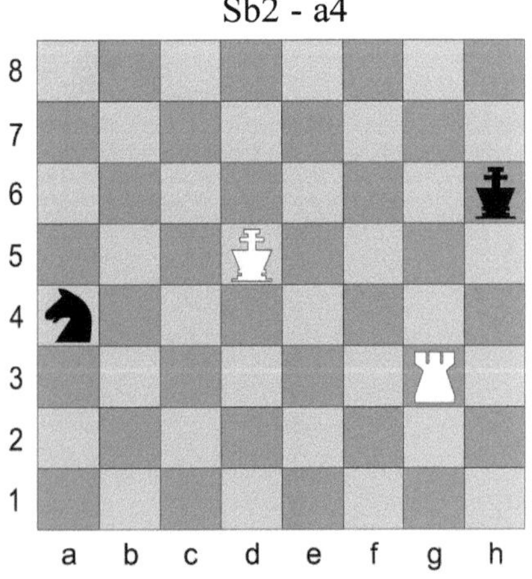

2.   Tg3 - b3   Kh6 - g6

3.   Kd5 - d4   Kg6 - f6

4.   Tb3 - b4   Sa4 - c3

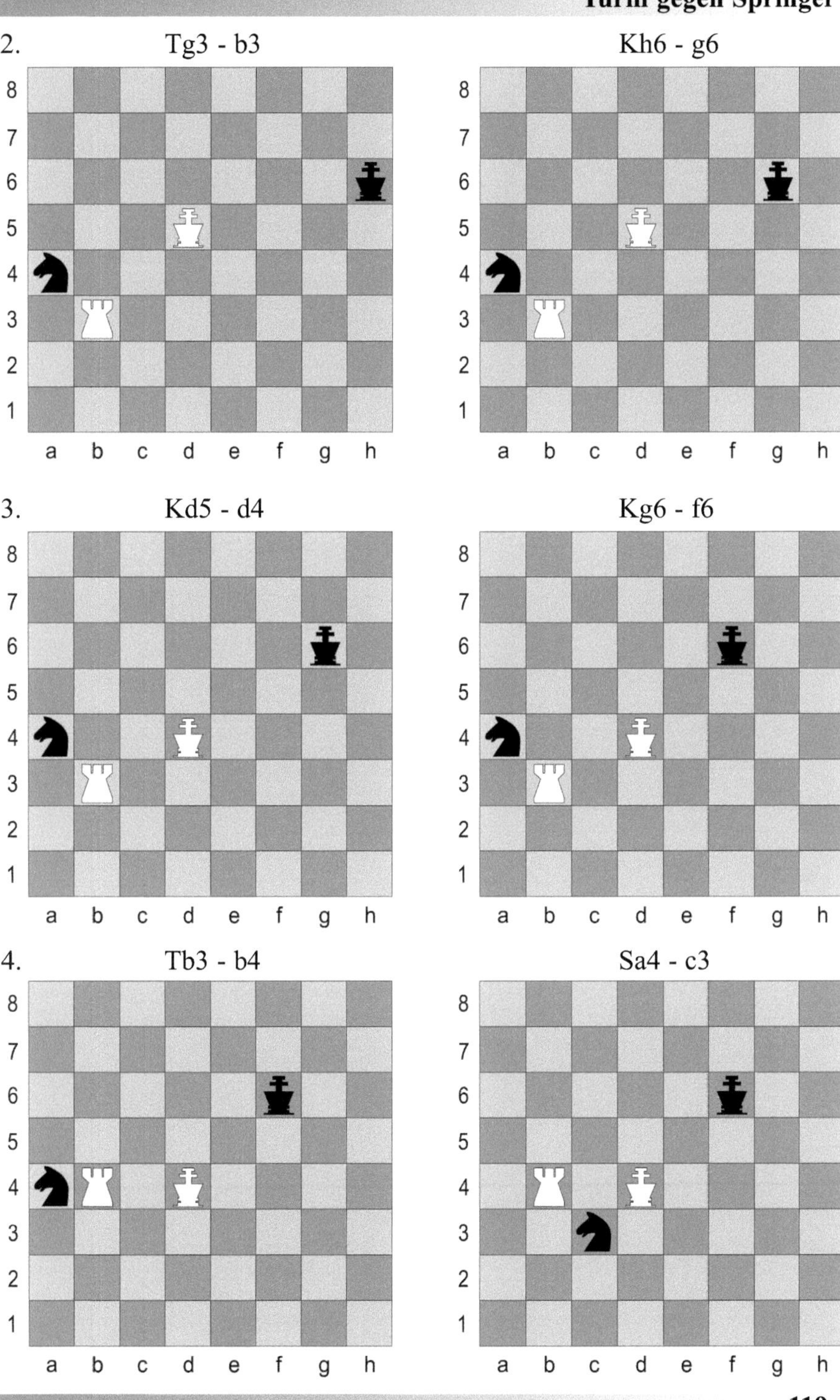

Kleine Übungen

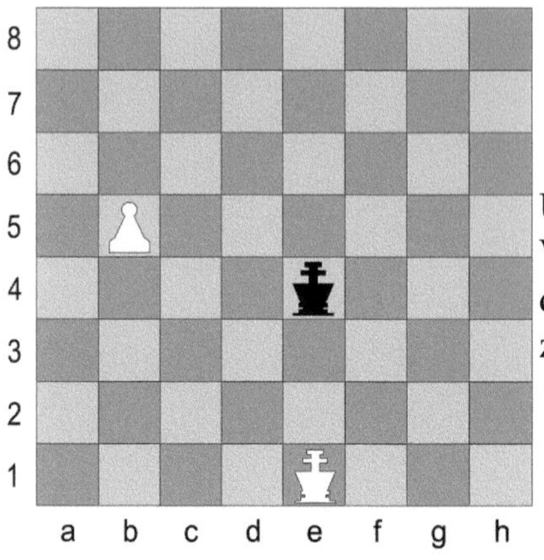

Übung 1:

Weiß ist am Zug. Kann der weiße Bauer das Umwandlungsfeld vor dem schwarzen König erreichen?

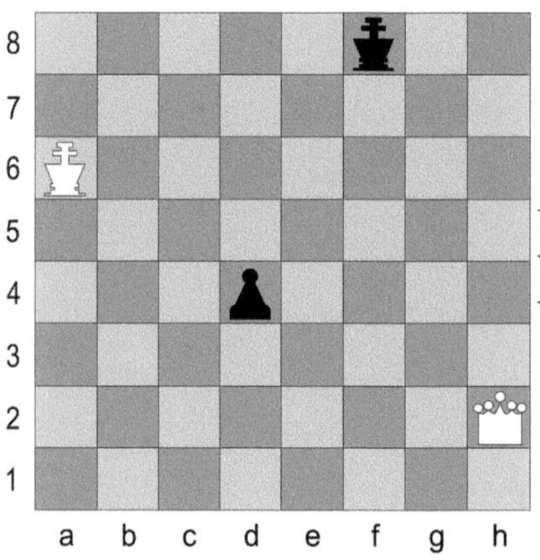

Übung 2:

Weiß am Zug. Welchen guten Zug sollte Weiß jetzt machen?

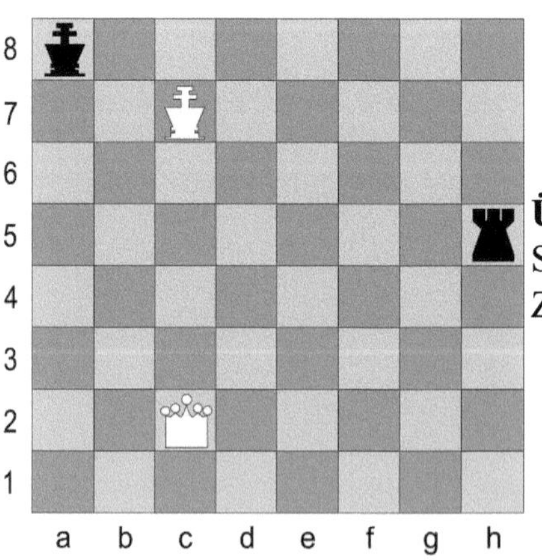

Übung 3:

Schwarz am Zug. Welchen sehr guten Zug macht Schwarz?

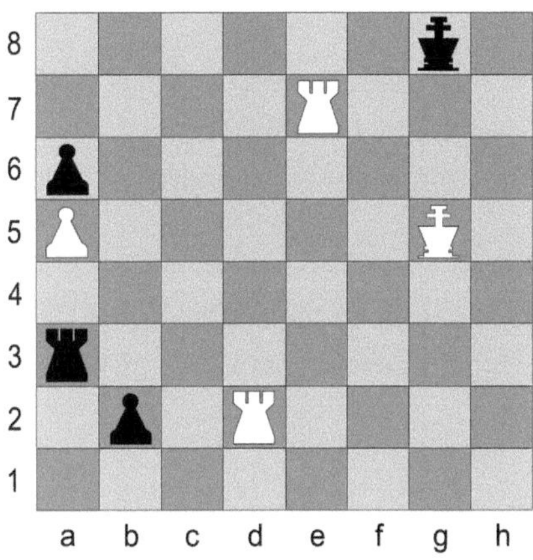

Übung 4:
Weiß am Zug. Mit welcher Figur zieht
Weiß?

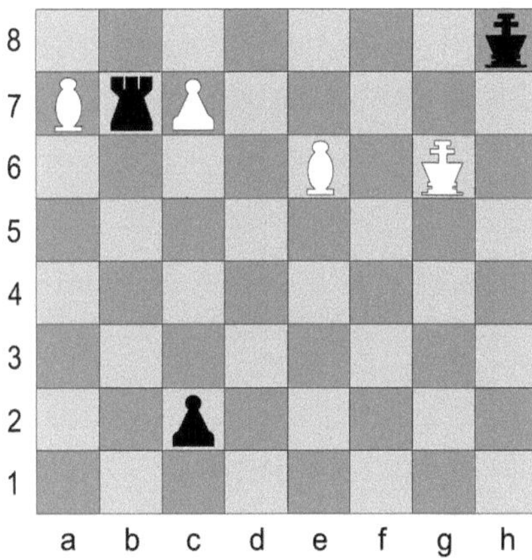

Übung 5:
Schwarz am Zug. Kann Schwarz das
Matt noch verhindern?

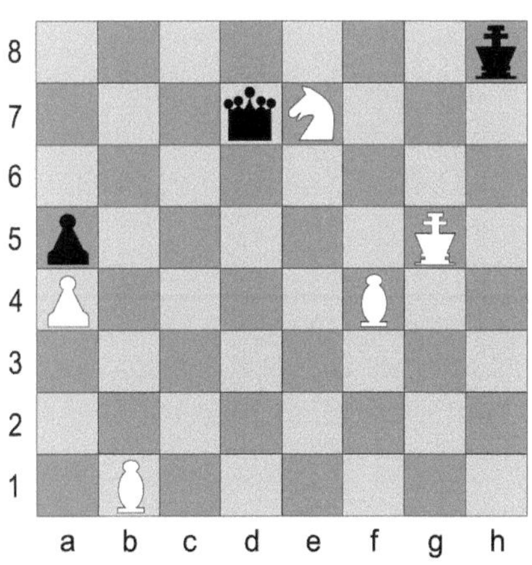

Übung 6:
Weiß am Zug. Welcher Zug ist der
Beste für Weiß?

Lösungen:

Übung 1:
Ja, Weiß erreicht das Umwandlungsfeld vor dem schwarzen König.
Mit der Quadratregel: Der schwarze König steht nicht im Quadrat.

Übung 2:
Die weiße Dame zieht vom Feld Dh2 auf das Feld f4 (oder f2, d6, h8) und bietet dem schwarzen König Schach. Danach kann sie den schwarzen Bauern auf dem Feld d4 schlagen.

Übung 3:
Schwarz zieht mit dem Turm vom Feld h5 auf das Feld c5 und bietet dem weißen König Schach. Dadurch kann Weiß jetzt nur noch mit der Dame den schwarzen Turm schlagen, sonst wäre die Dame verloren.
Dadurch dass die weiße Dame den schwarzen Turm schlägt, endet die Partie Patt. Denn der schwarze König kann auf kein Feld mehr ziehen das nicht bedroht wird.

Übung 4:
Weiß zieht mit dem Turm vom Feld d2 auf das Feld d8. Damit ist Schwarz Matt.

Übung 5:
Nein. Würde der schwarze Turm den weißen Läufer auf dem Feld a7 schlagen, würde der weiße Bauer vom Feld c7 auf das Umwandlungsfeld c8 ziehen und in eine Dame oder Turm umwandeln und den schwarzen König mattsetzen.
Schlägt der schwarze Turm den weißen Bauern auf dem Feld c7, zieht der weiße Läufer vom Feld a7 auf das Feld d4 und bietet dem schwarzen König Schach. Der schwarze Turm kann noch auf das Feld g7 ziehen, aber im nächsten Zug schlägt der weiße Läufer vom Feld d4 den Turm und schwarz ist Matt.

Übung 6:
Der weiße Läufer zieht vom Feld f4 auf das Feld e5 und setzt den schwarzen König Matt. Denn die Felder h7, durch Läufer auf dem Feld b1, und das Feld g8, durch den Springer auf dem Feld e7, sind bedroht.

Schach lernen - Schach für Anfänger:
Grundkenntnisse des Schachspiels schnell und mühelos erlernen

Das leicht verständliche Schachbuch für den erfolgreichen Einstieg
Mit diesem Buch können Sie das Schachspiel schnell und mühelos erlernen.
Die Grundkenntnisse des Schachspiels werden verständlich erklärt und mit
über 150 Abbildungen wird dem Anfänger der Einstieg leicht gemacht.

ISBN: 978-3-7386-3682-6
Format: 21 x 14,8
Seiten: 76
Verlag: BoD – Books on Demand
Auflage: 3
Erschienen: 2022
Einband: Paperback

Die neusten Auflagen sind immer bei shop.schach-lernen.de erhältlich.

Schach lernen - Schach für Anfänger: Die Eröffnung

Nachdem Sie die Schachregeln erlernt haben, ist es natürlich sinnvoll, sich jetzt mit der Schacheröffnung vertraut zu machen.

Ich möchte mit diesem Buch den Schachanfänger in die Materie der Schacheröffnung einführen. Die wichtigsten Eröffnungen werden mit zahlreichen Diagrammen dargestellt. Der Schachanfänger soll die Eröffnung ohne grobe Fehler erfolgreich gestalten.

ISBN:	978-3-7392-0447-5
Format:	21 x 14,8
Seiten:	116
Verlag:	BoD – Books on Demand
Auflage:	3
Erschienen:	2022
Einband:	Paperback

Die neusten Auflagen sind immer bei shop.schach-lernen.de erhältlich.

Schach lernen - Schach für Anfänger: Das Mittelspiel

Nachdem Sie sich mit der Eröffnung auseinander gesetzt haben möchte ich sie sich jetzt mit dem Mittelspiel vertraut zu machen.

Ich möchte mit diesem Buch den Schachanfänger in die Materie der Kombinationen einführen. Die wichtigsten Kombinationen werden mit zahlreichen Diagrammen dargestellt. Der Schachanfänger soll einen Überblick über die Vielzahl der Kombinationen erhalten.

ISBN: 978-3-7392-0450-5
Format: 21 x 14,8
Seiten: 72
Verlag: BoD – Books on Demand
Auflage: 3
Erschienen: 2022
Einband: Paperback

Die neusten Auflagen sind immer bei shop.schach-lernen.de erhältlich.

Schach lernen - Schach für Anfänger: Das Standardwerk

Mit diesem Buch lernen Sie die Grundregeln des Schachspiels. Danach geht es weiter mit den verschiedenen Teilbereichen des Schachspiels: Über die Eröffnung, dem Mittelspiel bis zum Endspiel. Übungen am Ende jeden Kapitels hilft das Gelernte zu festigen.

Dieses Buch ist ideal für Anfänger und für Hobbyspieler, die die Regeln kennen, aber ihr Spiel verbessern wollen. Zum leichteren Verständnis wird jeder einzelne Zug der Schachfiguren in Diagrammen dargestellt.

ISBN Softcover:	978-3-7386-5389-2
ISBN Hardcover:	978-3-7386-5390-8
Format:	21 x 14,8
Seiten:	372
Verlag:	BoD – Books on Demand
Auflage:	3
Erschienen:	2022

Die neusten Auflagen sind immer bei shop.schach-lernen.de erhältlich.